# 博物馆结构-文物陈列系统的防震性能研究

于建军 著

中国建材工业出版社

图书在版编目（CIP）数据

博物馆结构-文物陈列系统的防震性能研究/于建军著.--北京：中国建材工业出版社，2020.4
ISBN 978-7-5160-2742-4

Ⅰ.①博⋯ Ⅱ.①于⋯ Ⅲ.①博物馆-文物保护-地震预防-研究 Ⅳ.①G264.2

中国版本图书馆 CIP 数据核字（2019）第 269232 号

#### 博物馆结构-文物陈列系统的防震性能研究
Bowuguan Jiegou-Wenwu Chenlie Xitong de Fangzhen Xingneng Yanjiu
于建军 著

出版发行：中国建材工业出版社
地　　址：北京市海淀区三里河路 1 号
邮　　编：100044
经　　销：全国各地新华书店
印　　刷：北京雁林吉兆印刷有限公司
开　　本：787mm×1092mm　1/16
印　　张：11
字　　数：270 千字
版　　次：2020 年 4 月第 1 版
印　　次：2020 年 4 月第 1 次
定　　价：**58.00 元**

本社网址：www.jccbs.com，微信公众号：zgjcgycbs
请选用正版图书，采购、销售盗版图书属违法行为
**版权专有，盗版必究。** 本社法律顾问：北京天驰君泰律师事务所，张杰律师
举报信箱：zhangjie@tiantailaw.com　举报电话：（010）68343948
本书如有印装质量问题，由我社市场营销部负责调换，联系电话：（010）88386906

# 前　言

近年来，随着我国博物馆文博事业的飞速发展以及丰富人民群众文化生活的需要，客观上要求博物馆的数量、建筑体量不断加大，文物藏品日益增多。这将使得博物馆结构不断向着新颖性、多功能、高层、大跨、隔震减震等方向发展，许多难题也随之而来。例如，结构体系的新颖容易导致结构出现不对称、偏心情况；文物藏品的增多将促使文物陈列层不断升高，从而造成其防震性能降低。此类新问题的出现将对博物馆的防震性能产生较大影响，而当前对这方面的研究往往将建筑结构的抗震和馆藏文物的防震分割开来，缺乏统一的设计理念引导；这使得当前博物馆较难有效地保证大震作用下文物的防震安全。

为此，本书在对博物馆结构及文物震害特点进行调研的基础上，以文物的防震安全为研究重点，从博物馆结构、文物、结构-文物系统三方面，采用试验、理论推导和有限元建模计算等方法研究地震作用机理、防震性能及防震优化设计方法；分析了地震波作用类型、输入强度、陈列柜和文物的重心高度四类因素的组合变化对文物陈列系统的防震性能的影响规律；提出了文物防震设计的主要控制指标及其判定依据；研发了文物悬吊减震系统并建立了计算模型；对文物的破坏机理进行了分析，并提出了相应的判别式；对博物馆防震设计中的结构体系进行了优选，提出其防震分析应优先采用有限元法进行建模计算，并通过实例对其分体式和整体式计算方法进行了研究；对博物馆结构-文物系统的防震安全体系进行了分析，结合试验和理论分析计算，研究了其防震控制方法，给出了其防震性能水准，并提出了加速度破坏准则和博物馆整体系统的加速度控制路线图。本文具体研究工作如下：

（1）针对当前许多博物馆的文物防震通常是凭经验，没有对其进行科学严密的地震危害性分析、试验和理论计算，因而造成其实际的防震效果好坏缺乏可信度的情况，本文以历次震害中破损均比较严重的陶瓷器文物陈列系统为原型制作了2层框架结构模型，并考虑浮放、尼龙线拉结固定、悬吊减震三类情况对文物陈列系统进行了防震性能振动台试验；分析了地震波的作用类型、输入强度、陈列柜及文物的重心高度、防震措施等因素的变化对其防震性能的影响规律。

（2）针对当前对博物馆文物系统的防震性能衡量指标不明确的问题，本文对模型结构的位移和加速度放大系数等指标进行了分析，提出对于文物的防震设计应首先以加速度指标作为控制指标。为了有效地提高文物系统的防震性能，本文研发了悬吊减震系统。与传统的尼龙线拉结固定的文物的防震性能相比，当地震输入较弱（$PGA < 0.20g$）时，此系统对文物的减震效果并不明显；但当地震输入较强（$PGA > 0.20g$）时，此系统表现出较好的减震效果，且其减震效果随着地震输入的增大而相应增强。

（3）通过对采用传统防震措施的文物的防震性能进行分析，指出陶瓷器文物的主要破坏方式是滑移和倾覆；陈列柜、文物的固定程度对文物的防震性能具有较大的影响。据此，根据陈列柜是否固定在地面或楼板面上、文物是否固定在陈列柜上，将可移动文物陈列系统的抗震计算模型分为Ⅰ、Ⅱ、Ⅲ、Ⅳ四种类型；对四类模型进行了滑移分析、摇晃分析和滑移-摇晃耦合分析；研究了地震作用机理，并提出了相应的运动判别式。

（4）对振动台试验中用四角尼龙线拉结固定的可移动文物进行了地震作用分析，推导出其最大允许地震输入值的表达式。以文物试件为例，分为水平、竖向两向地震作用和仅考虑水平地震作用两种情况计算了试件的地震响应；计算结果表明，竖向地震作用对文物的影响不可忽略。通过振动台试验结果可知，文物悬吊系统对文物的减震效果明显。对单层可移动文物悬吊减震系统的动力特性进行了建模分析；对多层可移动文物陈列系统中的多层悬吊式、单层多吊式减震系统的计算模型进行了分析。结合悬吊减震系统的试验结果和与单摆减震系统的动力特性的对比分析，建立了悬吊减震计算模型；提出了其减震机理，并验证了可移动文物悬吊减震系统的有效性。

（5）对博物馆设计中常见的结构体系进行了优选，提出钢筋混凝土框架、框剪结构相对适合用于博物馆防震，并对其防震性能进行了分析和设计优化。针对当前常用的等效剪切模型和弯曲-剪切模型偏重于平面分析，不能准确地反映出地震作用下复杂结构中同一楼层上不同点的地震响应，立体分析法需考虑结构各层的质量、刚度、偏心距、转动惯量等多种因素的耦联影响，计算过程复杂且精度不高的现状，提出应采用有限元分析法进行建模计算。以8层钢筋混凝土框架、框剪结构为例，研究了各结构在同等情况下，不同楼层上的相同节点和同一楼层上不同节点的地震响应规律。结果表明，同一结构中不同楼层上的相同节点、同一楼层上不同节点的地震响应均不相同；地震作用的竖向分量对文物地震响应的影响较大，在博物馆结构设计时不可忽略。

（6）以8层框剪对称、非对称结构博物馆建筑为例，对博物馆整体系统的分体式和整体式有限元分析模型进行了研究。通过对比分析提出：分体式建模传力路径明确，适合于单个文物陈列系统的研究，但对于不同类型、不同强度地震作用下建筑结构各楼层上不同文物陈列系统的地震响应需单独计算，费时费力。整体式建模直接通过地震分析求得文物的地震响应，减少了地震能量的传递损失，因而适合用于多个文物陈列系统地震作用的整体研究；其缺点是文物系统对地震的响应并不明显，因而使分析结果相对有所偏差。

（7）对博物馆结构-文物陈列系统各组成部分间的隔震减震控制方法进行了分析。对基础-主体结构间隔震减震控制中的刚体分析模型、多质点平动体系分析模型、多质点体系平动-摇摆分析模型进行了讨论；为了降低地震作用对结构构件的破坏影响，提出了一种文物陈列架减震梁的设计方法。结合试验和理论分析结果，提出了博物馆结构-文物陈列系统的防震性能水准。以文物陈列系统的振动控制为主要控制指标，提出了加速度破坏准则和博物馆整体系统的加速度控制路线图。对基于博物馆整体系统防震安全的铅芯橡胶隔震支座（LRB）与磁流变阻尼器（MRD）隔震减震混合控制体系进行了动力学分析，并对其关键控制参数进行了优化。

编者<br>
2020.3

# 目　　录

1 绪论 ........................................................................................ 1
　1.1 研究背景及研究意义 ............................................................. 1
　1.2 博物馆结构-文物系统的防震性能研究现状 ................................. 3
　　1.2.1 博物馆结构的防震性能研究 ............................................. 4
　　1.2.2 博物馆文物系统的防震性能研究 ...................................... 10
　　1.2.3 博物馆结构-文物系统的防震性能研究 .............................. 14
　1.3 博物馆结构-文物系统防震性能研究中亟待解决的问题 ............... 14
　1.4 本文的研究对象及内容 ........................................................ 16

2 可移动文物陈列系统的地震模拟振动台试验研究 ............................ 18
　2.1 概述 ................................................................................. 18
　2.2 试验模型设计 ..................................................................... 19
　　2.2.1 模型制作 .................................................................... 19
　　2.2.2 文物试件放置形式及传感器设置 ..................................... 22
　　2.2.3 试验加载制度 .............................................................. 23
　　2.2.4 试验输入地震波 ........................................................... 25
　　2.2.5 试验模型各测点通道布置及测试内容 .............................. 25
　2.3 试验过程及破坏特点 ........................................................... 26
　　2.3.1 试验破坏等级划分 ....................................................... 26
　　2.3.2 2/3 配重层工况地震作用破坏现象 .................................. 27
　　2.3.3 1/3 配重层工况地震作用破坏现象 .................................. 29
　2.4 试验结果分析 ..................................................................... 30
　　2.4.1 模型结构的动力特性 ..................................................... 30
　　2.4.2 模型结构的位移响应 ..................................................... 33
　　2.4.3 模型结构的加速度响应 .................................................. 36
　　2.4.4 模型结构的动力放大系数 .............................................. 43
　　2.4.5 模型结构中文物响应与陈列层台面响应的关系 ................. 52
　2.5 本章小结 ........................................................................... 54

3 博物馆可移动文物（陶瓷器）陈列系统的防震性能研究 ................... 55
　3.1 陶瓷材料的基本特性 ........................................................... 55
　3.2 可移动文物的防震性能分析 ................................................. 56
　　3.2.1 陈列文物的传统抗震措施及效果分析 .............................. 56
　　3.2.2 陈列文物的基本破坏形式及控制参数 .............................. 58
　　3.2.3 陈列文物的隔震减震（振）性能分析 .............................. 59
　3.3 可移动文物陈列柜与主体结构的连接方式 .............................. 62

    3.3.1 可移动文物陈列柜的基本类型及特点 ·········· 62
    3.3.2 可移动文物陈列柜与主体的连接方式 ·········· 63
  3.4 可移动文物陈列系统的地震作用分析 ·········· 63
    3.4.1 可移动文物陈列系统的抗震计算模型 ·········· 63
    3.4.2 浮放文物的运动判别式 ·········· 64
    3.4.3 浮放文物的地震作用机理 ·········· 66
    3.4.4 可移动文物陈列系统的地震作用机理 ·········· 69
    3.4.5 可移动文物陈列系统的地震作用计算 ·········· 75
  3.5 本章小结 ·········· 83
4 博物馆建筑结构的防震性能研究 ·········· 84
  4.1 博物馆建筑结构防震设计的基本要求 ·········· 84
  4.2 博物馆常见建筑结构形式的震害分析 ·········· 85
    4.2.1 常见的建筑结构形式 ·········· 85
    4.2.2 常见建筑结构形式的结构特点与震害分析 ·········· 86
    4.2.3 博物馆建筑结构体系优选 ·········· 89
  4.3 博物馆建筑结构的地震作用效应计算 ·········· 90
    4.3.1 等效剪切模型 ·········· 90
    4.3.2 等效弯曲-剪切模型 ·········· 93
    4.3.3 空间分析模型 ·········· 93
    4.3.4 分层模型的层刚度的计算 ·········· 94
    4.3.5 算例分析 ·········· 95
  4.4 博物馆建筑结构的防震安全设计问题分析 ·········· 97
    4.4.1 防震安全设计中的关键问题 ·········· 97
    4.4.2 模型结构的基本参数 ·········· 98
    4.4.3 模型结构的动力特性 ·········· 98
    4.4.4 地震波及研究工况选取 ·········· 99
    4.4.5 竖向地震作用对结构中各楼层节点的位移响应的影响 ·········· 100
    4.4.6 竖向地震作用对结构中各楼层节点的加速度响应的影响 ·········· 101
    4.4.7 竖向地震作用对结构中楼层节点的加速度反应时程的影响 ·········· 102
    4.4.8 竖向地震作用对不同阻尼比结构中相同节点的加速度响应的影响 ·········· 102
    4.4.9 基于文物防震安全的博物馆结构的防震性能评价 ·········· 103
  4.5 本章小结 ·········· 104
5 博物馆建筑结构-文物系统的防震安全体系研究 ·········· 105
  5.1 博物馆建筑结构-文物系统的地震作用计算方法 ·········· 105
    5.1.1 地震作用计算方法 ·········· 105
    5.1.2 地震作用分析建模方式 ·········· 106
  5.2 博物馆建筑结构-文物系统分体式建模的地震作用分析 ·········· 107
    5.2.1 分体式模型 ·········· 107
    5.2.2 各分系统的动力特性分析 ·········· 109

|       |       |                                                      |     |
| :---- | :---- | :--------------------------------------------------- | --: |
|       | 5.2.3 | 地震波选取及工况选择                                 | 111 |
|       | 5.2.4 | 对称、非对称框剪结构的地震作用响应分析               | 112 |
|       | 5.2.5 | 文物陈列系统的地震作用响应分析                       | 120 |
| 5.3   | 博物馆建筑结构-文物系统整体式建模的地震作用分析           | 130 |
|       | 5.3.1 | 整体式模型                                           | 130 |
|       | 5.3.2 | 整体式模型的动力特性分析                             | 131 |
|       | 5.3.3 | 地震波选取及工况选择                                 | 133 |
|       | 5.3.4 | 对称、非对称框剪结构-文物系统模型的地震响应分析       | 133 |
| 5.4   | 博物馆建筑结构-文物系统不同建模方式的优缺点对比           | 135 |
|       | 5.4.1 | 分体式建模分析方法的特点分析                         | 135 |
|       | 5.4.2 | 整体式建模分析方法的特点分析                         | 135 |
| 5.5   | 博物馆建筑结构-文物系统防震安全的隔震减震控制             | 135 |
|       | 5.5.1 | 地基的隔震减震控制                                   | 136 |
|       | 5.5.2 | 基础的隔震减震控制                                   | 136 |
|       | 5.5.3 | 基础-主体结构间的隔震减震控制                        | 136 |
|       | 5.5.4 | 建筑结构的隔震减震控制                               | 138 |
|       | 5.5.5 | 建筑结构-文物陈列柜（架）间的隔震减震控制            | 138 |
|       | 5.5.6 | 文物陈列系统的隔震减震控制                           | 139 |
| 5.6   | 博物馆建筑结构-文物系统的防震安全控制研究                 | 140 |
|       | 5.6.1 | 防震安全性能水准与控制参数                           | 140 |
|       | 5.6.2 | 振动控制方法                                         | 142 |
|       | 5.6.3 | 防震破坏准则                                         | 143 |
|       | 5.6.4 | 防震设计的加速度控制                                 | 144 |
|       | 5.6.5 | 地震作用下的隔震减震混合控制体系                     | 147 |
|       | 5.6.6 | 防震安全体系控制参数优化与多道防震防线的建立         | 151 |
| 5.7   | 本章小结                                                 | 152 |
| **6** | **结论与展望**                                           | 154 |
| 6.1   | 本文的主要工作与结论                                     | 154 |
|       | 6.1.1 | 博物馆建筑结构-文物系统的防震安全现状调研与分析       | 154 |
|       | 6.1.2 | 博物馆可移动文物陈列系统的地震模拟振动台试验         | 155 |
|       | 6.1.3 | 博物馆可移动文物陈列系统的防震性能分析               | 155 |
|       | 6.1.4 | 博物馆建筑常见结构类型的防震性能分析                 | 156 |
|       | 6.1.5 | 博物馆建筑结构-文物系统的防震安全体系研究             | 157 |
| 6.2   | 研究展望                                                 | 158 |
| **参考文献** |                                                 | 159 |

# 1 绪 论

## 1.1 研究背景及研究意义

博物馆是有效地保护、展示和研究人类及其生存环境遗存的重要场所，对于收藏人类历史依据、凝练文化和推进文明发展具有重要的作用。近些年来，我国的文博事业如何能够更好、更快地健康发展等问题得到了党和国家的高度关注。2007年10月，"要重视文物和非物质文化遗产的保护"的问题在党的十七大上被明确提出；2011年10月，"努力建设社会主义文化强国的战略目标"在党的十七届六中全会上被明确提出，全会同时指出"要大力发展公益性文化事业，加强博物馆、科技馆、纪念馆等公共文化服务设施的基地建设"；党的十八大以后，中华优秀传统文化如何能够被更好地传承和弘扬、文物如何能够更好地被保护等问题受到党和国家领导人的高度重视；并制定了相关的政策，以有效地推动文博事业的健康发展。国家下发了《关于加强文化遗产保护的通知》，实施了《博物馆条例》，全国文物普查、重大文物保护工程、灾后文物抢救保护等文物保护工作扎实推进。"十一五"至"十二五"期间文物博物馆事业取得了巨大发展，博物馆和文物藏品的数量显著增长，见表1.1[1]，这些都为"十三五"时期文博事业的发展奠定了良好基础。文化体制的不断完善，人民群众对精神文化需求的日益增长，促使博物馆数量不断增加；同时，由于博物馆建筑基础设施建设和藏品保护工作相对薄弱，博物馆建筑结构和文物防震性能不足等问题也相继暴露出来。

表1.1 "十一五"至"十二五"期间文物博物馆事业总体发展情况统计

| 发展指标 | 2005年 | 2010年 | 2015年 |
| --- | --- | --- | --- |
| 不可移动文物总数（万处） | 40余 | 80余 | 76余 |
| 全国重点文物保护单位（个） | 1271 | 2352 | 4296 |
| 文物藏品（万件/套） | 2304.21 | 2864.22 | 4063.58 |
| 博物馆（个） | 2320 | 3415 | 4510 |
| 陈列展览（个） | 7963 | 30156 | — |

几十年来，地震活动频繁，作为世界文明宝贵遗产载体的博物馆及其馆藏文物，由于建筑结构和馆藏文物的防震能力不足而蒙受了巨大的损失。1995年日本阪神7.2级大地震致使京都市广隆寺内三尊佛像被震倒，圣观音塑像发生倒塌，超过52件日本国宝级重要文物受损。2011年发生在土耳其东部的7.2级地震致使凡城博物馆受到较大程度的破坏，大量珍贵陶器在地震中被损毁。据国家文物局统计，我国2008年发生的8.0级汶川地震也造成了四川、甘肃、陕西等7省博物馆建筑及文物较大程度的破坏，见表1.2、表1.3。2013年，四川省雅安市芦山县7.0级地震，也造成了博物馆馆藏文物不同程度的损毁。国内外博物馆建筑及文物的地震破坏呈现出两个重要特点：一是由于博物馆建筑发生地震破坏造成其馆藏文物被损毁；二是许多易碎文物，如陶瓷器、玉器、骨器等，在地

震中摔落、碰撞等发生损毁。因而，有必要加强对博物馆建筑结构及其馆藏文物的防震安全研究，以有效地提高整体系统的防震能力。

表1.2 汶川地震中各地已受损的文保单位及文物统计表

| 受灾省份 | 国家级文保单位（处） | 省级文保单位（处） | 市、县级文保单位（处） | 馆藏文物（其中珍贵文物）（件） |
|---|---|---|---|---|
| 四川 | 83 | 174 | 803 | 1839（189） |
| 甘肃 | 20 | 17 | 16 | 607（61） |
| 陕西 | 29 | 17 | 10 | 308（41） |
| 重庆 | 13 | — | 60 | 12（1） |
| 云南 | 2 | 4 | 37 | — |
| 山西 | 1 | 1 | — | — |
| 湖北 | 21 | 18 | — | — |

表1.3 汶川地震中四川省部分文物单位受损情况统计表

| 名称 | 受损情况 |
|---|---|
| 都江堰市文物局 | 文物库房严重受损，大量瓷器被毁 |
| 三星堆博物馆 | 一号馆：进出口的装饰断裂，2件陶器摔落；二号馆：墙体龟裂；接待中心：墙体顶部龟裂；办公室：后墙局部开裂，顶棚出现脱落 |
| 芦山县博物馆 | 许多文物架出现倒塌，致使文物受损 |
| 绵竹市文管所 | 文物库房墙体出现开裂；部分文物受损 |
| 宝兴县文管所 | 许多文物架出现倒塌，致使文物受损 |
| 什邡市博物馆 | 8件文物受损；2处展厅场景破坏 |
| 汉源县文管所 | 由于文物库房倒塌，致使库房内219件文物、资料及设备被全部掩埋 |
| 三苏祠博物馆 | 部分陶瓷器受损 |
| 彭山县文管所 | 文物库房的门窗、屋面、墙体等受损；31件馆藏文物受损 |
| 青神县文管所 | 许多陶瓷器损坏 |
| 绵阳市博物馆 | 许多墙体发生变形、垮塌；文物中心库房受损；少量瓷器损坏 |
| 蓬安县文管所 | 办公楼许多墙面产生裂缝；1件陶罐（宋代）损坏 |
| 南充市文管所 | 办公楼楼梯间、办公室及文物库房的墙体出现裂缝 |
| 西充县文管所 | 办公楼的窗户和屋顶受损 |
| 峨眉山博物馆 | 植物厅：许多展柜的玻璃破坏。佛教厅：大门两侧的墙壁、墙角出现较长裂缝 |
| 南部县文管所 | 15件陶瓷器受损（其中珍贵文物8件） |
| 温江区文管所 | 库房内4件重要文物（三级）被毁 |
| 青白江区文管所 | 11件文物摔落损坏（其中1件为二级文物） |
| 彭州市博物馆 | 文物库房、展厅屋面塌陷、墙体裂缝，建筑结构损裂变形；如意纹银梅瓶等8件一级文物和50件二、三级馆藏文物受损 |
| 金沙遗址博物馆 | 陈列馆第一展厅出口上方洞石错位，顶棚通风口移位，展柜挡板和烟感喷水器脱落。第二展厅文物损坏严重，早期陶器两件倾斜，中期陶器8件移位、10件破碎，晚期陶器4件移位、2件破碎，玻璃模型错位，玉器柜2件玉器移位，金器少量移位。第三展厅入口控制箱上方及内墙有裂缝，美石柜一件文物移位，铜器展柜一件文物倾斜，大石壁展柜文物出现裂缝。第四展厅金冠带、石人、石虎移位。第五展厅顶棚掉落 |

续表

| 名称 | 受损情况 |
|---|---|
| 成都博物馆 | 库房2件瓷器（一般文物）破损严重；1件南朝释迦佛石刻造像（一级文物）底座与造像断裂、底座断成数块；1件青铜釜的环形柄与器身断开；陶器损失较大，初步统计17件三级文物、7件一般文物破损严重，28件文物受到严重损坏 |
| 新都区文管所、博物馆 | 办公楼及文物库房多处楼板及墙体连接处裂缝；博物馆展厅及厕所部分顶棚脱落，10余件展品倾倒，说明牌脱落 |
| 崇州市文管所 | 文物库房损坏文物20余件，主要是陶器和瓷器 |
| 雅安市文管所 | 馆藏文物有10件受到损坏，主要有3件三级文物和7件一般文物 |
| 芦山县博物馆 | 展厅、库房内文物被震倒，多件陶俑、陶器损坏 |
| 宝兴县文管所 | 库房裂缝漏雨；馆藏3件三级文物受损、7件一般文物受损、头盖骨标本1件受损 |
| 荥经县文管所 | 馆藏二级文物有4件受损，三级有30余件受损，其他文物有40余件有不同程度的损坏 |
| 北川县文管所 | 文物库房全部倒塌；馆藏文物全部被毁 |
| 青川县文管所 | 文物库房全部倒塌；大量文物被毁 |
| 四川省文物考古研究院 | 办公楼墙体开裂，8件文物和24件标本受损；三星堆遗址工作站围墙、水塔基座、标本房屋顶和墙体开裂，标本室屋顶漏水，厨房烟囱倒塌，文物15件陶器标本损毁 |

当前，国内抗震规范[2]普遍规定建筑物采用"二阶段三水准"进行抗震设计，其"小震不坏，中震可修，大震不倒"的设计思想重点考虑在大震时结构不发生倒塌及保护人身安全；但多次震害表明：在发生中高烈度地震时，博物馆主体结构并未发生倒塌的情况下，由于内部结构局部破坏、装饰物坠落、文物架或陈列柜翻倒等原因致使文物翻倒、滑落、摔碎等情况时常发生，因而，对于博物馆建筑结构-文物系统，既要有效地保证结构的抗震安全，又要有效地保护文物的防震安全。目前，多数博物馆的文物防震采用抗震和隔震两类方法，但通常是凭经验，没有对其进行科学严密的地震危害性分析、试验和理论计算，因而其实际的防震效果好坏缺乏合理的判定依据。为此，本文以文物的防震安全为切入点，从博物馆建筑结构和文物两方面对其地震作用机理、防震设计方法及防震性能评价等问题进行研究，以期为博物馆建筑结构-文物系统的防震安全设计提供借鉴。

## 1.2 博物馆结构-文物系统的防震性能研究现状

近年来，国内外发生的多次大地震对博物馆等公共建筑造成了巨大破坏，并造成了不可挽回的损失。损坏的公共设施可以修复，但作为人类历史与文化传承载体的文物一旦损坏将不可修复。博物馆的防震安全涉及两层含义：一是"防"，即对建筑结构及文物系统进行防震性能分析，找出整体系统中可能发生破坏的薄弱部位，进而采取措施以消除隐患；二是"安全"，即对其进行安全评价，从而进一步优化设计。综合来看，当前国内外学者对博物馆建筑结构及其文物系统的防震研究多集中在提高原有传统结构的抗震性能、工程结构的隔震减震技术、陈列台座的隔震技术、文物的抗震措施等方面。目前博物馆的防震设计多倾向于将博物馆建筑结构、文物分隔开来，作为两个独立部分分别进行考虑。此种做法由于没把建筑结构和文物作为一个整体进行考虑，因而容易导致博物馆建筑结构-文物系统防震性能不足。现从博物馆结构、文物系统、结构-文物系统三个方面分别介绍几十年来国内外学者的相关研究成果。

### 1.2.1 博物馆结构的防震性能研究

（1）建筑结构的抗震性能研究

博物馆功能设置的多样性使得其结构形式相对比较复杂，不同的结构形式对结构的抗震性能产生的影响也不尽相同。对此，国内外学者针对不同的结构类型进行了分析计算。

2002年，上海博物馆的吴来明、李蓉蓉和上海市地震局工程抗震研究所的王忠良、高华平对上海及邻近地区的地震危害性进行了分析；采用层模型计算了框架结构的上海博物馆新馆在遭遇设防地震时建筑物中各层的地震动响应，并给出上海博物馆结构中各层的地震动参数[3]。2011年，中国建筑西南设计研究院的周劲炜、周庆伟、何鹏辉等对采用混凝土框剪结构的甘孜藏族自治州民族博物馆进行了弹性动力时程分析和弹塑性静力推覆分析[4]。结果表明，对于高烈度区的结构设计，不但要把握好整体结构的抗震性能，还应对局部关键或薄弱部位进行重点控制。东南大学的孙逊、舒赣平等对采用钢桁架和钢筋混凝土框架剪力墙混合结构的南京地质博物馆扩建工程进行了弹塑性分析[5]。结果表明：在边榀框架设置剪力墙可以有效地控制该结构塔楼平面的扭转位移比；为了保证结构的安全，需对裙房钢结构及底部的抗侧力构件进行性能化设计，并采取构造措施进行加强。北京交通大学的陈丹、杨维国等以拟建的海原博物馆为例，建立了钢结构模型和钢-混凝土结构整体模型；并进行了小震作用下的弹性分析和大震作用下的动力弹塑性时程分析[6]。结果表明，在结构设计时，支撑结构的放大效应不容忽视。

2011年，北京市建筑设计研究院的赵楠结合克拉玛依市科技博物馆工程，在结构材料的变形被假设为非线性前提下，选用非线性分析法，对罕遇地震时框架-剪力墙结构的非线性动力特性进行了分析[7]。分析表明，在罕遇地震下该结构符合安全要求。结构中的剪力墙并未出现塑性铰；连梁出现了塑性铰，呈现出较好的耗能性能。2013年，同济大学的朱亮对采用不规则框架结构的安徽省地质博物馆进行了抗震性能分析[8]，提出对于不规则建筑应采用抗震性能化设计方法进行分析，并对整个结构及结构中的重要构件采用不同的性能目标进行设计。

对于当前许多大型复杂的博物馆建筑，由于工程量比较巨大且结构形式比较复杂，难以进行简单的动力学建模计算，故而许多学者往往借助通用的软件或国内相对比较成熟的软件以及一些经过二次开发的有限元计算软件，如 ANSYS、ABAQUS、SAP 2000、PKPM 等，对博物馆进行实体结构的三维建模分析。

2009年，北京市建筑设计研究院的甄伟、张力和清华大学的陆新征采用基于非线性有限元软件 MSC.MARC 基础上开发的纤维梁和分层壳模型对北京汽车博物馆的整体结构进行了弹塑性静力推覆和动力时程分析。采用精细模型对型钢混凝土的转换节点进行了弹塑性分析，并得出节点的承载力 $N$-$M$ 曲线[9]。结果表明，该结构在小震及设防烈度地震作用下处于弹性状态，在罕遇地震作用下可以有效地保证主体结构的安全。2010年，北京交通大学的刘武华利用 MIDAS 软件建立了成都博物馆结构的整体模型，分析了该结构在竖向地震作用时的地震响应，并对建筑底板与结构间的传递关系进行了分析[10]。分析表明，由于建筑物各楼层的卓越频率一般较低，使得其在低频竖向谐振波作用下的加速度放大系数往往较大；当地震波竖向地震作用较强时，馆内的文物极易造成较大的破坏。

2011 年，北京市建筑设计研究院的王春磊、朱鸣、张徐采用 MIDAS/Gen 软件对采用钢框架-钢筋混凝土剪力墙组合结构的太原博物馆主楼进行了罕遇地震作用下的 Pushover 分析，分析了其塑性铰的生成过程[11]。结果表明：在罕遇地震作用下，该结构的侧向刚度有一定降低，但总体承载力并没有明显下降，呈现出良好的延性性能。2013 年，中国建筑设计研究院的王超、谈敏、王嫄以北川博物馆结构设计为例，采用 SATWE 及 SAP 2000 软件进行了地震作用分析[12]。结果表明，在多遇地震作用下，结构中各构件均处于弹性状态；在设防地震作用下，结构中除了左侧的跃层柱处于弹性状态外，其他主要竖向构件均处于不屈服状态。

（2）建筑结构的隔震减震研究

博物馆建筑结构形式的复杂多样，给其带来了诸多安全隐患。单纯按照传统的抗震设计已不能满足结构防震安全需要，当前学者研究的重点转为建筑结构的隔震减震研究，通过在主体结构底部设置隔震支座、在结构层间设置隔震层、采取悬吊质量摆减震结构、添加阻尼器等耗能构件等方式进行隔震减震控制。对于博物馆结构，根据其设防目的的不同，可在其底部、层间或顶部等部位安装隔震减震装置，使得地震作用对建筑结构和结构内部的文物的震害显著降低，从而尽可能降低博物馆的震害损失。

对于基础隔震系统，2000 年，华中理工大学的江宜城、唐家祥、李媛萍分析了多层框架基础隔震结构单轴偏心的地震扭转效应，建立了地震作用下扭转反应的运动方程；并探讨了在隔震和非隔震条件下结构偏心对结构模型的地震响应的影响[13]；分析表明，采用基础隔震可以显著地降低结构的扭转效应。2003 年，北京工业大学的周乾研究了 SMA-橡胶复合支座在大跨空间结构中的隔震性能，找出了网壳杆件内力在施加 SMA-橡胶复合支座后的减震规律[14]；研究表明，SMA-橡胶复合支座具有较好的隔震作用，且隔震效果优于普通橡胶支座。2005 年，Komro T、Nishikawa Y、Kimura Y 对基础隔震技术在高层建筑中的利用进行了研究[15]；研究表明基础隔震系统对于仙台 MT 大楼具有较好的隔震效果。2008 年，庄学真、周福霖研究了大直径、叠层、铅芯橡胶支座在地震作用下的水平剪切变形、竖向压缩变形、阻尼比变化、水平极限变形等性能[16]；结果表明，国产的大直径叠层铅芯橡胶隔震支座的力学性能稳定可靠，可用于高层建筑结构的隔震减震控制。2008 年，日本株式会社日建设计东京结构设计部的浅野美次、山本裕以日本 POLA 艺术博物馆的结构设计为例，对采用基底隔震系统的大跨度桁架系统的建筑结构进行了研究[17]；结果表明，基底隔震系统和桁架系统的组合设计可满足建筑、结构设计要求，且对结构的抗震性能有明显提高。总体来看，建筑结构采用基础隔震系统可以明显地降低上部结构的变形，具有较好的减震效果。

对于层间隔震系统，1996 年，华南建设学院的徐忠根、周福霖和中京建筑事务所汕头分所的丘湘泉对在第二层与第三层间设置橡胶垫进行隔震的汕头博物馆结构的动力特性及其剪力和位移的地震反应进行了分析[18]。分析表明：与非隔震结构相比，隔震结构的第一周期显著增大，约为非隔震结构的 4 倍；但层间位移、地震剪力显著降低，隔震层下部的楼层位移降低到初始时的 1/3，其余楼层的减小了 90%～95%。2002 年，Roberto Villaverde，M. ASCE 对 13 层的建筑结构采用屋顶隔震的可行性和抗震隔震效果进行了研究[19]；结果表明，在屋顶设置隔震系统可以有效地降低结构的地震破坏作用。2006 年，福州大学的祁皑、林云腾、郑国琛建立了层间隔震动力学模型，对层间隔震结构地震响应的主要影响系数进行了分析[20]。研究表明，在一定的频率范围内，隔震层设置位置的变化对隔震结构的下部位移和上部加速度有不同的影响。当设置位置较高时，其位移和加速度皆显著降低，其减震机理与TMD相似；当设置位置较低时，其位移和加速度变化不大，其减震机理与基础隔震相似；层间隔震结构的减震性能受隔震层的阻尼比变化影响，表现为阻尼比越大，其减震效果越好。总体来看，建筑结构采用层间隔震或顶部隔震可有效地降低结构的地震破坏作用，但层间隔震层的设置位置的不同对结构隔震层上、下部的地震反应有不同的影响。

对于悬吊减震系统，1996年，沈阳建筑工程学院的李宏男研究了利用悬吊质量摆来减小结构地震作用的方法，并导出了此结构体系在地震作用下的运动方程[21]。研究表明：在摆的总质量不变的情况下，单个质量摆与串联的两个质量摆的减震效果比较接近，因而工程中可以仅安装单个质量摆。一般情况下，摆的自振频率与结构的自振频率之比$\beta$接近1时减震效果最好；摆质量与结构质量之比$\mu$越大，减震效果越好。2008年，东南大学的王春林、吕志涛、吴京对用于高层结构建筑的一种半柔性悬挂体系进行了分析，研究了其阻尼减震控制方法，并以主体结构的时程响应最大值最小为控制目标，对黏滞流体阻尼器的阻尼系数进行了优化分析[22]，得出可以找到最优的阻尼系数使得主体结构的顶点位移和基底剪力的动力响应最小。

在隔震结构的减震机理方面，2000年，Lizuka M 提出了一种预测叠层橡胶支座大变形行为的宏观模型[23]，并通过测试验证了该模型的正确性。2010年，Yang Qiaorong、Liu Wenguang、He Wenfu 研究了橡胶隔震系统在拉伸和拉剪状态下的拉伸刚度和变形模式[24]。2010年，广州大学的张颖、谭平和周福霖从能量角度出发，利用设计用能量谱分析了在层间隔震结构中地震输入能量的分配和耗散关系，并基于能量平衡方法推导出层间隔震结构的隔震总剪力、基底剪力以及最大变形等的地震响应预测公式；分析了隔震层的刚度、阻尼及设置位置等参数对结构减震性能的影响，并提出了其减震机理[25]。研究表明，能量平衡分析法可用于预测层间隔震结构的地震响应。2012年，上海大学的秦川、刘文光、廖述江对复杂结构的混凝土框架-钢支撑博物馆进行隔震处理后，采用时程分析法进行了层间位移、层间剪力等的地震响应分析。同时依据基底剪力和外力做功等效原则提出了等效刚度和隔震层位移的简化计算方法[26]。研究表明，其简化方法的计算精度与时程分析法比较接近，可用于复杂隔震结构的地震响应的快速分析。2013年，兰州理工大学的杜永峰、吴忠铁、范萍萍采用弯剪模型，用直接积分法推导了串联隔震体系在压剪作用下叠层橡胶支座和钢筋混凝土柱及整体的水平刚度方程，提出了串联隔震体系刚度的简化形式；同时分析了高度比、轴力影响因数对构件及整体水平刚度的影响[27]。研究表明，其整体简化方程与精确方程的值在一定的范围内误差不大，可满足工程要求。

（3）建筑结构的抗震性态评价研究

作为大型的公共建筑，博物馆结构抗震设计应满足抗震规范等基本要求；同时，作为保管和陈列着大量不可再生文物的建筑，博物馆的结构设计还要以文物的防震安全为目标，因而单纯以结构安全为目标的抗震设计方法不能有效地保护博物馆内的文物，当前许多学者往往根据建筑的使用功能及使用要求等对结构基于不同的性态进行分类设计。中国工程局、中国建筑科学研究所和哈尔滨工业大学等单位在依据相关法规和规范基础上，联合制定了《建筑工程抗震性态设计通则（试用）》(CECS 160—2004)[28]。通则中把抗震设计类别思想引入抗震设防，并对各级地震动水平下的最低抗震性态要求进行了说明，提出了以预防为主的地震工作方针。为了使重要设施在地震作用时及地震作用后可以保持其设计性能，可适当强化其抗震设计，以有效提高其抗震性能。本通则对建筑结构的分类设计做了详细说明，并没有将建筑结构内的内容物，如博物馆馆藏文物等的防震安全考虑在内。同时，此通则中体现的分类设计思想却给博物馆建筑结构和文物的整体防震设计提供了一个设计思路。

(4) 建筑结构的动力性能研究

博物馆建筑结构的动力学试验作为衡量结构性能好坏的一个重要方法日益得到广泛的应用。当前学者研究的重点，侧重于对结构进行动力学试验研究。从诸多研究资料看，地震模拟振动台试验作为研究结构动力学性能的一个比较直观的重要试验方法，也有诸多缺陷：首先，对振动台试验设备的要求较高，从国内情况看，国内诸多高校和研究所的设备先期一次性投入较高，且使用和维护费用也相对较高；其次，受振动台平台尺寸所限，结构模型较难采用足尺模型进行试验，多数需进行缩尺试验，其试验结果与实际结构的性能还有一定的差距。

2000 年，Jenn-Shin Hwang、Ting-Yu Hsu 对三层钢结构隔震建筑进行了单侧、双侧和三轴振动台试验[29]。通过对试验模型的地震反应进行对比分析，提出了一种计算侧向力分布的方法。2014 年，上海大学的刘阳、刘文光、何文福和杨巧荣针对云南省博物馆采用 1:30 缩尺模型进行了隔震与非隔震结构模型的振动台试验，研究了其在多遇地震、罕遇地震下的地震响应[30]。结果表明：隔震结构在不同性能水准地震作用下的动力特性稳定，减震效果较好；隔震结构的加速度反应要小于非隔震结构，结构各层的变形满足规定要求限值；结构扭转反应较小，整体没有发生破坏；罕遇地震作用下隔震支座的滞回曲线均匀饱满，支座没有发生损伤。

(5) 建筑结构的抗震措施研究

博物馆的防震措施主要通过对结构中薄弱部位的加强来实现。2006 年，中国建筑设计研究院的任庆英、张瑞龙、范重以结构平面和竖向都不规则的首都博物馆新馆为例，研究了其结构设计条件、参数取值等，并提出了对偏心受力、超长结构、大跨度楼盖、地基不均匀沉降等问题的处理方法[31]。研究表明，对于建筑形式为"倾斜青铜体造型"，结构形式由钢筋混凝土剪力墙、钢筋混凝土剪力墙和框架柱复合结构等组成的椭圆形展览楼，由于整体结构的倾斜布置，将产生较大的偏心荷载，使得受拉区构件混凝土容易开裂。为了提高受拉区构件的抗拉能力，应在受拉区墙体上适当提高竖向钢筋配筋率，同时增设芯柱以增大柱的延性。

2008 年，绵阳市文物管理局的王锡鉴、都云昆对绵阳博物馆的文物中心库房在满足当前的馆藏文物保存环境的条件下，应采取哪些预防性保护措施，以有效地抵御地震及其次生灾害的侵袭进行了研究[32]。研究表明，博物馆顶部跨度 186m、拱高 16m 的圆弧形钢结构装饰架加剧了建筑的地震破坏作用，因而，博物馆的建筑结构设计应尽量减少装饰性构造，并尽可能降低此类构件的质量和高度。同时，在博物馆抗震设计时，除了满足现有的设计规范外，还应根据实际情况适度提高建筑物的地震设防等级；以确保博物馆整体建筑不被破坏，从而有效地保障文物库房和馆藏文物不被破坏。

(6) 建筑结构的抗震设防水准及振动控制指标研究

基于性能的抗震设计要求对博物馆建筑结构在寿命期间所可能发生的地震破坏进行控制。其设防水准由抗震设防烈度或设计地震动参数及建筑抗震设防类别、文物系统防震容许振动参数等确定。我国现行的《建筑抗震设计规范》（GB 50011—2010）、美国联邦紧急救援署的 FEMA 方案和加州结构工程师协会的 SEAOC 方案等均针对小震、中震、大震等情况提出了其地震设防水准。FEMA 273[33]中对结构的性能水准包括 3 个离散水准 S-1、S-3、S-5 和 2 个介于离散水准之间的水准 S-2、S-4，并以结构的层间位移角作为控制指标给出混凝土框架结构、混凝土剪力墙、钢抗弯框架、钢支撑框架等结构的性能水准值。《建筑抗震设计规范》（GB 50011—2010）提出：结构在进行多遇地震作用下的抗震变形验算时，应以其楼层内最大的弹性层间位移作为控制指标，并应满足 $\Delta u_e \leqslant [q_e]h$。其中 $\Delta u_e$ 为多遇地震作用标准值产生的楼层内最大的弹性层间位移，$[q_e]$ 为弹性层间位移角限值，$h$ 为计算楼层层高。结构在罕遇地震作用下应进行薄弱层（部位）的弹塑性变形计算，其薄弱层（部位）的弹塑性层间位移应满足 $\Delta u_p \leqslant [q_p]h$。其中 $[q_p]$ 为弹塑性层间位移角限值，$h$ 为薄弱层楼层高度。对于建筑物中的非结构构件，FEMA356[34]对建筑装饰性构件、隔墙、顶棚、设备构件、消防系统、照明系统等的性能水准进行了划分。我国的抗震设计规范也对非结构构件的地震作用计算和基本抗震措施进行了说明。

强烈地震作用会引发博物馆建筑结构产生巨大振动，此振动通过各楼层构件，包括楼板、墙体等传递给与之相连接的文物架、陈列柜等，从而引起文物系统产生剧烈振动，并可能导致破坏。同时，中小地震和由于爆破、大型设备运转、建筑施工打桩、地铁等外部环境带来的振动均会引起文物的振动。建筑物防振设计的目的，就是根据建筑物的特点，使之在受振后仍能处于无危害状态，可以正常使用，不影响其稳定性和耐久性。建筑物的防振指标常见的有振动幅值、振动速度和振动加速度等。

① 振动幅值。德国结构容许振动标准 DIN 4150[35]对建筑物可能损坏的振动根据振幅、速度和频率来区分，给出了可能损坏的振幅范围的推荐范围图。国际标准化组织（ISO）[36]给出了建筑物的振动频率、位移幅值和结构破坏的对应关系图。英国标准 CP 2012 绘制了建筑物的振动极限图，提出在极限范围内时对建筑物无害，当超过时对建筑物将会产生一定程度的危害。对于位移振幅的允许值，国外学者也提出了一些确定的指标进行衡量，如 R. Westwater 提出，对普通建筑物为 0.067mm；对强度特别好的建筑物为 0.135mm。A. G. Reid 提出，对设备和基础结构为 0.406mm；对教堂、旧纪念馆为 0.127mm。

② 振动速度。对于建筑物的受振影响，一般根据短时爆破振动或锻锤振源来确定其容许振动速度[37-39]。此振动速度值一般用建筑物主体结构、基础或地面上的有效值、峰值或综合值等来衡量。表 1.4 至表 1.6 分别为一般性民用建筑，工业建筑物，保护性、纪念性及古建筑物的容许振动速度指标。由此可看出振害与振源特性、振源的频率、振动速度及持续时间，建筑物的重要性、结构类型、地基条件等多种因素有关。一般对于振动持续时间长、结构构造简单、地基差的情况，其容许振动速度应取小值；对建筑物刚度大、整体性好、施工质量好的情况，其容许振动速度可取大值；对于纪念性建筑物等的容许振动控制应更严格些。

③ 振动加速度。根据实际试验测定，建筑物的容许振动加速度控制值见表 1.7。

# 1 绪 论

**表1.4 一般性建筑物的容许振动速度指标**

| 来源 | 振源 | 建筑物类型、危害性状态分级 | 容许振动速度 $v$（mm/s） | | 振动部位 |
| --- | --- | --- | --- | --- | --- |
| | | | 频率（Hz） | 有效值、峰值或综合值 | |
| 美国矿物局安全振动标准 | 爆破 | 结构安全 | | 峰值 | — |
| F. S. Crandell Wiss（1968） | 爆破 | 要引起注意；对结构有危险 | — | 峰值<br>峰值 | |
| E. J. Grandell | | 损害的危险范围<br>损害发生 | | 峰值 >84<br>峰值 >119 | |
| 日本 | | 建筑物基本没有破坏<br>轻微破坏<br>发生相当的破坏<br>损坏相当大 | | 5<br>10<br>50<br>1000 | — |
| Zeller | | 1. 民房有轻度损害<br>2. 民房有严重损害 | — | 有效值 10～31.6<br>31.6～100 | |
| 中科院地球物理研究所 | | 1. 民用建筑物轻微破坏<br>2. 一般破坏<br>3. 建筑物严重破坏 | — | 10～15<br>60～70 | |
| 原联邦德国 DIN 4150—3 | 短时振动 | 1. 一般建筑物<br>2. 住宅建筑物 | 10～50<br>50～100 | 10<br>5<br>5～15<br>15～20 上层楼板15 | 基础上 |
| 原联邦德国 DIN 4025 | 锻锤 | 对附近建筑物无影响 | 10～20 | 垂直3.8，水平4.7 | 附近建筑物基础 |

**表1.5 工业建筑物的容许振动速度指标**

| 来源 | 振源 | 建筑物类型、危害状态分级 | 容许振动速度 $v$（mm/s） | | | 振动部位 |
| --- | --- | --- | --- | --- | --- | --- |
| | | | 频率（Hz） | 有效值 | 峰值或综合值 | |
| 原联邦德国 DIN 4150—3 | 短时振动 | 工业建筑物 | 10～50<br>50～100 | 20<br>20～40<br>40～50 | 上层楼板40 | 基础上 |

**表1.6 保护性、纪念性及古建筑的容许振动速度指标**

| 来源 | 振源 | 建筑物类型、危害状态分级 | 容许振动速度 $v$（mm/s） | | 振动部位 |
| --- | --- | --- | --- | --- | --- |
| | | | 频率（Hz） | 有效值、峰值或综合值 | |
| 原联邦德国 DIN 4150—1970 | — | 具有纪念意义的主要建筑物及类似建筑 | — | 4 | 建筑物基础上 |

续表

| 来源 | 振源 | 建筑物类型、危害状态分级 | 容许振动速度 $v$ (mm/s) | | 振动部位 |
|---|---|---|---|---|---|
| | | | 频率(Hz) | 有效值、峰值或综合值 | |
| DIN 4150—3 | 短时振动 | 纪念性建筑物 | 10~50<br>50~100 | 3<br>3~8<br>8~10 | 建筑物基础上 |
| 英国 | — | — | — | 7.5 | |
| 我国机械工业环境保护设计规定 JB 16—88 | — | 1. 具有保护价值或对振动特别敏感的建筑物<br>2. 古建筑（严重开裂及风化者） | 10~30<br>30~60<br>10~30<br>30~60 | 3<br>3~6<br>1.8<br>1.8~3 | |
| 瑞士 | — | 特别敏感的结构或有保护价值的建筑物（含古建筑） | 10~30<br>30~60 | 综合值3<br>3~5 | |

表 1.7 建筑物受振下容许振动加速度鉴别指标

| 来源 | 振源 | 建筑物类型、危害状态分级 | 振动加速度（$g$） | 振动部位 | 备注 |
|---|---|---|---|---|---|
| 《爆破地震效应》 | 爆破 | 建筑物安全（柔性结构还可放宽）<br>建筑物安全 | | 地面 | |
| 美国矿务局 | 爆破 | 无破坏<br>轻微破坏<br>破坏 | 0.1<br>0.1~1 | | — |
| 《动力机器基础设计规范》 | 锻锤 | 对柱基引起的容许振动 | 黄土 0.3<br>黏土 0.15~0.2<br>砂土 0.1 | 厂房柱基 | 相应锻基上控制的加速度值<br>0.65<br>0.45 |
| 日本 | — | 安全范围<br>开始引起损坏 | 0.102<br>1.02 | | — |

表 1.4 至表 1.7 给出了一般性建筑，工业建筑，保护性、纪念性及古建筑的振动控制指标，但对于以保护文物为主的博物馆建筑，其振动控制除了需满足建筑结构的基本振动控制要求外，还应将馆内文物的振动控制作为主要控制因素考虑在内。从资料调研看，当前此种情况的研究资料比较少见。

### 1.2.2 博物馆文物系统的防震性能研究

1982 年，我国颁布了第一部文物保护方面的相关法律《文物保护法》[40]；1986 年，文化部出台了《博物馆藏品管理办法》[41]；1991 年，我国对《文物保护法》进行了第一次修订；2002 年，我国对《文物保护法》进行了全面修订，在这次修订中，对文物保护工作提出应遵循"保护为主,抢救第一,合理利用,加强管理"的方针;2003年,我国颁布了《中华人民共和国文物保护法实施条例》[40];2007年、2013年、2015年、2017年接连对《文物保护法》进行了修订。

当前,我国有大量博物馆处于6度及以上地震区内。近年来,在我国发生的多次大地震破坏了大量的文物,因而博物馆文物防震的预防性保护工作任重而道远。1999年,上海博物馆提出"地震波+楼层反应谱+文物"的全过程防震设计思想,并在成都博物馆的建设项目中有所体现。2015年4月14日至15日,"博物馆文物展陈防震技术国际学术研讨会"在北京召开。此次会议就馆藏文物的防震保护、文物防震设备的研发等问题进行了相关交流和探讨。总体来看,对于抗震设计中的文物防震问题,由于文物的形状、材质、存放方式与固定模式等各不相同,因而其防震机理尚不完全明确。目前,国内外学者对文物系统的防震安全研究主要包含如下六个方面。

(1) 文物系统的防震性能研究

近年来,建筑非结构构件的震害实例日益增多,其抗震设计越来越引起学术界和工程界的重视。在世界主要国家的抗震规范中,有60%以上规定了要对非结构构件的地震作用进行计算,而仅有28%左右对非结构构件的抗震构造措施做出了规定。我国原抗震规范GBJ 11—89主要对屋面女儿墙、长悬臂构件的抗震计算做了规定;2010年《建筑抗震设计规范》(GB 50011—2010)提出,在结构体系计算时,对于自振周期大于0.10s且重力超过所在楼层重力1%,或重力超过所在楼层重力10%的建筑附属设备(含支架)应考虑其地震作用影响。在抗震设计时,将其纳入整体结构模型设计中统一计算或采用楼面谱方法进行计算。此类非结构构件自身重力产生的地震作用可采用等效侧力法进行计算,其地震作用标准值计算公式为 $F = \gamma \eta \zeta_1 \zeta_2 \alpha_{\max} G$。

1991—1995年,西北工业大学的高建民、刘生培对秦俑模型进行了抗震性能分析,提出了其结构参数的有效识别方法[42,43],该方法与秦俑的实验数据比较相符。1997年,华中理工大学的张俊勇、唐家祥将浮放设备简化为刚性块体,研究了在地震作用下刚性块体的摇晃和倾覆响应,并求得块体响应与激励参数的关系图[44]。研究结果表明,地震响应对初始条件极为敏感,并具有混沌特性。2001年,清华大学的秦权、聂宇利用第二代楼面谱随机振动程序FSAP,分析讨论了非结构构件和设备的抗震设计简化公式[45]。2003年,D. Lopez Garcia、T. T. Song研究了块式非结构构件的滑移问题,并得出了其滑移规律[46,47]。2005年,哈尔滨工业大学的董宏波、陆钦年、张济梅对安装在楼层上的设备进行了抗震计算。采用等效侧立法及时程分析法对安装在楼层上设备的地震作用进行计算,并对其抗震性能进行了分析[48]。研究表明,为减小设备的地震响应,需尽量减小设备的质量,加强设备与结构的有效连接。

2005年,解放军理工大学的王彦林、唐德高将浮放物体简化为刚性块体,基础简化为刚性平面,研究了冲击作用下物体摇晃运动时致使物体倾倒的原因[49]。研究表明,物体发生摇晃时是否出现倾倒与物体的宽度 $B$ 和高度 $H$ 的比值,及质心到物体受力点的距离 $R$ 等因素有关。在相同的地震激励下,对于形状相似的物体,小物体容易发生倾倒,大物体不容易倾倒且在摇晃后可能会回到平衡位置。2006年,中国地震局工程力学研究所的吴伟研究了浮放设备的水平滑移模型[50],分析了摩擦系数、竖向地震力与水平地震力比值、最大加速度峰值这三个系数对模型的地震响应的影响,推导了模型在受约束时的运动方程，并将时程分析结果与浮放模型进行了对比分析。2010年，Yadav D、Girdhar P、Kumar V 研究了无约束立像在地震作用下的易损性问题[51]，探讨了刚性块体的运动与其地震输入参数之间的关系。他们对自由女神像等四座典型高大雕像的抗震性能进行了分析。分析结果表明，雕像高度越大，其地震响应越强烈，越容易被损坏。

（2）文物系统的隔震减震控制研究

当前，国内外学者对浮放物隔震技术的研究包含楼层地震反应谱计算、浮放物隔震机理研究、隔震减震材料和装置的研发等。

① 楼层地震反应谱计算。各类强震记录表明，不同的建筑结构类型，甚至是相同建筑的不同楼层，其地震响应也各不相同。国内外学者针对不同的情况分别建立了各类模型，并提出相应的地震作用计算方法[52-54]。有些学者根据特定结构中楼房各层的位移或加速度的地震响应数据绘制了相应的图或表以方便查对，但均有一定的局限性。

② 浮放物隔震机理研究。楼层中浮放物的运动特征是隔震中的一个重要参数，国内外学者对其进行了研究，开展了一些足尺和缩尺的地震模拟试验，并提出了一些运动方程、计算公式和参数取值[55-58]。

③ 隔震减震材料和装置的研发。国内外学者对浮放物隔减震材料和装置进行了相应研究和开发，如开发出高阻尼增强隔震橡胶，防滑隔震垫等，其具有较好的稳定性、自复位功能和隔震效果。当前，文物系统隔震减震平台的开发及应用逐渐引起日本、美国及我国等许多国家学者的重视，并应用于博物馆。1995年，由日本 Tokiko 公司开发的隔震台被用于京都广隆寺的弥勒菩萨像上。奈良博物馆、大阪市立东洋陶瓷美术馆等博物馆，对馆内的展柜和展品大量采用轨道式、滚轮式等隔震装置进行保护。在1995年的阪神地震中，采用隔震装置后的文物，其加速度由 845gal 降低至 100gal 左右，表现了较好的减震效果。美国盖蒂博物馆的一些大型雕塑也采用了其文物保护研究所研制的滚珠和弹簧结构减震台。国内，20世纪90年代西北工业大学等单位进行了秦俑隔震项目研究，取得了一定进展，但其隔震设施仅有样品并没有被实施。当前，对三维隔震减震平台的研发也是国内学者的一个研究热点[59]。中国工程局工程力学研究所的肖华宁在调研水平和竖向隔震装置、阻尼器等的基础上，研发出一种能够在水平和竖向同时隔振的滑移摩擦碟簧三维隔震支座，并通过数值计算验证了其隔震效果[60]。总体来看，目前国内采用的隔震减震装置多数从日本、美国等外国购买并应用；国产隔震减震平台的开发尚处于起步阶段，与之相关的振动控制技术及设备的研发还有待提高。

当前，文物隔震减震系统的有限元模拟也被广泛采用。国内，上海博物馆、故宫博物馆院、北京工业大学、北京交通大学、中国地震局工程力学研究所等单位以实际文物为原型，利用 ANSYS 等有限元软件[61]来模拟隔震文物的地震响应。如北京交通大学的王彩华利用 ANSYS 软件建立了隔震/非隔震结构文物系统的分析模型，并对比分析了两种结构对文物系统的影响[62]。

（3）文物系统防震安全评价研究

从国内外相关资料看，建筑结构的抗震评价指标相对较完善，但文物的复杂性决定了文物系统的防震安全评价指标体系相对难以建立。目前，国内外对文物系统的防震安全性评价多数是根据经验来判断，其评价结果缺少理论依据。上海博物馆的吴来明、李蓉蓉和上海市地震局工程抗震研究所的王忠良、高华平探讨了文物的陈列形式与可能造成的震害的关系，指出陈列文物的地震破坏形式主要是滑移和倾覆。根据上海博物馆文物的陈列形式和当地的抗震设防情况，他们提出了判别浮放式陈列文物稳定性的计算模型，并编制了可判断上海博物馆文物安全性的计算程序。以上海博物馆的典型陈列文物为试点，提出了陈列文物在地震中遭受破坏的临界值[63]。结果表明，在设防水准的大震和中震情况下，按照当前博物馆中陈列文物的摆放情况，其中绝大多数文物均可能发生倾覆和滑移；只有当文物所受到的地震作用小于 110gal 时才能够保证文物的陈列安全。

（4）文物系统防震的动力性能试验研究

地震模拟振动台试验作为当前研究文物系统抗震性能好坏的一个重要手段被国内外许多学者采用。其中上海博物馆、故宫博物院、北京工业大学、北京交通大学、中国地震局工程力学研究所等单位的学者都曾做过相关试验，但其地震作用机理和防震安全评价等内容还有待进一步研究。1976 年，我国学者对采用传统抗震措施的各类文物的防震性能进行了振动台模拟试验研究，总结出相关规律。20 世纪 90 年代，学者对秦俑复制品进行了相关实验，研究了其隔震前后的运动规律和薄弱部位分布。2013 年，故宫博物院的周乾和北京工业大学的闫维明、纪金豹以故宫中的某展柜为原型，制作了 1:1 比例的模型，并在展柜内放置了一个陶瓷文物试件，进行了振动台试验，研究了地震作用下馆藏浮放文物的摇晃响应[64]。研究表明：在地震强度较小时，文物保持稳定状态；在地震强度较大时，文物容易产生摇晃并导致倾覆。

（5）文物系统的防震措施研究

从调研资料看，当前文物多采用降低重心法、侧向支撑法、粘固法等传统的防震措施进行防震。此类方法可有效地降低地震作用，但其作用效果有限[65,66]。上海博物馆、上海市地震局工程抗震研究所等单位学者对博物馆内浮放文物的地震危害性进行了分析，提出文物自身的抗震性能不足也是造成其破坏的重要原因。同时研究了隔震装置在文物防震中的作用，并提出了博物馆文物防震保护的设计方案[67]。中国房地产开发总公司的钮泽蓁对陈列文物的传统抗震措施进行了试验研究，并对其抗震效果进行了深入分析[68]。北京工业大学学者从博物馆、陈列台、文物三个方面，分析了可移动文物的震害原因和传统的防震措施的不足，并研究了其防震机理[69]。

（6）文物的振动控制研究

从调研资料看，目前国内外许多学者从事结构的力学性能以及抗震加固保护等方面的研究工作，但对于文物系统的容许振动等方面的研究资料相对较少。从文物受震后的运动状态及破坏情况看，文物与建筑结构中的非结构构件的受震情况比较类似，但同时文物又具有自己的特点。近年来的地震震害表明，在地震作用下，可移动文物由于体量小、可移动性高，经常处于浮放状态，因而其地震震害一般比非结构构件造成的危害要大得多。同时，由于多数文物受其材质等影响一般比较脆，容易损坏，因而其防震要求往往与精密仪器设备比较类似。当前，对于精密仪器设备的振动控制等有相应的标准，如《隔振设计规范》（GB 50463—2008）规定的标准[70]、ISO 2631/2 标准等，但与文物的振动控制相关的标准相对较少。近几十年来，美、日等国家及我国的故宫博物院、上海博物馆、中国地震局、北京交通大学、北京工业大学、西北工业大学、台北故宫博物院等单位对此进行了相关研究。美国盖蒂文物保护研究所提出了浮放系统的基本稳定性计算公式，并绘制了适合盖蒂博物馆的稳定、摇晃、倾覆查对表[71]。1976年，我国对故宫博物院的部分文物进行了地震模拟振动台试验，提出在 0.10g 地震作用下，多数陈列文物均要发生相对运动[68]。20世纪90年代初，西北工业大学和秦始皇兵马俑博物馆研究组对秦俑复制品进行了地震模拟试验，结果表明，当水平地面加速度达到 0.12g 情况下，秦俑发生 20° 左右的晃动；当达到 0.18g 时，秦俑将发生破坏[42]。2000年，我国学者对上海博物馆2楼和4楼的陈列柜和复制文物进行了振动台试验，其结果表明，陈列文物主要发生倾覆和滑移破坏；当馆藏文物受到的地震作用超过 0.11g 时，将发生相对运动和变形，并可能导致破坏[72]。

上海博物馆的吴来明提出判定浮放文物滑移与倾覆的计算方法[73]。在地震作用时，浮放文物产生滑移的条件为

$$(g - 0.65 \times A_H) \times f \leq A_H \tag{1.1}$$

式中　$g$——重力加速度，取 $g = 981 \text{cm/s}^2$；

$A_H$——文物所在位置水平方向的最大加速度（$\text{cm/s}^2$）；

$f$——文物与支承面间的静摩擦系数。

在地震作用时，浮放文物产生倾覆的条件为

$$A_H \times \frac{h}{2} \geq \frac{l}{2} \times (g - 0.65 \times A_H) \tag{1.2}$$

式中　$h$——文物重心与底面之间的距离（cm）；

$l$——文物重心的投影与底面边缘之间的最小距离（cm）。

总体来看，由于文物的种类繁多、材质、形状、尺寸、质量、硬度、自身完好程度等都不同，因而其防震（振）控制容许限值较难确定出一个固定的限值。另外，文物的容许限值还与建筑物的结构形式，自身的防震（振）性能、连接形式、文物与陈列柜的摩擦系数、固定条件等因素有关。

### 1.2.3　博物馆结构-文物系统的防震性能研究

从国内外的研究成果来看，目前对于博物馆结构-文物系统整体防震安全的研究相对较少。北京交通大学的王耀峰结合成都博物馆拟建项目，对博物馆建筑及文物的振动评价标准进行了探讨，并对地铁振动对结构及文物藏品的影响进行了研究[74]。当前，抗震性能水准多是针对建筑结构系统提出的[75-77]。由于博物馆文物一旦被破坏较难修复且不可再生，同时由于地震具有不确定性，因而当前单纯针对结构抗震安全的性能水准已不再适合于博物馆建筑结构-文物系统，亟待提出一个新的博物馆建筑结构-文物系统的防震性能水准。这个水准一方面要体现结构的抗震安全，避免出现因结构发生破坏进而引起文物破坏的情况，另一方面要保证文物系统不受到破坏。

## 1.3　博物馆结构-文物系统防震性能研究中亟待解决的问题

近年来，从国内外屡次大地震对博物馆结构-文物系统造成的震害来看，当前对博物馆整体系统的防震安全研究还存在着许多问题，体现在：

## 1 绪 论

（1）博物馆建筑结构的防震设计方面

1）当前的抗震设防目标，仅限定建筑物在遭遇高于设防烈度时尽可能不倒塌。发生强震时，势必造成震后维修费用过高或不可修的后果；建筑物虽然没有倒塌，但馆藏文物却已经发生了大量损坏。

2）当前，我国除少数新建和改建的博物馆（如山西博物馆、汕头博物馆等）采用了隔震减震技术外，多数博物馆不具备自我调节能力；一旦突发超设防烈度地震时，结构的安全性难以保证，极易造成文物的损坏。

（2）馆藏文物的防震设计方面

目前，博物馆陈列文物的防震措施以重心下降法、卡固法、拴绑法、木楔固定法等传统措施为主。传统的防震措施具有一定的效果，但存在着使用范围受限、评判标准不确定等问题。

1）借助侧边支撑来实现文物防震的侧支法，此法在减轻地震文物损害的同时，支架和文物的相互作用仍可能造成文物的破坏；同时，此法仅对单件文物有效，对于组合式文物，其减震效果有限。

2）利用卡子等固定文物的卡固法往往限制了文物向一个方向的运动，但由于地震作用方向的不确定性，文物仍能沿着另外的方向运动。

3）采用传统的减震措施进行文物防震时，其安全判定方式多数通过文物进行相应的固定，认为不发生晃动或移动等就符合要求，但这种措施具体能承受多大地震，其在不同烈度地震作用下的震害形式有何不同等缺少有效的判定标准。

（3）博物馆建筑结构-文物系统防震设计方面

综观国内外博物馆建筑及文物地震破坏情况可看出，其破坏原因体现出两个重要特点：一是博物馆建筑由于自身防震不足发生地震破坏，同时造成其馆藏文物被损毁；二是陶器、瓷器、玉器、骨器等易碎材料文物在地震中由于自身防震不足，被摔、碰撞等发生损毁。当前在结构设计时，其"小震不坏，中震可修，大震不倒"的设计思想重点考虑在大震时结构不发生倒塌及人身安全问题，却没有深入考虑其内容物的安全问题。多次震害表明：在中高烈度地震作用下，博物馆建筑未倒塌，但由于其内部结构局部破坏、装饰物坠落、文物架或陈列柜翻倒等原因致使文物滑落、摔碎的情况时有发生。发生此类破坏的原因是没有做到博物馆建筑结构和文物系统的整体防震设计。

博物馆文物陈列系统，属于非结构构件一类，但与支撑于主体结构上的建筑构件和附属机电设备等非结构构件有很大的不同。以陈列文物为例，表现在：

1）绝大多数文物本身质量相对较小，对主体结构的反馈作用相对较小；

2）文物一般浮放在或半固定在陈列架上，本身与主体结构无可靠连接；

3）文物本身的刚度大小对主体结构的刚度变化没有多大影响；

4）陈列文物的地震破坏作用除与建筑结构地震作用大小有关外，还受自身材质、自振频率等诸多因素有关。

上述诸多特性决定了单纯采用抗震规范中采用的计算楼面谱的基本方法并不能有效地表达出其地震作用响应。

## 1.4 本文的研究对象及内容

（1）研究对象

《博物馆条例》指出，博物馆以教育、研究和欣赏为目的。它是经登记管理机关依法登记的、收藏、保护与人类活动相关的见证物的非营利组织[78]。根据陈列形式的不同，博物馆可分为实物陈列博物馆和数字博物馆两类。前者指有地面建筑形式的博物馆；后者是指运用虚拟技术、三维图形图像技术等，将实体博物馆以三维立体形式完整呈现于网络的博物馆。当前，博物馆通常根据其藏品的性质、经费的来源等进行类型划分。目前，国外博物馆通常分为科学、艺术、历史和特殊博物馆四类。1988年前，我国一般将其分为专门性、纪念性和综合性三类。在现阶段，参考国际分类法，通常将其分为历史类、艺术类、科学与技术类、综合类四类。具体分类见表1.8。文物是人类在历史发展过程中遗留下来的遗物和遗迹。目前，世界上对文物的含义和范围的界定尚没有统一的认识。《中华人民共和国文物保护法》按照文物的大小、规模和可移动性，将其分为不可移动、可移动文物两类。文物的其他分类标准还有：

1）按文物的制造年代分类，如瓷器可分为清代、明代文物等。
2）按材质分类，如石器、玉器、陶瓷器等。
3）按文物来源分类，分为出土、收购、征集文物等。
4）按文物的重要程度分类，如国家一级文物、馆藏二级文物等。
5）按社会属性分类，如礼器、冥器等。

表1.8 国内外博物馆分类

| 分类 | | 博物馆 | 特征 | 典型实例 |
| --- | --- | --- | --- | --- |
| 分类 | 国外 | 科学博物馆 | 包括自然、历史等。其内容涉及植物、动物、矿物、自然、实用和技术科学等 | 美国自然历史博物馆 |
| | | 艺术博物馆 | 包括绘画、雕刻、装饰、工业、古物、民俗艺术等 | 卢浮宫博物馆、大都会艺术博物馆 |
| | | 历史博物馆 | 包括国家、文化历史、考古遗址、历史名胜、古战场上等 | 墨西哥国立人类学博物馆、秘鲁国立人类考古学博物馆 |
| | | 特殊博物馆 | 包括露天、儿童、乡土博物馆，动物园、植物园以及图书馆、档案馆等保管机构和展览厅等 | 斯坎森露天博物馆、布鲁克林儿童博物馆 |
| | 国内 | 历史类博物馆 | 主要展示历史藏品 | 国家博物馆、陕西历史博物馆 |
| | | 艺术类博物馆 | 主要展示艺术藏品 | 故宫博物院、徐悲鸿纪念馆、天津戏剧博物馆 |
| | | 自然、科学类博物馆 | 主要展示自然界、科学成果等 | 中国地质博物馆、中国科学技术馆 |
| | | 综合类博物馆 | 综合展示地方自然、历史等各方面的藏品 | 南通博物苑、山东省博物馆、湖南省博物馆 |

根据本文的研究目的，本文以具有博物馆建筑实体形式并用于保管和陈列文物的现代建筑博物馆，及以其可移动性和质地进行考虑的文物（重点研究可移动的地震中容易被破坏的陶瓷器等）为研究对象进行分析。

（2）研究内容

本文源于国家自然科学基金项目（51178383）、河北省科技支撑计划项目（13275802）和西安建筑科技大学创新团队支持项目。本课题针对国内外近年来发生的大地震对博物馆建筑及馆藏文物造成的严重灾害，进行博物馆结构-文物系统的防震安全研究。通过实地调研、理论分析和试验研究，以进一步探索博物馆-文物系统的地震破坏机理。从基于文物安全的博物馆防震安全控制参数的合理选取，基于性能的博物馆建筑结构-文物系统的抗震、隔震减震结构优化设计方法，博物馆整体系统的防震安全体系的构建等方面进行深入细致的研究，以有效地提高博物馆整体系统的防震能力，从而最大限度地减少地震灾害损失。本文的主要研究内容包括：

① 对当前博物馆建筑的基本结构类型、设计特点、防震安全现状，文物的存放形式、防震安全现状，博物馆建筑结构-文物系统的防震安全研究现状及存在的突出问题进行调研分析和理论研究；探索适合我国博物馆建筑结构-文物系统的防震安全性能水准和主要的控制参数。

② 对采用传统抗震措施的陈列文物的防震性能进行研究，找出其优点和不足。在此基础上，建立合适的模型进行地震模拟振动台试验以探求不同地震波作用类型、不同地震强度、不同陈列柜（架）重心高度、不同文物重心高度、不同防震措施（浮放、尼龙线拉结固定、采用悬吊隔震减震措施等）、不同放置高度等因素对文物系统防震性能的影响。对陶瓷文物的化学组成和力学性能进行分析，以掌握文物本身在地震力作用下的破坏特点；同时对文物与陈列柜、陈列柜与地面、楼面或墙体等的连接方式进行调研以找出其有效的连接形式。对采用抗震设计和隔震减震设计的可移动文物陈列系统进行地震作用分析以找出其地震响应规律。

③ 对常见的博物馆建筑结构，如砖混、钢筋混凝土框架、钢筋混凝土框剪、钢结构等的震害特点和防震性能进行调研分析，以找出各结构形式建筑物防震设计中存在的突出问题，以找出有利于博物馆建筑结构-文物系统防震的结构形式。

④ 探讨博物馆建筑结构-文物系统的简化计算模型，并对博物馆整体系统进行有限元建模分析，找出博物馆整体系统防震设计中存在的突出问题，并对其防震设计方法和主要控制参数进行优化；在此基础上针对博物馆建筑结构-文物系统的防震安全体系中的相关问题进行研究。

# 2 可移动文物陈列系统的地震模拟振动台试验研究

## 2.1 概述

近年来的多次震害表明：博物馆建筑在没有倒塌或发生严重的破坏情况下，由于建筑物内结构的局部破坏、装饰物坠落、文物架或陈列柜翻倒等原因致使文物滑移、倾倒并摔碎等情况时有发生，损失严重。因而，在对有文物保管重要职能的博物馆进行防震设计时，其设防目标有必要综合考虑建筑物与文物的防震安全。在防震设计时，传统的抗震设计多是在设计初步完成后再验算结构的抗震能力[79-85]。对博物馆建筑结构-文物系统的防震设计，应在基于性能的建筑结构的抗震设计基础上，首先预期博物馆建筑及其文物在未来地震中的抗震能力，并对不可预期地震作用下的各项地震作用（如加速度、速度、位移等地震反应量）进行有效的控制，从而有效地保证博物馆建筑结构及其馆藏文物的防震安全。

对于博物馆结构-文物陈列系统，博物馆建筑满足相关规范设计要求时，在地震作用下，建筑物的墙体、楼板仍会产生振动、摇晃甚至出现较大的位移；而这些振动都可能引起建筑物内的浮放物体（如文物展品、陈列柜或活动底座等）产生滑移、摇摆、倾覆、扭转等运动，甚至造成损害。国内外学者对文物系统的地震破坏机理和控制参数等，研究得相对较少，我国现行的《博物馆建筑设计规范》（JGJ 66—2015）[86]和《建筑抗震设计规范》（GB 50011—2010）中均没有体现。同时，由博物馆结构-文物系统防震安全的容许振动控制研究可知，文物的多样性，反映在其外观、材质、损坏程度、结构对称性、存放形式和存放地点等众多不确定性因素上，造成了其控制参数的不确定性，目前较难找到一套统一的理论和相应的控制指标来衡量，因而有必要通过试验来研究文物系统的防震性能。

博物馆文物在受震后表现为产生振动、滑移、倾斜、翻转、倾倒、裂纹、摔落等。其受到振动影响的大小与振源的幅频特性、振源距离、振动传播介质的特性、建筑物的结构特性（结构类型、陈旧程度、结构整体或各构件的动力特性等）、文物材质、固定类型、文物与接触物体间的摩擦系数大小、文物系统与建筑主体的连接形式等有关。对防震（振）指标的表达，ISO 国际标准提出，在高频振动干扰下用振动加速度控制；在中频振动干扰下用振动速度控制，在低频振动干扰下用振动位移控制。苏联标准 И-200-54 均以振动速度控制。在我国，常用振动速度、位移、加速度等指标来表示。对于文物陈列系统的防震性能分析，上述三个指标究竟哪个指标能更好地反映出文物的地震响应变化，同等强度不同地震波、陈列柜重心、自身重心及固定形式等因素的变化对文物的地震响应有何影响等问题研究得较少。为此，本文选取在历次大地震中震害相对较重的陶瓷器作为研究对象，通过构建1∶1文物陈列系统模型进行地震模拟振动台试验，以研究文物陈列系统在不同的地震波作用和不同的工况条件下文物陈列系统的地震破坏规律；并探讨位移、速度、加速度、放大系数等基本控制参数的变化规律,从而为博物馆建筑结构-文物系统的防震安全设计提供依据。

## 2.2 试验模型设计

### 2.2.1 模型制作

博物馆馆藏文物种类繁多,其形体、材质等多种多样[87-88],如图2.1所示。由图2.1可知,文物的外形、材质等具有较大的不确定性,因而其陈列系统也各不相同。在对国内多家博物馆调研的基础上,本试验选用浮放文物(仿制烧陶土将军俑和陶瓷工艺品花瓶)、框架陈列柜(采用方钢管分段焊接制成)陈列系统模型进行模拟。

图2.1 博物馆文物陈列系统

(1) 相似关系(模型/原型)

文物陈列柜一般放在陈列厅内,且其尺寸和质量相对建筑物而言均比较小;同时,由于博物馆陈列文物的尺寸多数较小,其地震响应灵敏度也较高。为了真实地反映文物及其陈列系统的地震作用状态,尽可能降低由于模型相似比变化对结构的地震响应造成的较大误差[89-91],同时结合西安建筑科技大学结构工程教育部重点实验室振动台的性能参数,本试验模型依据河北省某博物馆内陈列柜的实际尺寸大小进行制作;同时,为了进行文物减震系统的性能测试，在其内部添加了悬吊减震装置。其试验模型如图 2.2 所示。

(2) 陈列柜模型基本数据

陈列柜基本尺寸如图 2.3 所示。陈列柜框架材质为 Q235，密度 $\rho = 7.8 \times 10^3 kg/m^3$，四周框架、框架梁、陈列层和顶层平台支撑均用 $40mm \times 40mm \times 4mm$ 的方钢管焊接制成。陈列柜平台上固定木质陈列台座；顶层平台板底部中央设上吊环 5，用于悬挂减震装置，此装置的下部为吊篮，其上固定有直径为 350mm 的木质吊盘 9；文物试件 10（四角拉结固定）放置在吊盘上。吊篮底部设吊环（或底盘拉簧 11），在中间陈列层平台中央设置下拉环 13，两者通过拉簧 12 拉接（通过调整其刚度系数来控制悬吊装置的摆动幅度和频率）；陈列柜中间陈列层以下设置 2/3 层和 1/3 层配重层。由试验目的，测试时分别在 2/3 层、1/3 层施加配重，配重为 3 个铁质块体，单个质量为 27.0kg；配重与配重层铁板固结。

图 2.2 振动台试验装置

(3) 文物模型基本数据

文物模型采用同类型烧制陶土兵马俑 4 个；同质量不同重心位置陶瓷工艺品花瓶 3 个，如图 2.4 所示。其中重心位置依次降低；其基本数据见表 2.1。

表 2.1 文物模型基本规格尺寸及固定模式

| 名称 | 编号 | 全高（mm） | 颈最低点高（mm） | 重心高（mm） | 底盘尺寸（mm） | 质量（kg） | 固定模式 |
|---|---|---|---|---|---|---|---|
| 兵马俑 | B7 | 295 | 230 | 130 | 66（长）×60（宽） | 0.90 | 固定悬吊 |
| 兵马俑 | B12 | 290 | 224 | 146 | 71（长）×67（宽） | 0.91 | 四角固定 |
| 兵马俑 | B10 | 285 | 224 | 145 | 71（长）×67（宽） | 0.91 | 浮放 |
| 兵马俑 | B8 | 290 | 222 | 130 | 68（长）×60（宽） | 0.92 | 四角固定 |
| 花瓶 | H6 | 258 | 231 | 146 | $\phi 92$ | 0.91 | 四角固定 |
| 花瓶 | H9 | 245 | 188 | 128 | $\phi 82$ | 0.90 | 四角固定 |
| 花瓶 | H5 | 228 | 133 | 72 | $\phi 81$ | 0.90 | 四角固定 |

(4) 配重

根据试验需要，添加配重块 3 个，共 81kg，单个配重块质量为 27kg。

(5) 静摩擦系数

陶-木为 0.72；瓷-木为 0.42。

(6) 试验模型重心位置

加配重后，模型总质量为 260kg。1/3 层加配重后，重心 402.2mm，2/3 层加配重后，重心 580.0mm。

(7) 鱼线（尼龙线）规格

鱼线直径 0.181mm。

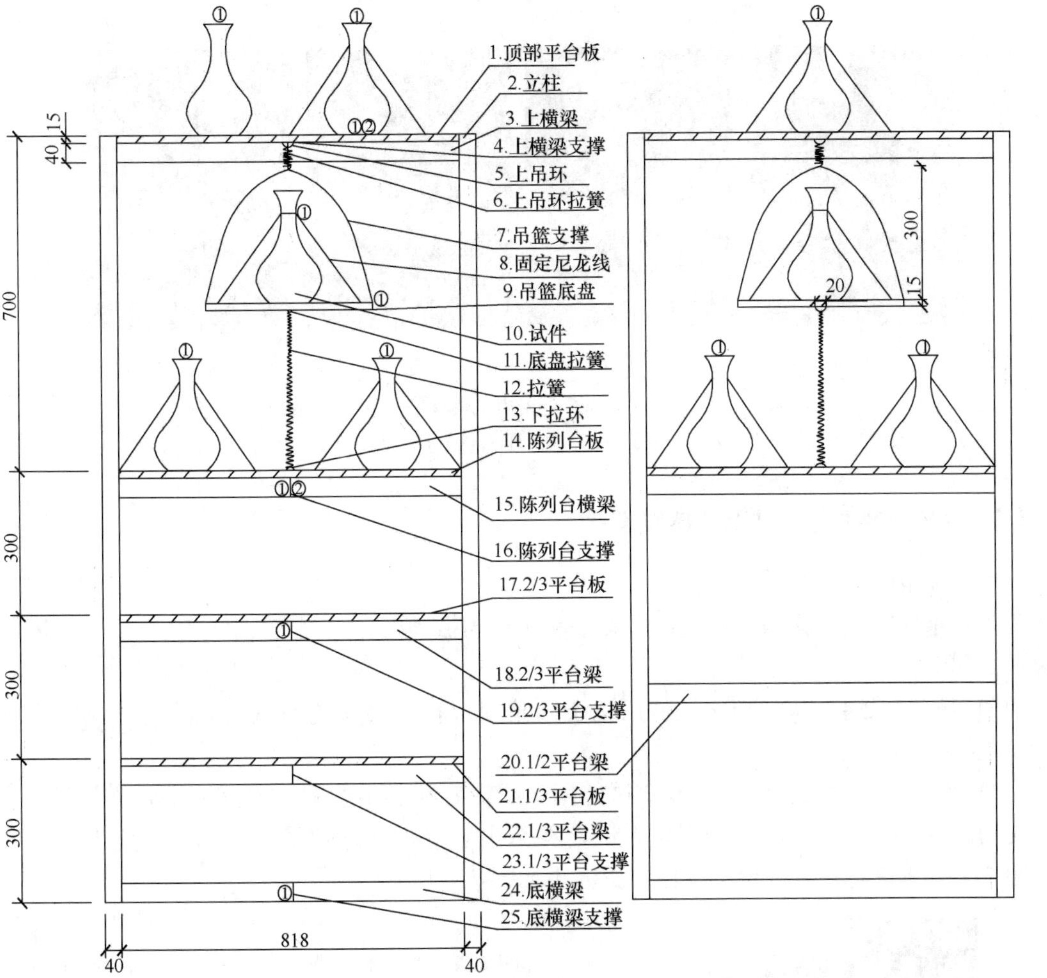

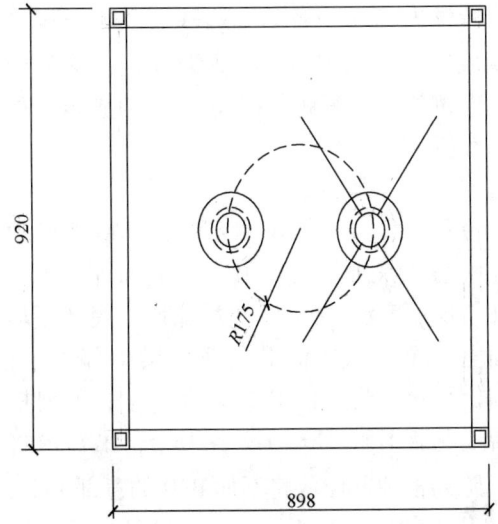

1.顶部平台板
2.立柱
3.上横梁
4.上横梁支撑
5.上吊环
6.上吊环拉簧
7.吊篮支撑
8.固定尼龙线
9.吊篮底盘
10.试件
11.底盘拉簧
12.拉簧
13.下拉环
14.陈列台板
15.陈列台横梁
16.陈列台支撑
17.2/3平台板
18.2/3平台梁
19.2/3平台支撑
20.1/2平台梁
21.1/3平台板
22.1/3平台梁
23.1/3平台支撑
24.底横梁
25.底横梁支撑
15
40
700
300
300
300
818
40
40
300
15
20


920
R175
898


注：1. 悬吊装置，吊于层面板中央，上下弹簧长度视试验情况可自由调节，弹簧刚度系数待定；

2. 悬吊装置上下端与层面板铰接，层面板铰接处预先设挂鼻，挂鼻尺寸视实际情况定；

3. 吊盘直径350mm，上有4根粗钢筋或板条按一定角度弯曲顶部交于一点，下部与吊盘刚接，整体组合成钟形；

4. ①为加速度传感器，②为位移计。

图 2.3　文物陈列系统振动台试验装置示意图

图 2.4 文物试件图

（a）兵马俑试件；（b）H6；（c）H9；（d）H5

### 2.2.2 文物试件放置形式及传感器设置

（1）文物试件放置形式

陈列柜底部框架梁四角通过地脚螺栓和压板与振动台台面固定连接。文物试件具体放置形式如下：

1）悬吊装置：将军俑 B7 试件用鱼线四角固定在悬吊装置吊盘上，吊篮平板底部有弹簧拉结。

2）陈列层平台上：将军俑 B12 试件用鱼线固定在悬吊装置下部陈列平台上。3 个花瓶文物试件 H6、H9、H5 分别用鱼线固定在悬吊装置下方陈列平台的陈列台座上；陈列台座 2 个分别固定在陈列台上，位置及大小如图 2.5 所示。

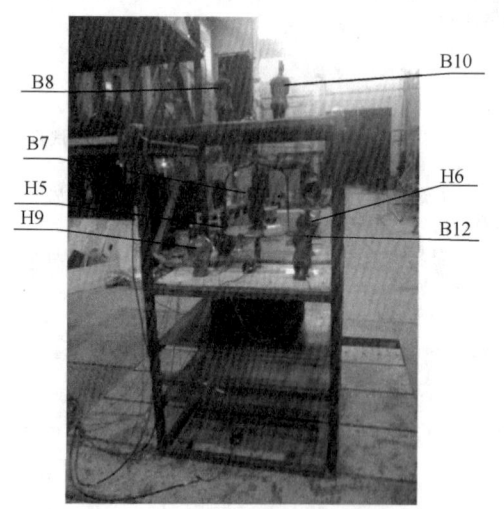

3）陈列柜顶部平台：陈列柜顶板中央纵向放置 1 个木质陈列台座，尺寸 600mm × 400mm × 100mm，陈列台座与顶部平台铁板通过改性丙烯酸酯胶粘剂粘结；陈列台座上右侧放置将军俑 B10，浮放无固定；陈列台座上左侧放置将军俑 B8，鱼线四角固定，如图 2.5 所示。

（2）传感器设置

位移计共计 3 个：陈列柜底部所处振动台面中心；陈列台板 14 中部；顶部平台板 1 中部。加速度计共计 10 个：陈列柜底部振动台面上 1 个；陈列柜平台框架梁中部 1 个；陈列柜平台上将军俑 B12 背部 1 个；陈列柜平台上花瓶 H5、H6、H9 各 1 个；吊盘内将

图 2.5 陈列层和顶层平台文物试件摆放图

军俑 B7 背部 1 个；陈列柜顶部框架梁中部 1 个；陈列柜顶部浮放将军俑 B10 的背部 1 个；顶部尼龙线固定的将军俑 B8 的背部 1 个。其设置位置如图 2.6 所示，文物试件加速度计设置部位如图 2.7 所示。

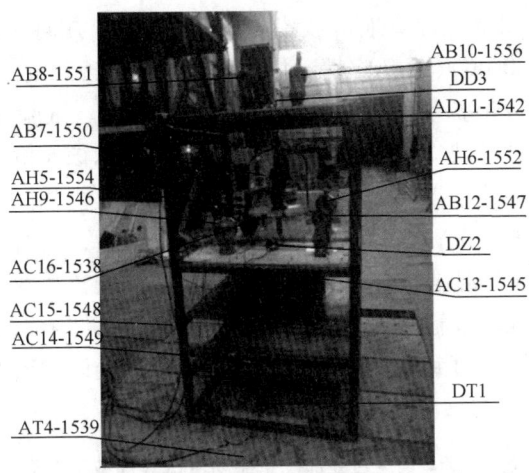

图2.6 位移计、加速度计设置及各测点通道编号

图2.7 试件加速度计设置位置图
(a) 将军俑；(b) 花瓶H6；(c) 花瓶H9；(d) 花瓶H5

### 2.2.3 试验加载制度

本试验在西安建筑科技大学教育部结构抗震重点实验室的日本鹭宫所研制的2.2m×2m单向地震模拟振动台上完成。为了保证陈列柜模型每次试验后不会产生较大的刚度变化，每次试验前均采用锤击法对模型进行激励，以测定其动力特性变化。试验时，分别选取3种类型的地震波——El Centro波、Taft波及兰州波作用于模型，分别输入强度PGA为0.05g、0.10g、0.20g、0.40g、0.70g，作用方向为X向作用于模型，时间为30s，时间间隔为0.02s。分析加速度及位移传感器所在位置文物陈列系统节点的加速度与位移响应情况。试验时，由振动台液压控制系统输出地震波，由美国PCB公司生产的电容型加速度传感器和中国地震局工程力学研究所的891-2拾振器进行数据采集，经由北京东方振动和噪声技术研究所生产的32通道INV306数据调理仪和中国地震局工程力学研究所的891-2放大器数据处理后，输出最后结果。测试分析软件为Coinv Dasp 2010工程版。

试验分两大工况进行，分别为：

（1）2/3平台处加配重工况。地震波沿振动台长边X方向，分别输入强度PGA为

$0.05g$、$0.10g$、$0.20g$、$0.40g$、$0.70g$ 情况作用于模型；

(2) 1/3 平台处加配重工况。地震波沿振动台长边 $X$ 方向，分别输入强度 PGA 为 $0.05g$、$0.10g$、$0.20g$、$0.40g$、$0.70g$ 情况作用于模型。

具体文物模型振动台试验各加载工况见表2.2、表2.3。试验过程中，当兵马俑和花瓶中的任何一个在单次地震波作用后出现明显倾倒，则表示该倾倒文物已破坏。由于本次试验是不同地震波、同加速度地震激励重复进行，因而每次当相同加速度、不同地震波输入前都要检查文物的完好情况；当每次地震作用输入完成后，当有文物倾倒破坏时记录其地震作用输入值，并于下次地震波输入前将文物扶正，并校核尼龙线松紧程度，使其达到初始张力值。当 $0.70g$ 地震波输入完成后，如还存在文物试件未发生倾倒破坏情况，则将地震作用输入值继续增大，直到全部倾倒或达到加载系统允许输出的最大加载值时，试验结束。

**表2.2 2/3平台处加配重振动台试验加载工况表**

| 试验工况序号 | 试验工况编号 | 加速度 | 地震激励 | 地震输入值（$g$） | | 质量块位置 |
|---|---|---|---|---|---|---|
| | | | | 主振方向 | 设定值 | |
| 0 | EC1 | 锤击 | | | | |
| 1 | E6E | | El Centro 波 | | | |
| 2 | E6T | 6 度 | Taft 波 | 模型 $X$ 向 | 0.05 | 600mm 处 |
| 3 | E6L | | 兰州波 | | | |
| 4 | E7E | | El Centro 波 | | | |
| 5 | E7T | 7 度 | Taft 波 | 模型 $X$ 向 | 0.10 | 600mm 处 |
| 6 | E7L | | 兰州波 | | | |
| 7 | E8E | | El Centro 波 | | | |
| 8 | E8T | 8 度 | Taft 波 | 模型 $X$ 向 | 0.20 | 600mm 处 |
| 9 | E8L | | 兰州波 | | | |
| 10 | E9E | | El Centro 波 | | | |
| 11 | E9T | 9 度 | Taft 波 | 模型 $X$ 向 | 0.40 | 600mm 处 |
| 12 | E9L | | 兰州波 | | | |
| 13 | EGE | | El Centro 波 | | | |
| 14 | EGT | | Taft 波 | 模型 $X$ 向 | 0.70 | 600mm 处 |
| 15 | EGL | | 兰州波 | | | |

**表2.3 1/3平台处加配重振动台试验加载工况表**

| 试验工况序号 | 试验工况编号 | 加速度 | 地震激励 | 地震输入值（$g$） | | 质量块位置 |
|---|---|---|---|---|---|---|
| | | | | 主振方向 | 设定值 | |
| 0 | YC1 | 锤击 | | | | |
| 1 | Y6E | | El Centro 波 | | | |
| 2 | Y6T | 6 度 | Taft 波 | 模型 $X$ 向 | 0.05 | 300mm 处 |
| 3 | Y6L | | 兰州波 | | | |

## 2 可移动文物陈列系统的地震模拟振动台试验研究

续表

| 试验工况序号 | 试验工况编号 | 加速度 | 地震激励 | 地震输入值（$g$） 主振方向 | 设定值 | 质量块位置 |
|---|---|---|---|---|---|---|
| 4 | Y7E | | El Centro 波 | | | |
| 5 | Y7T | 7度 | Taft 波 | 模型 $X$ 向 | 0.10 | 300mm 处 |
| 6 | Y7L | | 兰州波 | | | |
| 7 | Y8E | | El Centro 波 | | | |
| 8 | Y8T | 8度 | Taft 波 | 模型 $X$ 向 | 0.20 | 300mm 处 |
| 9 | Y8L | | 兰州波 | | | |
| 10 | Y9E | | El Centro 波 | | | |
| 11 | Y9T | 9度 | Taft 波 | 模型 $X$ 向 | 0.40 | 300mm 处 |
| 12 | Y9L | | 兰州波 | | | |
| 13 | YGE | | El Centro 波 | | | |
| 14 | YGT | | Taft 波 | 模型 $X$ 向 | 0.70 | 300mm 处 |
| 15 | YGL | | 兰州波 | | | |

### 2.2.4 试验输入地震波

本试验重点考虑中高烈度地震作用对博物馆文物陈列系统的破坏情况，根据试验目的，试验用地震波应输入原始地震波作用于博物馆建筑结构后所引起的各文物陈列层所在的楼板面上的地震响应波；但由于博物馆建筑结构具有多样性，其各文物陈列层所在的楼板面上的地震响应波并不确定，同时许多小、中型博物馆的文物陈列层也在首层，故而此试验依据《建筑抗震设计规范》（GB 50011—2010），仍选用3条地震波作为振动台台面激励。

（1）1940年 El Centro 波（南北分量）地震记录。震级 $M=7.1$，震中距 $R=9$km，峰值加速度（NS）$a_p = 341.7$cm/s$^2$，主要周期范围：$0.25 \sim 0.6$s，三类场地土。

（2）1950年 Taft 波记录。震级 $M=7.7$，震中距 $R=56$km，峰值加速度 $a_p = 176.9$cm/s$^2$，主要周期范围：$0.25 \sim 0.7$s，二类场地土。

（3）兰州波（人工波）。最大峰值加速度 $a_p = 196.2$cm/s$^2$。

### 2.2.5 试验模型各测点通道布置及测试内容

（1）各测点通道布置

各测点与数据通道布置对应关系见表2.4，布点位置及通道编号如图2.6所示。

表2.4 各测点通道布置表

| 编号 | 试验测点名称 | 测点代号 | 测点位置 | 通道号 | 传感器 |
|---|---|---|---|---|---|
| 1 | [1：台面11] | DT1 | 振动台台面 | DT1 | 位移计 |
| 2 | [2：12] | DZ2 | 中间层 | DZ2 | 位移计 |
| 3 | [3：顶面13] | DD3 | 顶层 | DD3 | 位移计 |

续表

| 编号 | 试验测点名称 | 测点代号 | 测点位置 | 通道号 | 传感器 |
|---|---|---|---|---|---|
| 4 | [4：台面1539] | AT4 | 振动台台面 | 1539 | 加速度计 |
| 5 | [5：1554] | AH5 | 中间层 | 1554 | 加速度计 |
| 6 | [6：1552] | AH6 | 中间层 | 1552 | 加速度计 |
| 7 | [7：1550] | AB7 | 悬吊层 | 1550 | 加速度计 |
| 8 | [8：1551] | AB8 | 顶层 | 1551 | 加速度计 |
| 9 | [9：1546] | AH9 | 中间层 | 1546 | 加速度计 |
| 10 | [10：1556] | AB10 | 顶层 | 1556 | 加速度计 |
| 11 | [11：顶面1542] | AD11 | 顶层 | 1542 | 加速度计 |
| 12 | [12：1547] | AB12 | 中间层 | 1547 | 加速度计 |
| 13 | [13：1545] | AC13 | 中间层 | 1545 | 加速度计 |
| 14 | [14：1549] | AC14 | 1/2 配重层 | 1549 | 加速度计 |
| 15 | [15：1548] | AC15 | 1/3 配重层 | 1548 | 加速度计 |
| 16 | [16：1538] | AC16 | 吊盘木板 | 1538 | 加速度计 |

（2）测试内容

1）模型动力特性

结构的动力特性，如自振频率、振型和阻尼系数（或阻尼比）等，是结构本身的固有参数，它们取决于结构的组成形式、刚度、质量分布、材料性质、连接构造等[3]。自振频率及相应的振型可由结构动力学原理计算得到，但由于实际结构的组成、连接和材料性质等因素，经过简化计算得出的理论值往往有一定的误差。阻尼与结构耗能特点有关，一般只能通过试验来测定。因此，采用试验方法研究结构的动力特性具有重要的实际意义。用试验法测定结构的动力特性，首先应设法使结构起振，然后记录和分析结构受振后的振动形态，以获得结构动力特性的基本参数。强迫振动方法主要有振动荷载法、撞击荷载法、地脉动法等。本试验采用锤击法激励模型产生自由振动，以测定模型的自振频率。

2）位移变化规律。

3）加速度变化规律。

4）试件各阶段破坏情况。

## 2.3 试验过程及破坏特点

### 2.3.1 试验破坏等级划分

试验破坏等级分为 A、B、C、D、E、F 六级，见表 2.5。其中，A—晃动不明显；B—轻微摇晃，幅度不大；C—晃动明显，有轻微移位或倾斜且可复位；D—晃动加剧，有轻微移位或倾斜且不可完全复位；E——定移位或倾斜，但未倾倒；F—有较大移位、倾斜或倾倒。试件试验时，为便于各工况试验的继续进行，对试件施加了一定的防护措施（试件添加防护拉线，文物试件发生 A~E 状况时不会受到拉线拉力作用，当发生 F 状况时,防护拉线产生作用,避免文物直接摔倒或从陈列架上掉落而摔碎),因而当破坏等级达到F级时,即认为试件破坏。

表2.5 试验破坏等级划分

| 破坏等级 | 破坏现象描述 | 破坏等级 | 破坏现象描述 |
|---|---|---|---|
| A | 晃动不明显 | D | 晃动加剧,有轻微移位或倾斜且不可完全复位 |
| B | 轻微摇晃,幅度不大 | E | 一定移位或倾斜,但未倾倒 |
| C | 晃动明显,有轻微移位或倾斜且可复位 | F | 有较大移位、倾斜或倾倒 |

### 2.3.2 2/3配重层工况地震作用破坏现象

试验开始前,2/3配重层工况的试验装置布置如图2.8(a)所示。各地震波输入后,文物试件地震作用情况见表2.6。

(a)

(b)

图2.8 各配重层情况试验装置
(a)2/3配重层;(b)1/3配重层

表2.6 2/3配重层情况下各地震作用破坏情况

| 地震激励 | 序号 | 试件编号 | 固定模式 | 0.05g | 0.10g | 0.20g | 0.40g | 0.70g | 0.70g 试验现象 |
|---|---|---|---|---|---|---|---|---|---|
| El Centro波 | 1 | B7-1550 | 固定悬吊 | B | C | C | D | D | — |
| | 2 | B12-1547 | 四角固定 | A | B | B | D | E | 摇晃 |
| | 3 | B8-1551 | 四角固定 | A | B | B | D | F | 倾倒 |
| | 4 | B10-1556 | 浮放 | B | C | C | D | F | 倾倒 |
| | 5 | H6-1552 | 四角固定 | A | B | B | D | E | — |
| | 6 | H9-1546 | 四角固定 | A | B | C | E | E | — |
| | 7 | H5-1554 | 四角固定 | A | B | B | D | E | — |

续表

| 地震激励 | 序号 | 试件编号 | 固定模式 | 0.05g | 0.10g | 0.20g | 0.40g | 0.70g | 0.70g 试验现象 |
|---|---|---|---|---|---|---|---|---|---|
| Taft 波 | 8 | B7-1550 | 固定悬吊 | B | C | C | D | D | 滑移 |
| | 9 | B12-1547 | 四角固定 | A | C | D | D | E | — |
| | 10 | B8-1551 | 四角固定 | A | B | B | D | F | 倾倒 |
| | 11 | B10-1556 | 浮放 | B | C | C | E | F | 倾倒 |
| | 12 | H6-1552 | 四角固定 | A | B | B | D | E | — |
| | 13 | H9-1546 | 四角固定 | A | B | C | E | E | — |
| | 14 | H5-1554 | 四角固定 | A | B | B | D | E | — |
| 兰州波 | 15 | B7-1550 | 固定悬吊 | B | C | C | D | D | 摇摆加剧 |
| | 16 | B12-1547 | 四角固定 | A | B | B | E | F | 倾倒 |
| | 17 | B8-1551 | 四角固定 | A | B | B | D | F | 倾倒 |
| | 18 | B10-1556 | 浮放 | B | C | C | D | F | 倾倒 |
| | 19 | H6-1552 | 四角固定 | A | B | B | D | E | — |
| | 20 | H9-1546 | 四角固定 | A | B | B | D | E | — |
| | 21 | H5-1554 | 四角固定 | A | B | B | E | E | — |

（1）0.05g 地震作用阶段，按照加载次序依次输入 El Centro 波、Taft 波和兰州波。各地震波输入后，试件 B7-1550 与悬吊装置一起沿着地震作用方向轻微摆动，同时该试件发生轻微摇晃，但幅度不大；其他试件晃动不明显。

（2）0.10g 地震波输入后，试件 B7-1550 与悬吊装置摆动加快，同时该试件发生晃动，但幅度不大；浮放试件晃动明显；其他鱼线四角固定试件轻微晃动；悬吊试件受单摆来回摆动影响，较早出现晃动，但幅度不大。

（3）0.20g 地震波输入后，试件 B7-1550 与悬吊装置摆动加快，同时该试件发生晃动；浮放试件晃动明显；其他鱼线四角固定试件晃动明显。

（4）0.40g 地震波输入后，试件 B7-1550 与悬吊装置摆动加快，同时该试件晃动加剧，有一定移位；浮放试件剧烈晃动，Taft 波、兰州波地震作用下，出现旋转，但未倾倒；其他鱼线四角固定试件晃动加剧。

（5）0.70g 地震波输入后，试件 B7-1550 与悬吊装置摆动加快，同时该试件晃动加剧，出现明显摇摆和滑移等现象；浮放试件剧烈晃动并倾倒；其他鱼线四角固定试件晃动加剧，出现倾斜，部分试件出现倾倒。

（6）文物试件在遭遇 0.70g 地震作用后，悬吊试件 B7-1550 呈现出良好的减震性能并未倾倒，故继续加大地震作用。当 El Centro 地震波加大到 0.80g 后，文物试件 B7-1550 出现旋转、倾斜现象，但未倾倒，如图 2.9 所示；B10-1556 首先发生倾斜并倾倒；其他试件陆续出现倾斜，并倾倒。当 El Centro 波输入达到 0.97g 后，B7-1550 反复旋转，偏离原来重心位置，但未倾倒。当 El Centro 波输入达 0.97g 以上后，台面晃动，出现持续响声，加载系统油压达到上限，试验结束。

图 2.9 0.80g 地震作用 B7-1550 试验现象

### 2.3.3  1/3 配重层工况地震作用破坏现象

试验开始前，1/3 配重层情况的试验装置布置如图 2.8（b）所示。各地震波输入后，文物试件地震作用情况见表 2.7。试验破坏等级划分同 2.3.2 节。

表 2.7  1/3 配重层情况下各地震作用破坏情况

| 地震激励 | 序号 | 试件编号 | 固定模式 | 0.05g | 0.10g | 0.20g | 0.40g | 0.70g | 0.70g 试验现象 |
|---|---|---|---|---|---|---|---|---|---|
| El Centro 波 | 1 | B7-1550 | 固定悬吊 | A | B | C | D | D | — |
| | 2 | B12-1547 | 四角固定 | A | B | B | D | F | 倾倒 |
| | 3 | B8-1551 | 四角固定 | A | B | B | D | E | 左倾40° |
| | 4 | B10-1556 | 浮放 | A | B | C | E | F | 倾倒 |
| | 5 | H6-1552 | 四角固定 | A | B | B | C | D | — |
| | 6 | H9-1546 | 四角固定 | A | B | B | D | F | 倾倒 |
| | 7 | H5-1554 | 四角固定 | A | B | B | C | D | — |
| Taft 波 | 8 | B7-1550 | 固定悬吊 | B | B | C | D | D | 滑移 |
| | 9 | B12-1547 | 四角固定 | A | B | B | D | F | 倾倒 |
| | 10 | B8-1551 | 四角固定 | A | B | B | D | E | 左倾30° |
| | 11 | B10-1556 | 浮放 | A | B | C | D | F | 倾倒 |
| | 12 | H6-1552 | 四角固定 | A | B | B | D | E | 右倾30° |
| | 13 | H9-1546 | 四角固定 | A | B | B | B | E | 右倾30° |
| | 14 | H5-1554 | 四角固定 | A | B | B | D | E | 左倾20° |
| 兰州波 | 15 | B7-1550 | 固定悬吊 | A | B | C | D | D | 倾斜 |
| | 16 | B12-1547 | 四角固定 | A | B | B | D | F | 倾倒 |
| | 17 | B8-1551 | 四角固定 | A | B | B | D | F | 倾倒 |
| | 18 | B10-1556 | 浮放 | A | B | C | D | F | 倾倒 |
| | 19 | H6-1552 | 四角固定 | A | B | B | C | E | 倾斜悬空 |
| | 20 | H9-1546 | 四角固定 | A | B | B | D | E | 右倾30° |
| | 21 | H5-1554 | 四角固定 | A | B | B | D | E | 后倾30° |

（1）0.05g 地震作用阶段，按照加载次序依次输入 El Centro 波、Taft 波和兰州波。各地震波输入后，试件 B7-1550 与悬吊装置一起沿着地震作用方向轻微摆动，同时该试件发生轻微摇晃，但幅度不大。其他试件晃动不明显。

（2）0.10g 地震波输入后，试件 B7-1550 与悬吊装置摆动加快，同时该试件发生晃动，但幅度不大；其他试件出现轻微晃动，但幅度较小；在 Taft 波、兰州波作用下，浮放 B10-1556 文物出现转动现象。

（3）0.20g 地震波输入后，试件 B7-1550 与悬吊装置摆动加快，同时该试件发生晃动；浮放试件晃动明显；其他鱼线四角固定试件晃动明显，与 2/3 配重层情况相比，晃动相对减小。

（4）0.40g 地震波输入后，试件 B7-1550 与悬吊装置摆动加快，同时该试件晃动加剧，有一定移位；浮放试件剧烈晃动，并出现旋转；其他鱼线四角固定试件晃动加剧，但与 2/3 配重层情况相比，晃动程度相对减弱。

（5）0.70g 地震波输入后，试件 B7-1550 与悬吊装置摆动加快，同时该试件晃动加剧，出现明显摇摆、倾斜和滑移等现象；浮放试件剧烈晃动并倾倒；其他鱼线四角固定试件晃动加剧，出现不同程度的倾斜，有些试件在固定鱼线的作用下与陈列台座接触部分出现部分悬空，部分试件出现倾倒。

（6）文物试件在遭遇 0.70g 地震作用后，悬吊试件 B7-1550 呈现出良好的减震性能并未倾倒，故继续加大地震作用。当 El Centro 地震波加大到 0.806g 输入后，文物试件 B7-1550 倾斜，但未倾倒；控制系统继续加大地震波的输入，振动台台面晃动，出现持续响声，振动台加载系统油压达到上限，试验结束。

## 2.4 试验结果分析

### 2.4.1 模型结构的动力特性

此试验要求文物架具有较大的刚度，为避免由于文物架产生不同程度的破坏所造成的刚度变化对试验结果造成影响，在不同水准地震作用前后，用锤击法对文物架进行模型结构动力特性测试。具体分析结果如下：

（1）模型架 DASP 自谱分析

对文物架模型进行锤击试验，并对位移测点 DD3 和加速度测点 AD11 进行采样，其采样频率为 102.4Hz。采用线性平均方式进行全程分析。其结果如图 2.10 所示。

（2）2/3 配重情况模型结构文物振动 DASP 自谱分析

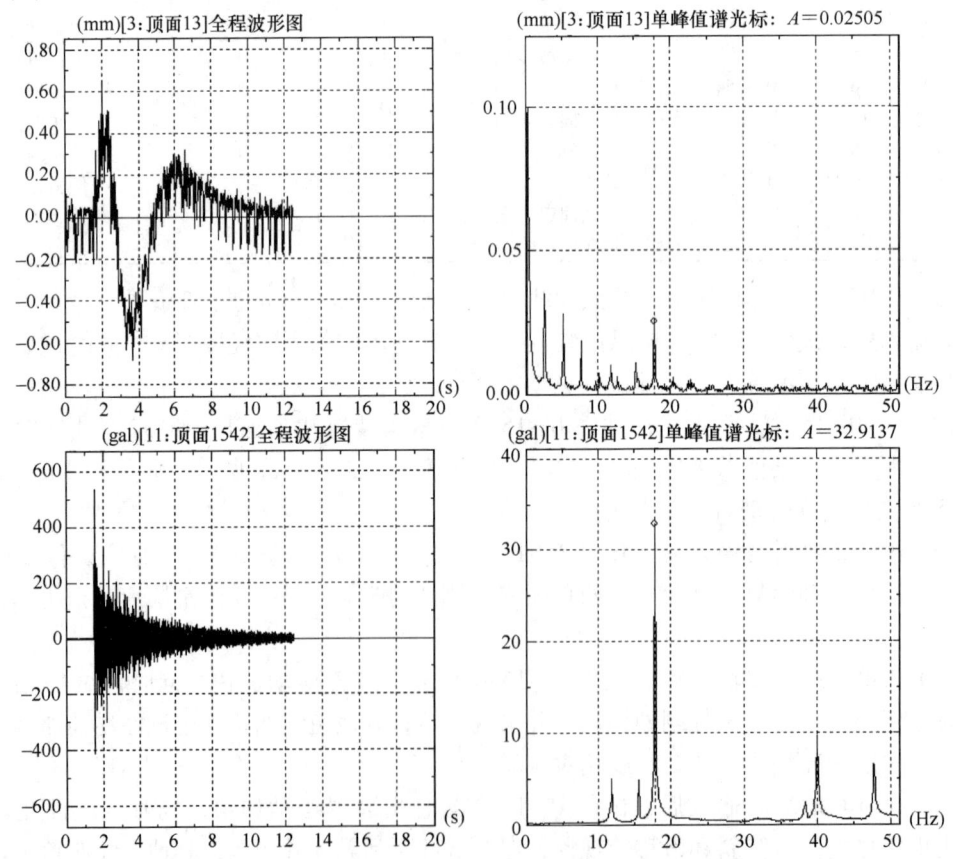

图 2.10　模型结构 1#-DASP 自谱分析图

由模型架 DASP 自谱分析知，［11：顶面1542］幅值谱较好地反映了模型结构自振频率的变化，现以此测试点为参考点，2/3 配重情况各地震作用幅值谱如图 2.11 所示。

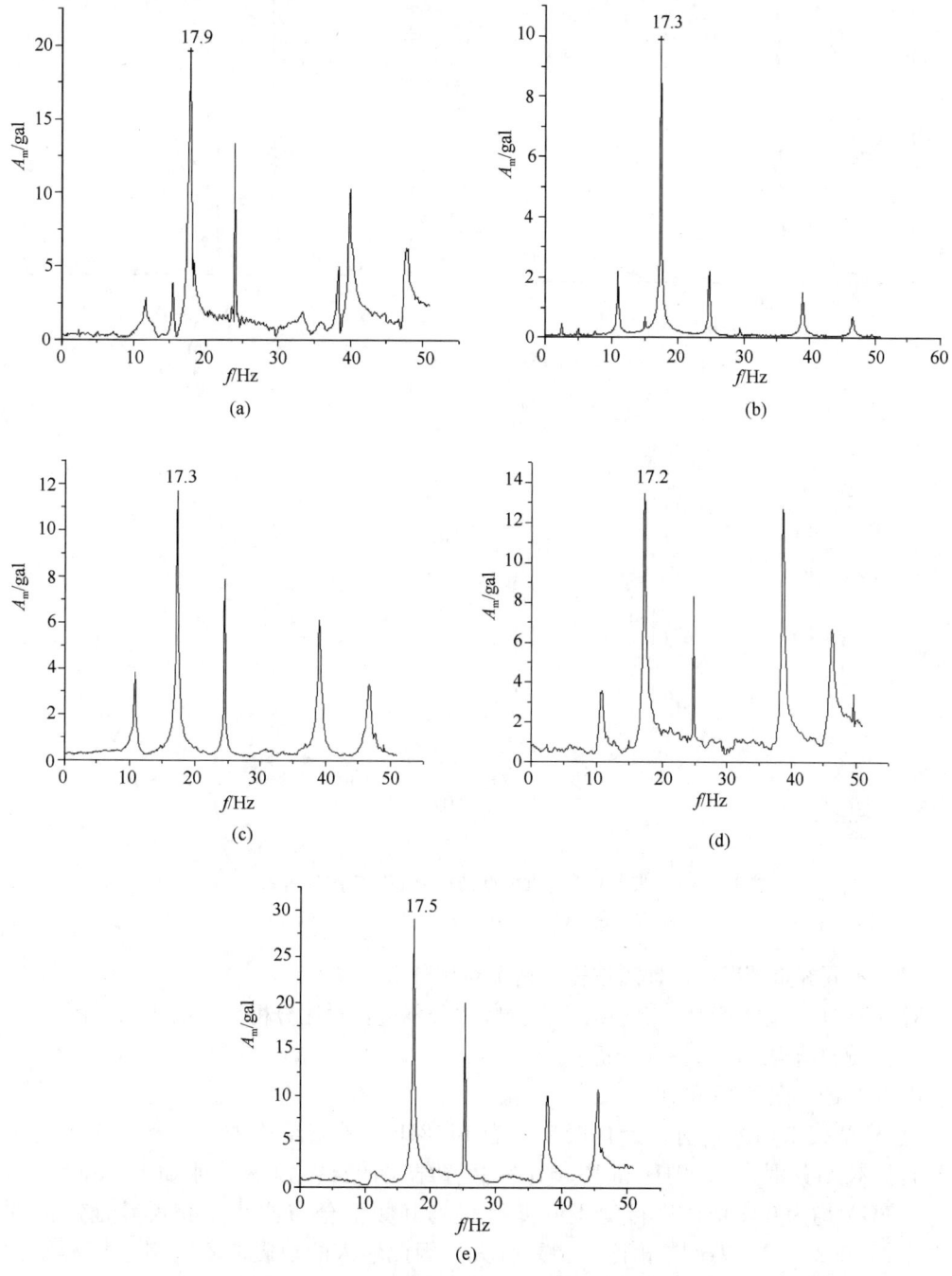

图 2.11　2/3 配重模型结构 DASP 自谱分析图
（a）试验前；（b）LZ 0.10$g$ 后；（c）LZ 0.20$g$ 后；（d）LZ 0.40$g$ 后；（e）LZ 0.80$g$ 后

（3）1/3 配重情况模型结构文物振动 DASP 自谱分析
1/3 配重情况模型结构不同地震作用 DASP 自谱分析如图 2.12 所示。

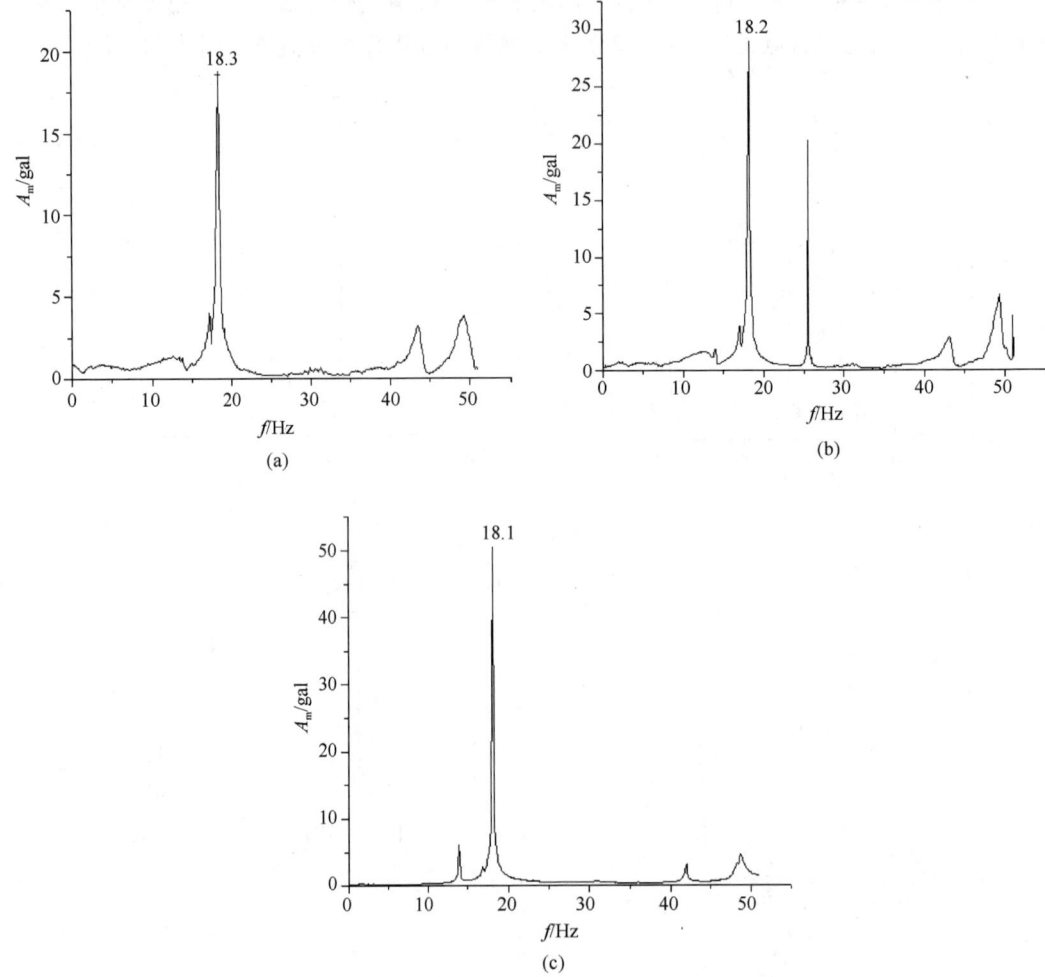

图 2.12　1/3 配重模型结构 DASP 自谱分析图
(a) 试验前；(b) LZ 0.20$g$ 后；(c) LZ 0.80$g$ 后

(4) 不同配重情况相同地震波输入情况对比分析

对 2/3、1/3 配重情况，模型结构自振频率分别进行对比分析，如图 2.13 所示。

(5) 模型结构的动力特性分析

由图 2.10 ~ 图 2.13 可知：

1) 模型架未加配重前初始自振频率为 17.8Hz，模型结构加 2/3 和加 1/3 配重情况的自振频率分别为 17.9Hz 和 18.3Hz。模型结构的自振频率与对 El Centro 波、Taft 波等（PGA 均为 0.10$g$）进行傅里叶变换得到其频谱分布曲线并获得其地震波的卓越频率 $f$ = 1.27 ~ 2.27Hz[4]相比，相差较大，因此输入的地震波不会引起模型结构的强烈震动。

2) 加配重后模型自振频率相应增加，且施加配重位置下降后自振频率相对增大，表明同质量模型结构情况下，重心下降对结构的自振频率有一定的影响。

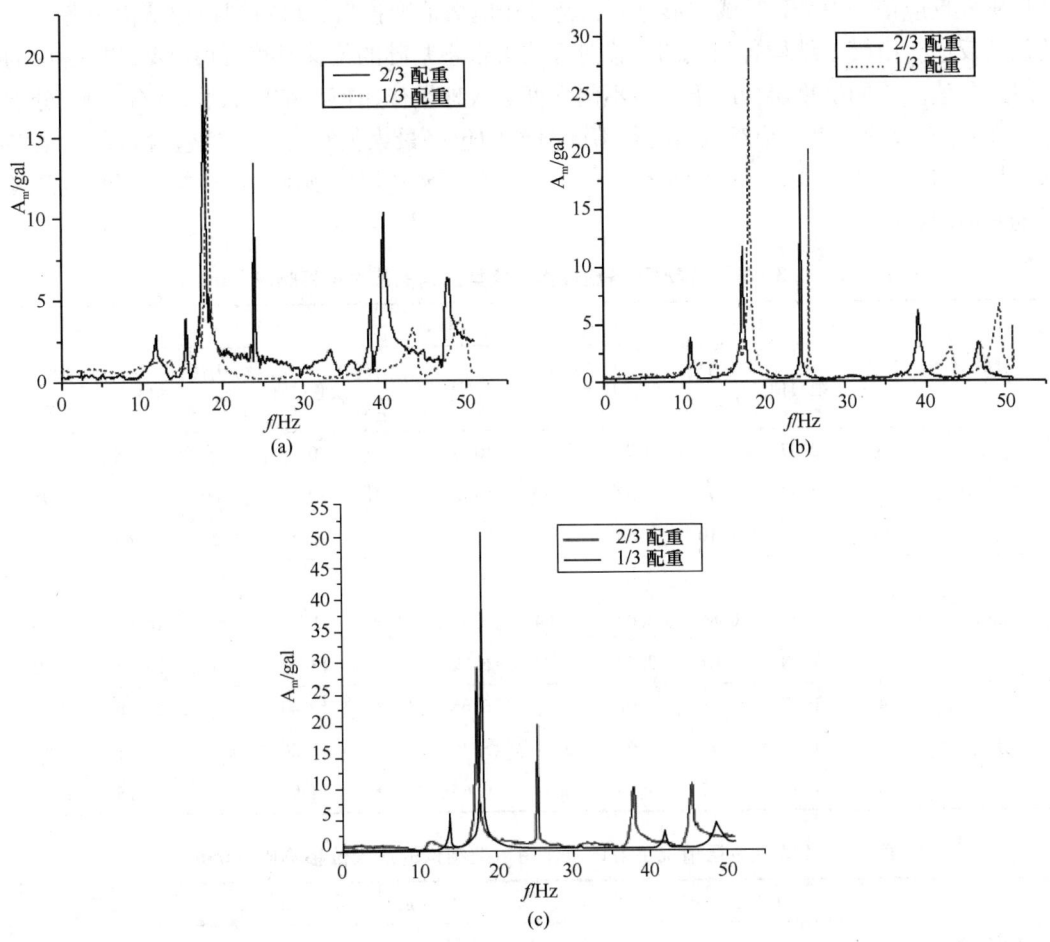

图 2.13 不同配重模型结构 DASP 自谱对比分析图
(a) 试验前；(b) LZ 0.20g 后；(c) LZ 0.80g 后

3) 模型结构加 2/3 配重情况，随着地震波加速度峰值增加，其自振频率由震前的 17.9Hz 降为 17.2Hz，在 LZ0.80g 后变为 17.5Hz。其原因在于，在地震波强度增大时，模型结构摇晃剧烈程度增加造成自身损伤程度相对增加，因而其刚度略有降低。由于模型结构的频率与其刚度的二次方成正比，因而造成模型结构自振频率降低。在 LZ 0.80g 后，可能模型结构刚度恢复或测量精度等影响，其自振频率略有升高。总体来看，模型结构振动频率集中在 17.2~17.8Hz 频段变化，但变化幅度不大，表明模型结构具有足够的刚度。

4) 模型结构加 1/3 配重情况，随着地震波加速度峰值增加，其自振频率由震前的 18.3Hz 降为 18.1Hz。受地震作用影响，其自振频率略有下降，但下降幅度较小，表明模型结构具有足够的刚度。

5) 同等地震波输入情况下，同质量模型结构重心下降后，其主峰值相应加大，但各次峰值相应减小，且趋于平缓并有峰值频率后延现象。

### 2.4.2 模型结构的位移响应

我们通过 INV306U 数据调理仪对反应信号进行 DASP 时域波形分析，同时结合加速度传感器反应信号 DASP 时域波形分析，经过相应数值变换后，可得到模型结构中各测点的位移反应。由模型结构各测点的位移时程减去台座基础的位移时程可得模型结构各层的相对位移值。不同配重层情况下，各不同强度等级地震作用模型结构的最大位移响应分别见表 2.8、表 2.9。表中绝对值取的是不同时刻的包络最大值，此绝对值包含台面运动结果；模型的各层放大系数 $\beta$ 指的是地震作用下模型结构各层层顶动力响应幅值与相应基底激励幅值的比值。

表 2.8　2/3 配重层情况下各地震作用模型结构的最大位移响应（mm）

| 地震激励 | 位置 | 0.05g | | 0.10g | | 0.20g | | 0.40g | | 0.70g | |
|---|---|---|---|---|---|---|---|---|---|---|---|
| | | 绝对值 | 动力放大系数 | 绝对值 | 动力放大系数 | 绝对值 | 动力放大系数 | 绝对值 | 动力放大系数 | 绝对值 | 动力放大系数 |
| El Centro 波 | 底 | 2.87 | | 6.91 | | 10.04 | | 20.32 | | 37.68 | |
| | 中 | 2.84 | 0.99 | 6.93 | 1.00 | 10.16 | 1.01 | 20.22 | 1.00 | 39.45 | 1.05 |
| | 顶 | 3.17 | 1.10 | 7.64 | 1.11 | 11.16 | 1.11 | 25.52 | 1.26 | 51.64 | 1.37 |
| Taft 波 | 底 | 1.77 | | 3.65 | | 5.35 | | 9.99 | | 18.32 | |
| | 中 | 1.52 | 0.86 | 3.07 | 0.84 | 5.30 | 0.99 | 9.05 | 0.91 | 16.66 | 0.91 |
| | 顶 | 1.78 | 1.01 | 3.73 | 1.02 | 6.02 | 1.13 | 13.41 | 1.34 | 23.76 | 1.30 |
| 兰州波 | 底 | 1.97 | | 3.91 | | 6.65 | | 13.44 | | 26.38 | |
| | 中 | 1.41 | 0.72 | 3.00 | 0.77 | 5.35 | 0.80 | 11.20 | 0.83 | 23.31 | 0.88 |
| | 顶 | 1.82 | 0.92 | 3.86 | 0.99 | 6.65 | 1.00 | 14.99 | 1.12 | 27.28 | 1.03 |

表 2.9　1/3 配重层情况下各地震作用模型结构的最大位移响应（mm）

| 地震激励 | 位置 | 0.05g | | 0.10g | | 0.20g | | 0.40g | | 0.70g | |
|---|---|---|---|---|---|---|---|---|---|---|---|
| | | 绝对值 | 动力放大系数 | 绝对值 | 动力放大系数 | 绝对值 | 动力放大系数 | 绝对值 | 动力放大系数 | 绝对值 | 动力放大系数 |
| El Centro 波 | 底 | 3.62 | — | 7.19 | — | 13.06 | — | 26.33 | — | 51.79 | — |
| | 中 | 3.69 | 1.02 | 7.33 | 1.02 | 13.18 | 1.01 | 26.87 | 1.02 | 53.24 | 1.03 |
| | 顶 | 4.25 | 1.17 | 8.96 | 1.25 | 13.77 | 1.05 | 27.75 | 1.05 | 63.56 | 1.23 |
| Taft 波 | 底 | 1.79 | — | 3.39 | — | 6.44 | — | 12.24 | — | 18.32 | — |
| | 中 | 1.60 | 0.89 | 3.07 | 0.91 | 5.76 | 0.89 | 10.86 | 0.89 | 16.66 | 0.91 |
| | 顶 | 2.67 | 1.49 | 4.09 | 1.21 | 6.56 | 1.02 | 14.55 | 1.19 | 23.76 | 1.30 |
| 兰州波 | 底 | 2.26 | — | 3.97 | — | 6.58 | — | 17.83 | — | 26.84 | — |
| | 中 | 1.78 | 0.79 | 3.06 | 0.77 | 5.06 | 0.77 | 14.87 | 0.83 | 24.07 | 0.90 |
| | 顶 | 4.01 | 1.77 | 4.84 | 1.22 | 8.48 | 1.29 | 18.17 | 1.02 | 31.03 | 1.16 |

由表 2.8、表 2.9 可做出不同配重、不同地震作用下模型结构的最大位移响应和各层放大系数 $\beta$ 曲线，分别如图 2.14 和图 2.15 所示。

对于底部固定模型结构，由表 2.8、表 2.9 和图 2.14、图 2.15 可知：

（1）在三类地震波作用下，其位移响应均随着输入强度的增大而增大，但对于同配重层情况，同强度地震输入三类波时，其地震作用方向的最大位移响应并不相同，其中

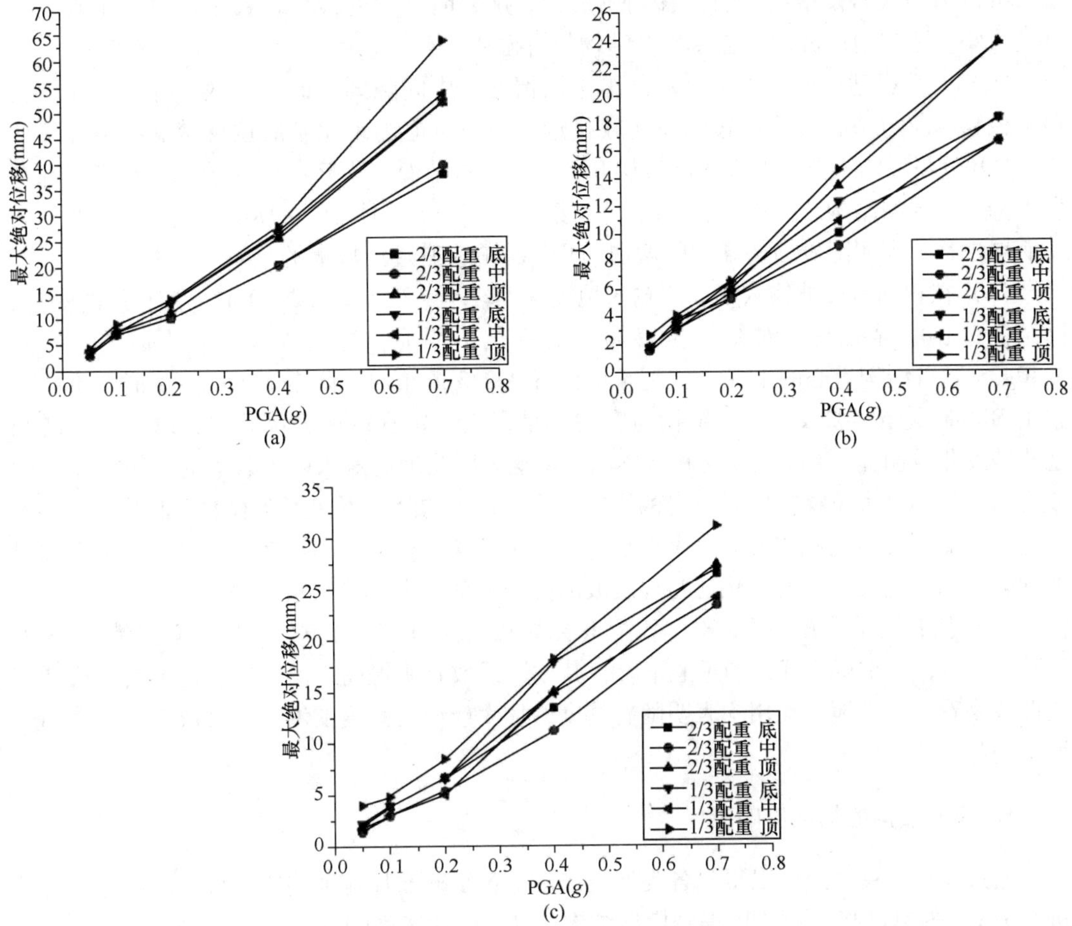

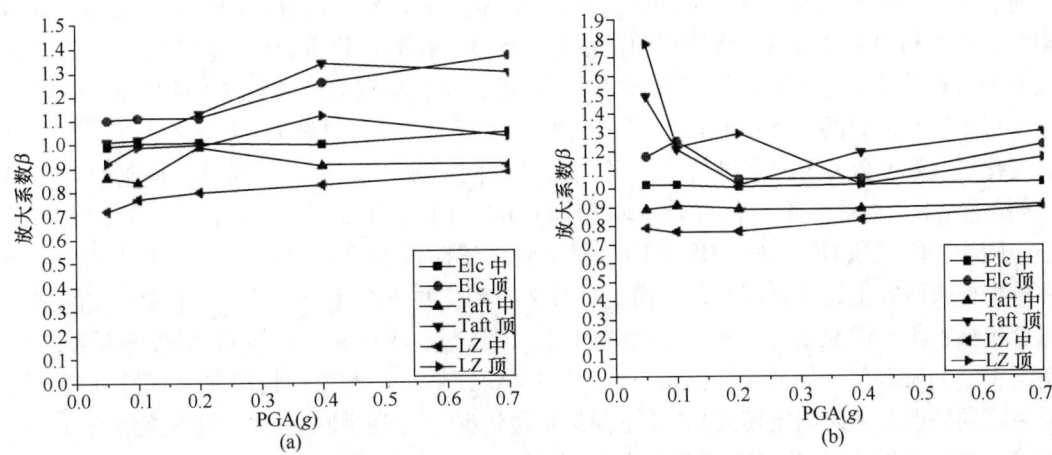

图2.14 不同地震作用下模型结构的位移响应
(a) El Centro 波；(b) Taft 波；(c) 兰州波

图2.15 模型结构放大系数 $\beta$ 曲线
(a) 2/3 配重层；(b) 1/3 配重层

El Centro 波输入时模型结构的位移响应最大。这表明结构的最大位移不仅取决于输入强度的大小，还与地震波的频谱特性及结构的自振特性有关。

（2）在三类地震波输入下，对同配重层情况，中间陈列层的放大效应并不明显，其最大位移响应与基底层的位移响应比较接近，甚至可能出现比基底位移稍低的情况，如 Taft 波和兰州波输入下，对 2/3 配重层和 1/3 配重层情况，中间层位移比基底层都有所下降，当模型结构总高度比较低时，其楼层放大效应并不明显；顶层的最大位移明显大于底层位移，表明随着结构高度的增加，其位移响应有逐渐增大的趋势。

（3）在相同地震波输入下，当输入地震强度较小（PGA ≤ 0.20$g$）时，配重层的变化，即结构重心位置的改变对结构位移响应的变化不明显；当输入强度较大时（PGA ≥ 0.40$g$），随着结构重心的下降（当配重层位置从 2/3 配重层下降至 1/3 配重层时，重心位置由 580mm 降至 402.2mm），结构地震响应呈现出一定程度的升高趋势，El Centro 波和兰州波变化较明显，Taft 波变化相对不明显。这表明当地震输入强度较大时，重心位置的改变对结构的最大位移响应有一定的影响；重心位置的降低不但不会有效降低结构的地震响应，可能还会增大地震响应，因而在文物系统防震安全设计时应考虑相对最佳重心位置的问题；同时地震响应的变化还与地震波的类型和强度大小等因素有关。

（4）从放大系数 $\beta$ 来看，对 2/3 配重层情况，$\beta$ 为 0.72～1.37；1/3 配重层情况，$\beta$ 为 0.77～1.77，配重层下降，即重心下降，其放大系数有所提高，但总体变化不大。从 $\beta$ 变化曲线来看，三类地震作用均表明随着高度的加大或地震强度的增大，其放大系数有相应增大的趋势。

### 2.4.3 模型结构的加速度响应

通过数据采集系统可以得到各类地震作用下各工况的加速度响应信号，然后将此信号进行 DASP 时域波形分析，可得到模型结构各测点的加速度响应。对加速度响应信号经过相应的数值变换后，可得到模型结构中各测点的位移响应。由于文物试件四角用尼龙线固定在陈列台板上，试件与文物台板为浮放形式，在地震作用下会有移位、偏转等响应，单纯通过采用加速度数值积分法来计算文物的位移响应并不完全准确；同时文物试件的位移相对较小，利用本试验位移计测点的位移差来折算其相对位移也会出现较大误差，因而本试验不再对模型结构各测点的位移响应进行分析，仅考虑模型结构各测点的加速度响应。

根据试验的目的，本试验以二层钢框架-文物系统为研究模型，重点考虑了：2 个重心变化层（2/3 和 1/3 配重层）；2 个陈列层（中间层和顶层）；4 个同模具烧制的兵马俑（质量、外形、材质、重心位置等基本相同）B8、B10、B12、B7；3 个同质量、不同重心、同材质的花瓶 H6、H9、H5 等因素对文物系统防震安全性能的影响。现以加速度为评价指标来研究上述几种因素的不同组合对文物系统的防震性能的影响。本文研究的基本组合包括：①不同配重层情况 +（同陈列层、同质量、不同重心位置点）；②不同配重层情况 +（同陈列层、同质量、同重心、不同形状）；③不同配重层情况 +（同陈列层、同质量、同外形、不同固定模式）；④不同配重层情况 +（悬吊减震/无减震文物系统）。下面将上述组合对文物系统防震性能的影响讨论如下。其中各文物的相对位置如图 2.5 所示。

（1）同陈列层、同质量情况下，结构重心变化和文物重心变化对文物系统防震性能

## 2 可移动文物陈列系统的地震模拟振动台试验研究

的影响。此种情况即上述第①种组合,基本研究参数为:中间陈列层、同质量(均值0.90kg)、2/3 和 1/3 配重层(结构重心 580mm/402.2mm,下同)、不同重心的花瓶 H6 (146mm)、H9(128mm)、H5(72mm)。各配重层情况花瓶 H6、H9、H5 的最大加速度响应见表 2.10,表中"—"表示该试件已倾倒,下同。

表 2.10 各配重层情况花瓶 H6、H9、H5 的最大加速度响应

| 配重层 | 地震激励($g$) | El Centro 波 | | | Taft 波 | | | 兰州波 | | |
|---|---|---|---|---|---|---|---|---|---|---|
| | | H6 | H9 | H5 | H6 | H9 | H5 | H6 | H9 | H5 |
| 2/3 | 0.05 | 0.25 | 0.17 | 0.52 | 0.31 | 0.20 | 0.53 | 0.25 | 0.17 | 0.57 |
| | 0.10 | 0.67 | 0.36 | 0.66 | 0.68 | 0.31 | 0.63 | 0.46 | 0.27 | 0.60 |
| | 0.20 | 0.64 | 0.58 | 0.49 | 0.47 | 0.51 | 0.51 | 0.58 | 0.77 | 0.44 |
| | 0.40 | 1.61 | 1.42 | 1.27 | 1.60 | 2.53 | 1.04 | 1.16 | 2.76 | 0.87 |
| | 0.70 | 2.41 | 3.31 | 1.38 | 1.60 | 1.99 | 1.42 | 1.75 | 3.12 | 3.39 |
| 1/3 | 0.05 | 0.21 | 0.49 | 0.45 | 0.24 | 0.86 | 0.56 | 0.26 | 0.99 | 0.54 |
| | 0.10 | 0.45 | 0.98 | 0.69 | 0.79 | 0.79 | 1.05 | 0.39 | 0.86 | 0.80 |
| | 0.20 | 1.03 | 0.81 | 0.52 | 0.31 | 0.62 | 0.62 | 0.30 | 0.62 | 0.63 |
| | 0.40 | 1.24 | 1.61 | 1.09 | 1.01 | 1.51 | 1.23 | 1.43 | 2.31 | 1.35 |
| | 0.70 | 2.79 | — | 1.63 | 1.61 | 2.78 | 1.78 | 2.02 | 2.51 | 2.75 |

不同配重层情况下,花瓶 H6、H9、H5 的最大加速度响应曲线如图 2.16 所示。

对于同陈列层、同质量、不同重心高度的花瓶试件,由表 2.10 和图 2.16 可知:

1) 在三类地震波作用下,文物试件的最大加速度响应一般随输入强度的增大而增大,但 El Centro 波和 Taft 波在 0.70$g$ 时,部分试件出现随着输入强度增大而下降的情况。分析其原因,可能是此时文物试件已出现倾斜,但由于有四角拉线作用而未倾倒,因而其失去稳定性。

2) 对于同配重层情况,同强度地震输入三类波时,其最大加速度响应并不相同。这表明文物的最大加速度响应不仅取决于输入强度的大小,还与地震波的频谱特性及文物的自振特性等有关。

3) 在相同地震波输入下,当输入地震强度较小(PGA<0.20$g$)时,文物的地震响应相对较小,文物重心变化对文物的防震性能的影响不明显。当地震输入强度不太大(0.40$g$>PGA>0.20$g$)时,花瓶 H5 的防震性能明显好于 H6 和 H9,表明采用传统的降低重心的防震措施对文物的防震有一定的效果;对 H6 和 H9 而言,H6 的重心高度虽然高于 H9,但 H6 的防震效果明显好于 H9,因而单纯采用降低重心的办法来防震并不一定可靠,其防震效果好的原因可能还与其外形、文物与接触面的摩擦系数等因素有关。当输入地震强度较大(PGA>0.40$g$)时,浮放文物一般会遭受相应的破坏。当输入强度超过0.70$g$ 后,由试验现象可知,传统降低重心的防震措施已不能有效保证文物安全。

4) 在相同地震波输入下,当输入地震强度较小(PGA≤0.20$g$)时,结构配重层的下降,即结构重心的下降有增大文物地震响应的趋势,但总体变化不明显。当输入强度不太大(0.40$g$≥PGA>0.20$g$)时,结构重心的改变对文物系统的防震有一定的影响,El Centro 波表现为重心的降低增大了地震响应,兰州波则表现出一定的减弱地震作用的效果。

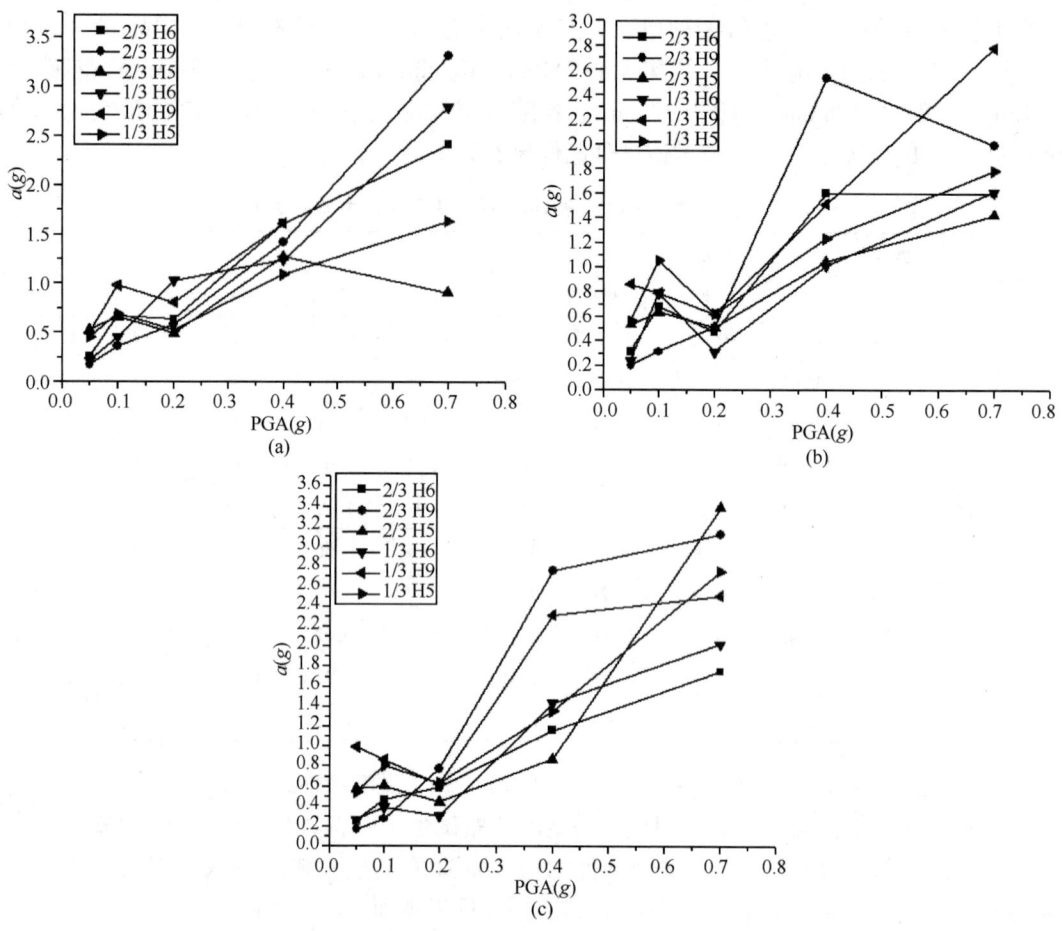

图 2.16 花瓶 H6、H9、H5 的最大加速度响应
(a) El Centro 波；(b) Taft 波；(c) 兰州波

分析其原因，可能与输入地震波特性、文物的自振特性、接触面的摩擦系数以及四角固定拉线的松紧程度有关。当输入地震强度较大（PGA > 0.40$g$）时，浮放文物一般会遭受各种程度的破坏，结构重心的改变对文物系统的防震效果变化不明显。

（2）同陈列层、同质量、同重心情况下，配重层变化、形状变化对文物系统防震性能的影响。此种情况即上述第②种组合，基本研究参数为：中间陈列层、同质量（0.91kg）、同重心高度的葫芦形花瓶 H6（146mm）和立人形兵马俑 B12（146mm）、2/3 和 1/3 配重层。各配重层情况花瓶 H6 和兵马俑 B12 的最大加速度响应见表 2.11。

表 2.11 各配重层情况花瓶 H6 和兵马俑 B12 的最大加速度响应

| 配重层 | 地震激励 ($g$) | El Centro 波 | | Taft 波 | | 兰州波 | |
| --- | --- | --- | --- | --- | --- | --- | --- |
| | | H6 | B12 | H6 | B12 | H6 | B12 |
| 2/3 | 0.05 | 0.25 | 0.24 | 0.31 | 0.25 | 0.25 | 0.24 |
| | 0.10 | 0.67 | 0.45 | 0.68 | 0.49 | 0.46 | 0.36 |
| | 0.20 | 0.64 | 0.66 | 0.47 | 1.06 | 0.58 | 0.78 |
| | 0.40 | 1.61 | 1.21 | 1.60 | 1.41 | 1.16 | 0.75 |
| | 0.70 | 2.41 | 1.80 | 1.60 | 1.38 | 1.75 | — |

续表

| 配重层 | 地震激励 ($g$) | El Centro 波 | | Taft 波 | | 兰州波 | |
|---|---|---|---|---|---|---|---|
| | | H6 | B12 | H6 | B12 | H6 | B12 |
| 1/3 | 0.05 | 0.21 | 0.27 | 0.24 | 0.32 | 0.26 | 0.27 |
| | 0.10 | 0.45 | 0.53 | 0.79 | 0.44 | 0.39 | 0.31 |
| | 0.20 | 1.03 | 0.93 | 0.31 | 0.51 | 0.30 | 0.52 |
| | 0.40 | 1.24 | 1.27 | 1.01 | 1.02 | 1.43 | 1.05 |
| | 0.70 | 2.79 | — | 1.61 | — | 2.02 | — |

由表2.11做出各配重层情况、不同地震作用下，花瓶H6和兵马俑B12的最大加速度响应曲线，如图2.17所示。

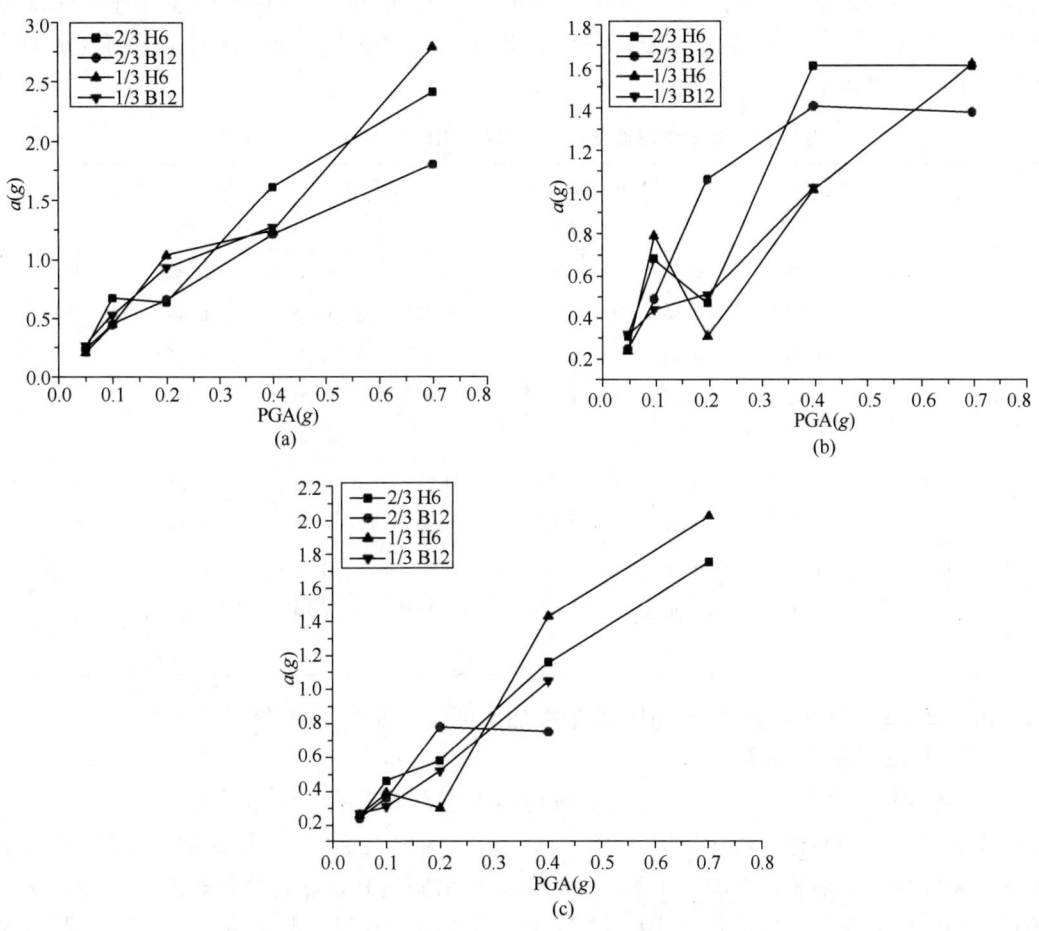

图 2.17 花瓶 H6 和兵马俑 B12 的最大加速度响应
(a) El Centro 波；(b) Taft 波；(c) 兰州波

由表2.11和图2.17可知：

1) 同地震波作用下，随着地震输入强度的增大，文物系统的地震响应呈明显上升的趋势。对于2/3配重层结构，B12的防震效果要明显好于H6；对于1/3配重层结构，当地震输入相对较小（PGA<0.20$g$）时，B12的防震效果要好于H6，但当地震输入继续增大时，B12的防震效果要差于H6，当输入地震强度较大（PGA>0.40$g$）时，B12最先倾倒。表明结构重心的变化对同地震作用下，同陈列层、同质量、同重心高度、不同形状的文物的防震性能有较大的影响，因而进行文物系统防震性能评估时，除考虑文物系统自身质量、重心高度、接触面摩擦系数等因素外，文物自身的外形、结构重心位置的高低等影响因素也应考虑在内。

2）同强度、不同地震波作用情况下，文物系统的地震响应也不尽相同。表明地震波的频谱特性及文物的自振特性等因素对文物系统的防震性能也有一定的影响。

（3）同陈列层、同质量、同外形情况下，配重层变化、固定模式变化对文物系统防震性能的影响。此种情况即上述第③种组合，基本研究参数为：顶层、同质量（均值0.915kg）、同外形、2/3 和 1/3 配重层、浮放且四角尼龙线拉结固定的兵马俑 B8 和浮放无尼龙线拉结固定的兵马俑 B10。各配重层情况兵马俑 B8 和 B10 的最大加速度响应见表 2.12。表中 0.70$g$ 地震输入情况下，B8 和 B10 已倾倒或发生较大倾斜，因而其加速度响应不再进行考虑。

表 2.12　各配重层情况兵马俑 B8 和 B10 的最大加速度响应

| 配重层 | 地震激励 ($g$) | El Centro 波 | | Taft 波 | | 兰州波 | |
|---|---|---|---|---|---|---|---|
| | | B8 | B10 | B8 | B10 | B8 | B10 |
| 2/3 | 0.05 | 0.22 | 0.44 | 0.23 | 0.46 | 0.22 | 0.44 |
| | 0.10 | 0.36 | 0.61 | 0.32 | 0.65 | 0.44 | 0.51 |
| | 0.20 | 0.49 | 0.64 | 0.43 | 0.77 | 0.43 | 0.81 |
| | 0.40 | 1.63 | 1.19 | 1.68 | 1.23 | 1.08 | 1.43 |
| | 0.70 | — | — | — | — | — | — |
| 1/3 | 0.05 | 0.24 | 0.40 | 0.27 | 0.38 | 0.43 | 0.38 |
| | 0.10 | 0.41 | 0.56 | 0.34 | 0.52 | 0.33 | 0.53 |
| | 0.20 | 0.58 | 1.50 | 0.43 | 0.71 | 0.55 | 0.74 |
| | 0.40 | 2.50 | 1.62 | 2.13 | 1.84 | 2.35 | 2.07 |
| | 0.70 | — | — | — | — | — | — |

由表 2.12 做出兵马俑 B8 和 B10 的最大加速度响应如图 2.18 所示。

由表 2.12 和图 2.18 可知：

1）各地震波作用下，文物的地震响应均随着地震输入的增大而增大。对文物系统防震性能而言，当地震输入较小（PGA<0.20$g$）时，四角尼龙线拉结固定的兵马俑 B8 要明显好于无任何防震措施的 B10。表明四角拉结固定措施具有较好的防震效果。另外，从试验现象和试验结果看，浮放试件 B10 虽然从地震作用一开始，其地震作用响应就明显大于同情况下有拉结固定措施的 B8，但随着地震作用的增大并没有立刻摔倒，而是通过滑移、旋转等运动消耗了部分能量，甚至当地震作用达到 0.40$g$ 时仍然具有一定的防震能力，直到地震作用远超过 0.40$g$ 以后才发生摔倒。这表明对于文物系统的防震，除了传统的卡、粘等固定方式外，滑移、扭转减震也是比较有效的方式。

2）相同地震波作用下，当地震输入较小（PGA<0.20$g$）时，结构重心的改变对其防震性能的变化不明显。当地震增大时，随着结构重心高度的下降，其防震效果相对变差。表明，单纯通过降低结构重心高度并不能有效地增强文物系统的防震能力。

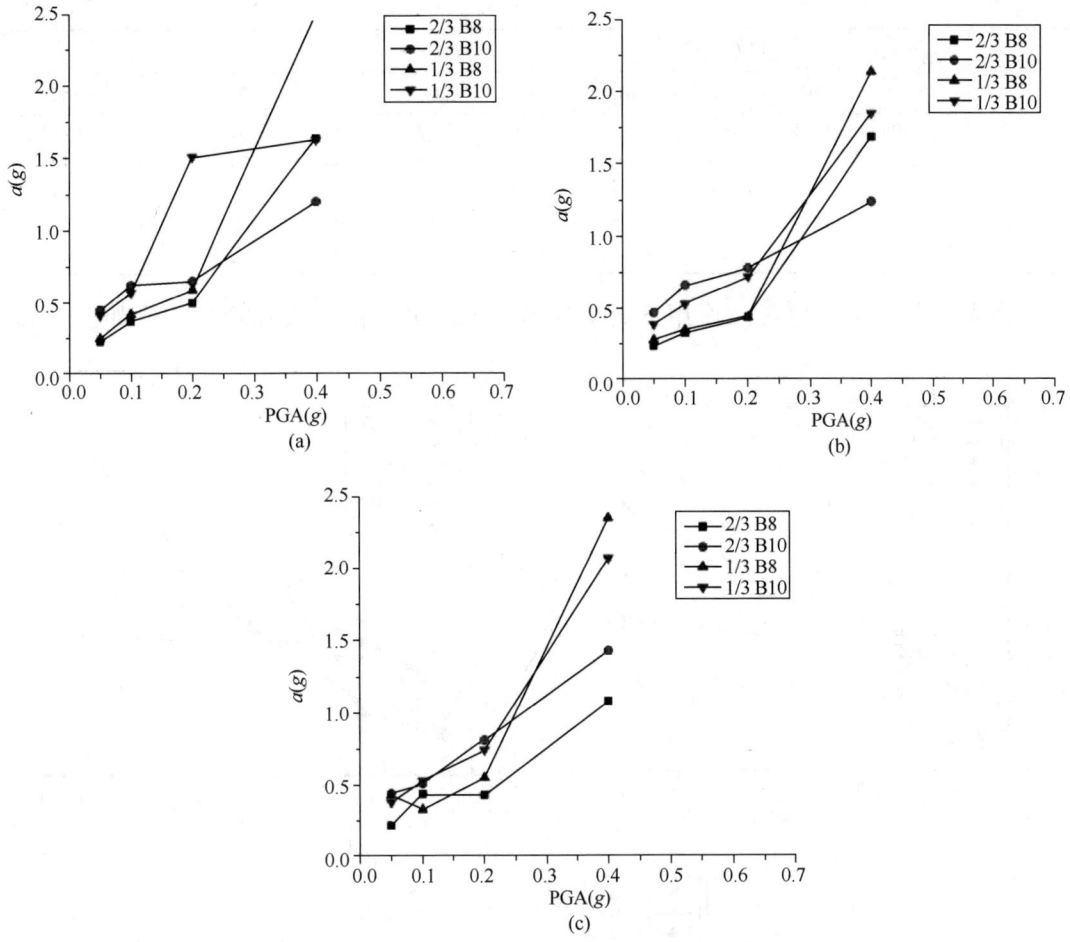

图 2.18 不同地震波作用下兵马俑 B8 和 B10 的最大加速度响应
(a) El Centro 波;(b) Taft 波;(c) 兰州波

3) 同强度、不同地震波作用情况下,文物系统的地震响应也不尽相同。表明地震波的频谱特性及文物的自振特性等因素对文物系统的防震性能也有一定的影响。

(4) 同质量、配重层变化、减震/非减震系统对文物系统防震性能的影响。此种情况即上述第④种组合,基本研究参数为:同质量(均值 0.91kg)、2/3 和 1/3 配重层、采用悬吊减震系统的兵马俑 B7/无减震、浮放并用尼龙线四角拉结的 B8 和 B12。各配重层情况兵马俑 B7、B8、B12 的最大加速度响应见表 2.13。

表 2.13 各配重层情况兵马俑 B7、B8、B12 的最大加速度响应

| 配重层 | 地震激励 ($g$) | El Centro 波 | | | Taft 波 | | | 兰州波 | | |
|---|---|---|---|---|---|---|---|---|---|---|
| | | B7 | B8 | B12 | B7 | B8 | B12 | B7 | B8 | B12 |
| 2/3 | 0.05 | 0.13 | 0.22 | 0.24 | 0.12 | 0.23 | 0.25 | 0.11 | 0.22 | 0.24 |
| | 0.10 | 0.79 | 0.36 | 0.45 | 0.72 | 0.32 | 0.49 | 0.68 | 0.44 | 0.36 |
| | 0.20 | 0.83 | 0.49 | 0.66 | 0.78 | 0.43 | 1.06 | 0.89 | 0.43 | 0.78 |
| | 0.40 | 1.16 | 1.63 | 1.21 | 0.98 | 1.68 | 1.41 | 1.29 | 1.08 | 0.75 |
| | 0.70 | 1.33 | — | 1.80 | 1.38 | — | 1.38 | 1.55 | — | 2.02 |

续表

| 配重层 | 地震激励 ($g$) | El Centro 波 | | | Taft 波 | | | 兰州波 | | |
|---|---|---|---|---|---|---|---|---|---|---|
| | | B7 | B8 | B12 | B7 | B8 | B12 | B7 | B8 | B12 |
| 1/3 | 0.05 | 0.62 | 0.24 | 0.27 | 0.40 | 0.27 | 0.32 | 0.61 | 0.43 | 0.27 |
| | 0.10 | 0.78 | 0.41 | 0.53 | 0.71 | 0.34 | 0.44 | 0.74 | 0.33 | 0.31 |
| | 0.20 | 0.76 | 0.58 | 0.93 | 0.92 | 0.43 | 0.51 | 0.84 | 0.55 | 0.52 |
| | 0.40 | 0.89 | 2.50 | 1.27 | 0.90 | 2.13 | 1.02 | 0.92 | 2.35 | 1.05 |
| | 0.70 | 1.04 | — | — | 0.95 | — | 2.23 | 1.14 | — | — |

由表 2.13，不同地震波作用下兵马俑 B7、B8、B12 的最大加速度响应如图 2.19 所示。

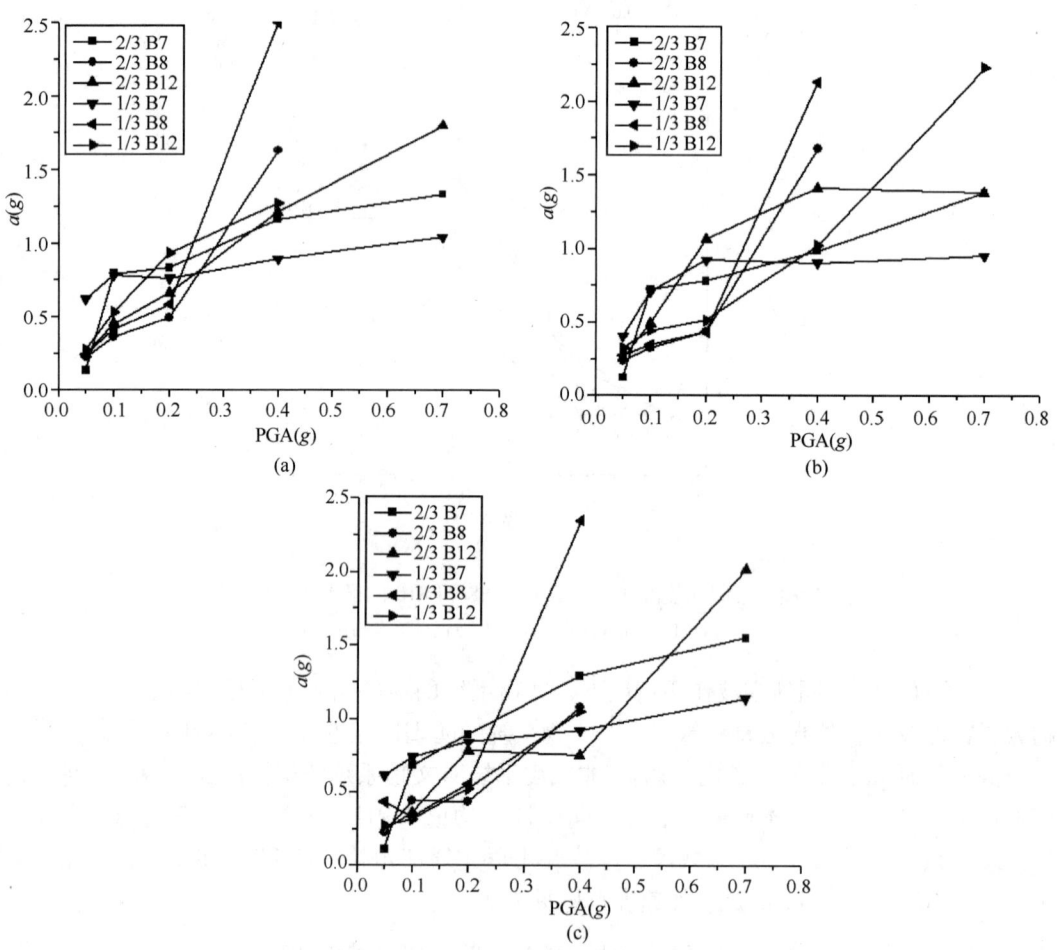

图 2.19 不同地震波作用下兵马俑 B7、B8、B12 的最大加速度响应
(a) El Centro 波；(b) Taft 波；(c) 兰州波

由表 2.13 和图 2.19 可看出：

1）在各类地震作用下，文物试件的加速度响应均随着地震输入的增大而增大，但增大的效果并不完全相同，表明文物的最大加速度响应不仅取决于地震输入强度的大小，还与地震波的频谱特性及其自身的自振特性等有关。

2)相同地震作用下,当输入地震作用较小(PGA < 0.20g)时,悬吊减震的减震性能没有得到很好的体现,反而与非减震系统相比,其地震响应有所加强,如悬吊减震试件B7的地震响应明显大于不减震的试件B8和B12;结构重心的变化对文物系统的防震性能表现为结构重心高度下降,其防震性能有所降低;但总体而言,当输入地震作用较小时,结构重心高度变化对文物系统的防震性能影响不大。当输入地震作用增强(PGA > 0.20g)时,悬吊减震系统B7在不同配重层情况下均表现出了良好的减震效果,且结构重心高度越下降其减震效果越明显,如El Centro波0.40g激励下,B7、B8、B12的最大加速度响应,2/3配重层工况为0.89、2.50、1.27,1/3配重层工况为1.16、1.63、1.21。分析其原因,应为此悬吊结构为下部带拉簧的类单摆结构,当文物的加速度与地震作用加速度方向相反时,可抵消部分冲击,消耗了一部分能量。总体来看,采用悬吊减震结构,并相应地降低模型结构的重心位置的措施可有效地降低文物的地震响应,从而可有效地减少文物的损毁。

3)文物的层增大效应尤其明显,表现为同是非减震的顶层B8和中间层B12,B8的防震性能比B12的防震性能明显降低,相同地震波输入情况下,输入强度越强防震性能降低越明显。表明对文物陈列系统,其陈列柜(架)的总体高度对结构层的高度而言虽然并不是特别大,但对多层陈列柜(架)而言,其陈列层的层放大效应不容忽视。分析其原因,此放大效应不仅与陈列柜(架)的层高度有关,还与陈列柜(架)与楼板地面的固定模式和固定的松紧程度有关。

由以上四种组合的分析可知,文物系统的防震性能与结构重心的位置、文物陈列层的位置、文物重心点的位置、文物的形状、文物的固定模式、文物与陈列柜(台)的摩擦系数、文物自身的动力特性、地震波输入的类型和强度、是否有减震体系、文物陈列系统与楼层地面的连接模式等多种因素有关,因而在进行基于性能的博物馆建筑结构-文物系统防震安全设计时,应从多方面加以考虑。

### 2.4.4 模型结构的动力放大系数

对于文物系统的防震安全性能,动力放大系数是评判其防震性能好坏的一个重要的评价指标,现以加速度为评价指标来研究模型系统加速度动力放大系数的变化规律。定义文物陈列柜的动力放大系数为$\beta_1 = a_2/a_1$,文物的动力放大系数为$\beta_2 = a_3/a_1$,其中$a_1$为振动台面的加速度峰值,$a_2$为陈列柜顶面的加速度峰值,$a_3$为文物的加速度峰值。结合图2.6,$a_1$、$a_2$分别对应AT4-1539(底层)、AD11-1542(顶层)/AC13-1545(中间层);关于$a_3$的选取,仍取上述文物系统的加速度响应的四种基本组合。这四种组合涉及的文物共有七个,分别是H6、H9、H5、B7、B8、B10、B12,各自对应的测点是H6-1552、H9-1546、H5-1554、B7-1550、B8-1551、B10-1556、B12-1547。由模型结构振动台试验结果,按照$\beta_1$、$\beta_2$的求解公式,算出各地震作用下文物陈列系统的动力放大系数,并绘制不同情况下$\beta_1$、$\beta_2$的变化曲线,分别如图2.20、图2.21所示,其中Elc表示El Centro波,Taft表示Taft波,LZ表示兰州波,2/3和1/3分别表示2/3和1/3配重层。

(1)陈列架模型的动力放大系数

表2.14、表2.15分别列出了不同配重层模型结构中各层的加速度动力放大系数$\beta_1$。其中:AT4-1539(底层)、AC13-1545(中间层)、AD11-1542(顶层)。

表 2.14  2/3 配重层情况模型结构加速度放大系数

| 地震激励 | 位置 | 0.05g | | 0.10g | | 0.20g | | 0.40g | | 0.70g | |
|---|---|---|---|---|---|---|---|---|---|---|---|
| | | 绝对值 | 动力放大系数 | 绝对值 | 动力放大系数 | 绝对值 | 动力放大系数 | 绝对值 | 动力放大系数 | 绝对值 | 动力放大系数 |
| Elc | 底 | 0.06 | — | 0.14 | — | 0.20 | — | 0.39 | — | 0.71 | — |
| | 中 | 0.12 | 2.01 | 0.24 | 1.72 | 0.38 | 1.87 | 0.97 | 2.48 | 1.83 | 2.59 |
| | 顶 | 0.13 | 2.28 | 0.34 | 2.44 | 0.56 | 2.75 | 1.04 | 2.65 | 2.41 | 3.41 |
| Taft | 底 | 0.06 | — | 0.11 | — | 0.23 | — | 0.40 | — | 0.69 | — |
| | 中 | 0.14 | 2.42 | 0.26 | 2.30 | 0.44 | 1.93 | 1.16 | 2.91 | 2.73 | 3.96 |
| | 顶 | 0.22 | 3.81 | 0.52 | 4.57 | 0.81 | 3.58 | 1.59 | 4.01 | 3.01 | 4.36 |
| LZ | 底 | 0.06 | — | 0.12 | — | 0.21 | — | 0.42 | — | 0.82 | — |
| | 中 | 0.12 | 2.10 | 0.26 | 2.20 | 0.52 | 2.49 | 1.15 | 2.74 | 2.54 | 3.08 |
| | 顶 | 0.18 | 3.09 | 0.40 | 3.39 | 0.83 | 3.98 | 1.55 | 3.70 | 3.44 | 4.18 |

表 2.15  1/3 配重层情况模型结构加速度放大系数

| 地震激励 | 位置 | 0.05g | | 0.10g | | 0.20g | | 0.40g | | 0.70g | |
|---|---|---|---|---|---|---|---|---|---|---|---|
| | | 绝对值 | 动力放大系数 | 绝对值 | 动力放大系数 | 绝对值 | 动力放大系数 | 绝对值 | 动力放大系数 | 绝对值 | 动力放大系数 |
| Elc | 底 | 0.06 | — | 0.14 | — | 0.27 | — | 0.49 | — | 0.95 | — |
| | 中 | 0.13 | 2.09 | 0.26 | 1.84 | 0.52 | 1.92 | 1.20 | 2.45 | 2.34 | 2.48 |
| | 顶 | 0.16 | 2.60 | 0.32 | 2.27 | 0.67 | 2.50 | 1.47 | 3.00 | 3.26 | 3.45 |
| Taft | 底 | 0.06 | — | 0.12 | — | 0.23 | — | 0.44 | — | 0.75 | — |
| | 中 | 0.14 | 2.41 | 0.30 | 2.50 | 0.78 | 3.34 | 1.26 | 2.90 | 2.83 | 3.75 |
| | 顶 | 0.22 | 3.88 | 0.48 | 3.97 | 0.93 | 4.01 | 2.16 | 4.97 | 3.91 | 5.18 |
| LZ | 底 | 0.06 | — | 0.12 | — | 0.21 | — | 0.54 | — | 0.84 | — |
| | 中 | 0.15 | 2.34 | 0.26 | 2.12 | 0.47 | 2.20 | 1.49 | 2.73 | 2.84 | 3.37 |
| | 顶 | 0.19 | 3.01 | 0.35 | 2.84 | 0.70 | 3.32 | 2.31 | 4.25 | 3.83 | 4.54 |

由表 2.14、表 2.15 做出相同配重层、不同地震波情况下模型结构的加速度放大系数曲线，如图 2.20 所示。

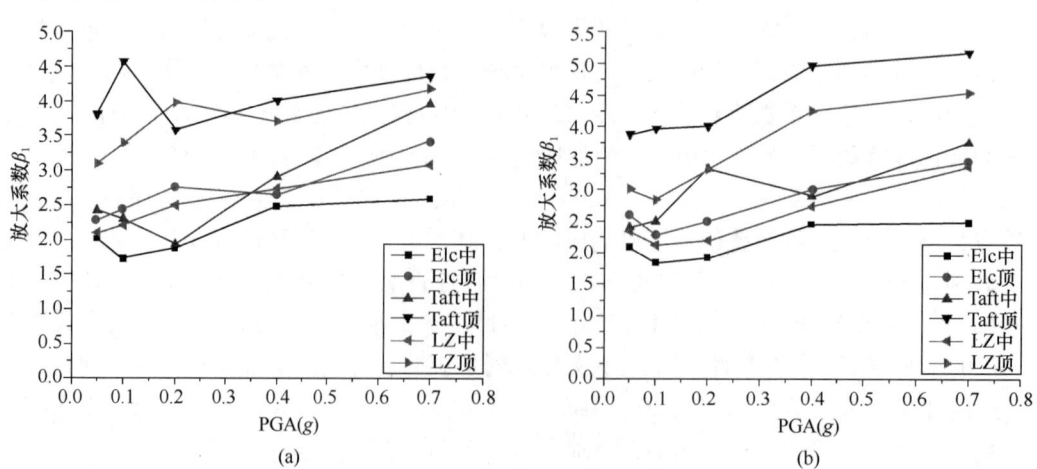

图 2.20  相同配重层、不同地震波作用下模型结构的加速度放大系数曲线
(a) 2/3 配重层；(b) 1/3 配重层

由表2.14、表2.15和图2.20可看出：

1）在三种地震波作用下，对于中间层AC13-1545和顶层AD11-1542测点，在2/3配重层情况，其放大系数$\beta_1$：AC13为1.72~3.96，AD11为2.28~4.57；1/3配重层情况，AC13为1.84~3.75，AD11为2.27~3.75。由此可看出，对不同配重层情况，中间层和顶层都有不同程度的放大，且顶层的放大效应要明显大于中间层。

2）同等强度作用下，三种地震波的地震作用效应是不同的，对于两种配重层情况，Taft波的地震作用效应要明显大于其他两种波，表明结构的地震响应不仅与地震输入强度有关，还与输入地震波的特性和结构的自振特性等有关。

3）两种配重层情况下，当地震波输入较小（PGA<0.20$g$）时，模型结构的放大系数变化不大；此后随着地震波输入的增大，其放大系数也会相应地增大；当PGA>0.40$g$以后，其放大系数放大的幅度与0.40$g$>PGA>0.20$g$段相比，有放缓的趋势，表现为其直线段的斜率相应降低。

由表2.14、表2.15做出模型结构相同地震波作用、不同配重层情况下模型结构的加速度放大系数曲线，如图2.21所示。由表2.14、表2.15和图2.21可看出：在相同地震波作用下，当PGA<0.20$g$时，配重层的变化，即重心的改变对结构的放大作用影响不

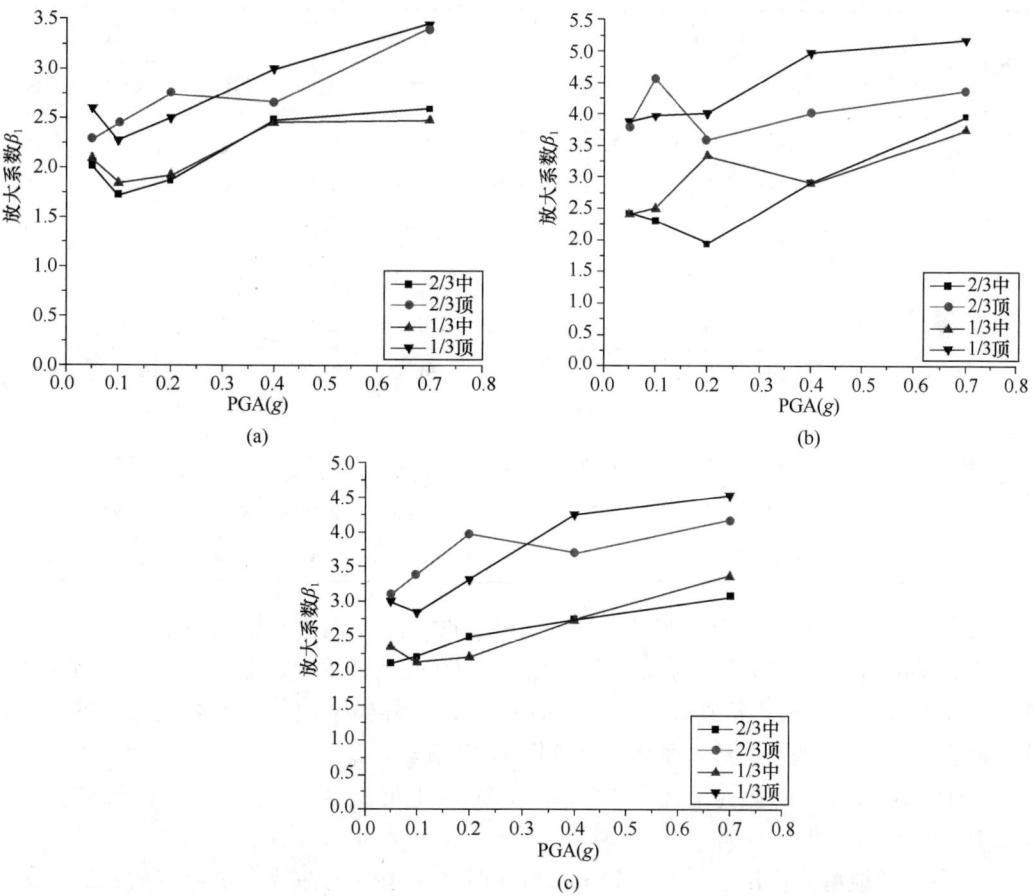

图2.21　相同地震波、不同配重层情况下模型结构的加速度放大系数曲线
（a）El Centro波；（b）Taft波；（c）兰州波

大；当地震波继续增大时，结构重心的变化对模型结构中间层的影响不明显，但当结构重心下降时，顶层的放大效应会相应地增强。

(2) 文物系统的动力放大系数

2.4.3 节中针对四种基本组合文物系统的最大加速度响应进行了研究，现仍以此四种组合为例展开讨论，研究不同组合对文物系统的动力放大系数 $\beta_2$ 的影响。其基本研究参数与 2.4.3 节相同。

1) 第①种组合：同陈列层、同质量情况下，结构重心变化和文物重心变化对文物系统动力放大系数 $\beta_2$ 的影响。其基本研究参数为：中间陈列层、同质量（均值 0.90kg）、2/3 和 1/3 配重层（结构重心 580mm/402.2mm，下同）、不同重心的花瓶 H6（146mm）、H9（128mm）、H5（72mm）。此组合中，$a_1$ 为振动台面的加速度峰值，即 AT4-1539（底层）测点的值，与 2.4.3 节中的 $a_1$ 相同（表 2.14 和表 2.15）；文物的加速度峰值 $a_3$ 为 H6-1552、H9-1546、H5-1554 三个测点的加速度峰值（表 2.10），由公式 $\beta_2 = a_3/a_1$，即可求得其加速度动力放大系数。由 2.4.3 节可知，当地震输入较小（PGA $<$ 0.20g）时，结构重心的变化对文物系统的防震特性影响不大，其计算结果列于表 2.16。

表 2.16 花瓶 H6、H9、H5 的动力放大系数 $\beta_2$

| 配重层 | 地震激励 ($g$) | El Centro 波 | | | Taft 波 | | | 兰州波 | | |
|---|---|---|---|---|---|---|---|---|---|---|
| | | H6 | H9 | H5 | H6 | H9 | H5 | H6 | H9 | H5 |
| 2/3 | 0.05 | 4.17 | 2.83 | 8.67 | 5.17 | 3.33 | 8.83 | 4.17 | 2.83 | 9.50 |
| | 0.10 | 4.79 | 2.57 | 4.71 | 6.18 | 2.82 | 5.73 | 3.83 | 2.25 | 5.00 |
| | 0.20 | 3.20 | 2.90 | 2.45 | 2.04 | 2.22 | 2.22 | 2.76 | 3.67 | 2.10 |
| | 0.40 | 4.13 | 3.64 | 3.26 | 4.00 | 6.33 | 2.60 | 2.76 | 6.57 | 2.07 |
| | 0.70 | 3.39 | 4.66 | 1.94 | 2.32 | 2.88 | 2.06 | 2.13 | 3.80 | 4.13 |
| 1/3 | 0.05 | 3.50 | 8.17 | 7.50 | 4.00 | **14.33** | 9.33 | 4.33 | **16.50** | 9.00 |
| | 0.10 | 3.21 | 7.00 | 4.93 | 6.58 | 6.58 | 8.75 | 3.25 | 7.17 | 6.67 |
| | 0.20 | 3.81 | 3.00 | 1.93 | 1.35 | 2.70 | 2.70 | 1.43 | 2.95 | 3.00 |
| | 0.40 | 2.53 | 3.29 | 2.22 | 2.30 | 3.43 | 2.80 | 2.65 | 4.28 | 2.50 |
| | 0.70 | 2.94 | — | 1.72 | 2.15 | 3.71 | 2.37 | 2.40 | 2.99 | 3.27 |

由表 2.16 可以看出当地震波输入值为 0.05$g$ 时，由于地震波输入较小，试验时的误差噪声会影响台面的输出值及与此对应的地震响应值的精度，从而造成个别值失真，因而在进行放大系数分析时，将其舍去（表中加粗部分，下同），使其不致影响整体的反应规律。由表 2.16 做出的动力放大系数曲线如图 2.22 所示。

对于同陈列层、同质量、不同重心高度的四角尼龙线固定的浮放花瓶试件，由表 2.16 和图 2.22 可知：

① 在三类地震波作用下，当 PGA $\leqslant$ 0.10$g$ 时，文物系统保持相对稳定的状态，但文物系统的加速度动力放大系数变化起伏较大，表明当地震输入强度较小时，振动台台面振动输出的不稳定会对文物系统的地震响应产生影响，同时外界振动噪声也会对地震输出的

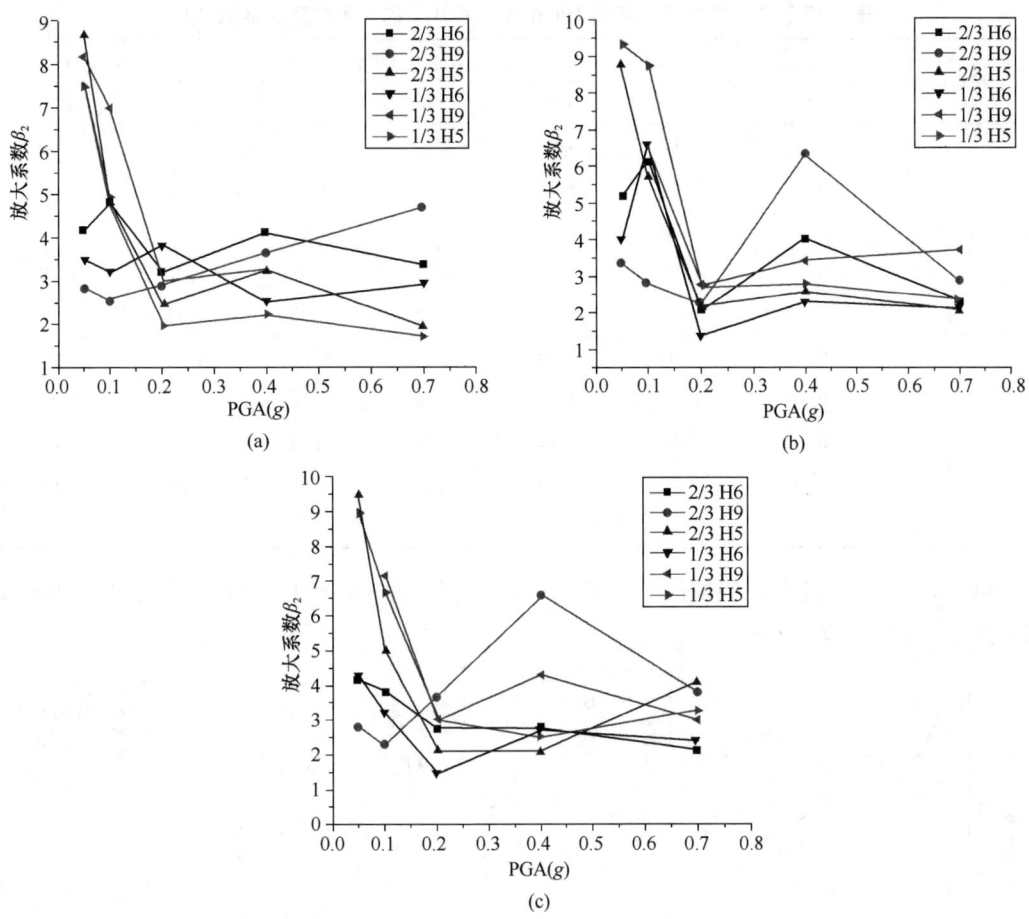

图2.22 相同地震波、不同配重层情况下文物系统的加速度放大系数曲线
(a) El Centro 波；(b) Taft 波；(c) 兰州波

数值精度造成干扰。

② 当 PGA>0.10g 以后，随着地震波输入的增大，其加速度动力放大系数并没有随着地震波输入强度的增大而增大，而是出现先上升后相对下降的趋势。

③ 对相同地震波输入情况，当 PGA≥0.20g 时，其加速度动力放大系数随着结构重心高度的下降对放大系数有减小的趋势，其中花瓶 H9 的减小趋势尤为明显，表明结构重心高度的下降在一定程度上有助于增强文物系统的防震能力。总体来看，其加速度动力放大系数 H9>H6>H5，表明重心较低的 H5 的放大系数最小，其同等情况下防震性能最好；但同时试验结果也表明在重心高度 H6>H9 的情况下，H6 的动力系数反而小于 H9，表明文物系统的防震效果不但与文物本身的重心高低有关，还与其外形等诸多因素有关。

2) 第②种组合，同陈列层、同质量、同重心情况下，配重层变化、形状变化对文物系统最大加速度放大系数的影响。基本研究参数为：中间陈列层、同质量（0.91kg）、同重心的葫芦形花瓶 H6（146mm）和立人形兵马俑 B12（146mm）、2/3 和 1/3 配重层。花瓶 H6 和兵马俑 B12 的最大加速度放大系数见表 2.17。

表2.17　各配重层情况花瓶 H6 和兵马俑 B12 的最大加速度放大系数

| 配重层 | 地震激励 ($g$) | El Centro 波 | | Taft 波 | | 兰州波 | |
|---|---|---|---|---|---|---|---|
| | | H6 | B12 | H6 | B12 | H6 | B12 |
| 2/3 | 0.05 | 4.17 | 4.00 | 5.17 | 4.17 | 4.17 | 4.00 |
| | 0.10 | 4.79 | 3.21 | 6.18 | 4.45 | 3.83 | 3.00 |
| | 0.20 | 3.20 | 3.30 | 2.04 | 4.61 | 2.76 | 3.71 |
| | 0.40 | 4.13 | 3.10 | 4.00 | 3.53 | 2.76 | 1.79 |
| | 0.70 | 3.39 | 2.54 | 2.32 | 2.00 | 2.13 | — |
| 1/3 | 0.05 | 3.50 | 4.50 | 4.00 | 5.33 | 4.33 | 4.50 |
| | 0.10 | 3.21 | 3.79 | 6.58 | 3.67 | 3.25 | 2.58 |
| | 0.20 | 3.81 | 3.44 | 1.35 | 2.22 | 1.43 | 2.48 |
| | 0.40 | 2.53 | 2.59 | 2.30 | 2.32 | 2.65 | 1.94 |
| | 0.70 | 2.94 | — | 2.15 | — | 2.40 | — |

由表 2.17 做出各配重层情况、不同地震作用下花瓶 H6 和兵马俑 B12 的最大加速度响应曲线，如图 2.23 所示。

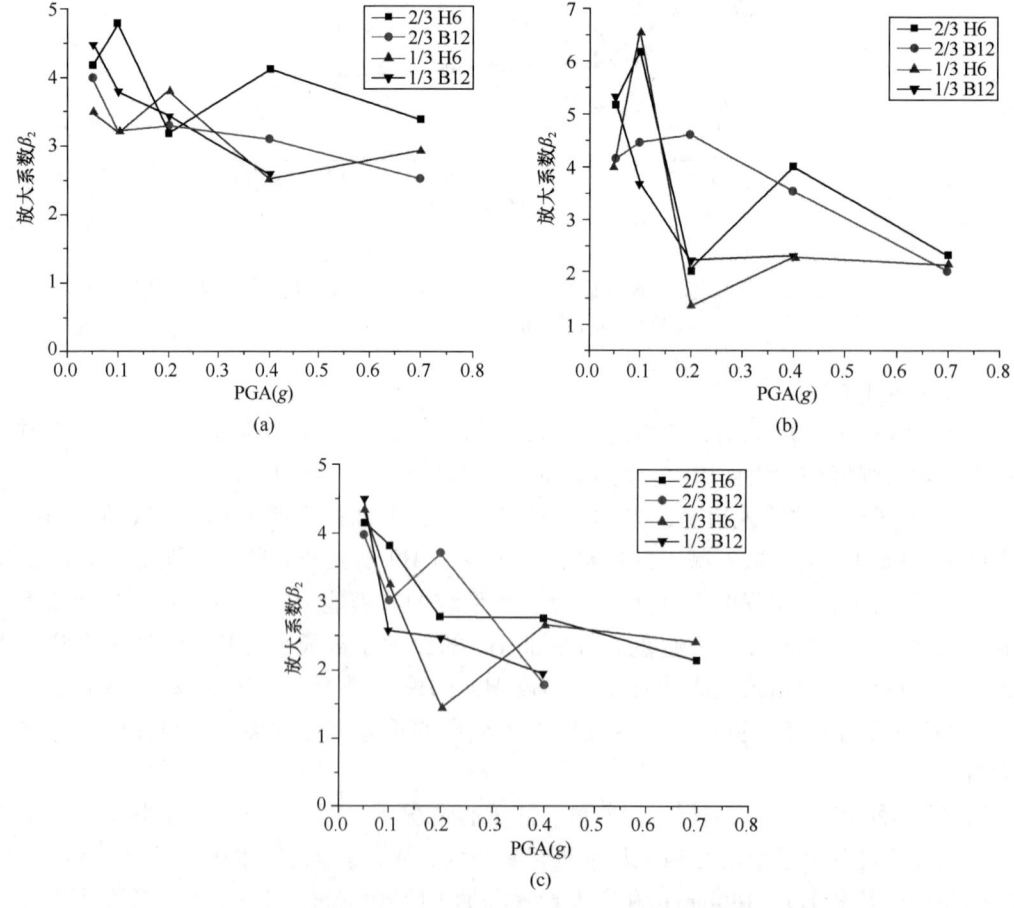

图 2.23　花瓶 H6 和兵马俑 B12 的最大加速度放大系数曲线
(a) El Centro 波；(b) Taft 波；(c) 兰州波

由表 2.17 和图 2.23 可知：

① 同地震波作用下，随着地震输入强度的增大，文物系统的最大加速度放大系数呈先上升后下降的趋势。

② 对于相同配重层情况，H6 的最大加速度放大系数要高于 B12，表明 H6 的放大效应较大。这说明文物系统的地震响应放大效果与外部形状、接触面摩擦系数、文物自身的动力特性等因素有关。

③ 对相同地震波情况，当地震波输入强度 PGA<0.40$g$ 时，结构重心高度的下降有助于降低放大系数，表明结构重心高度的降低将会使文物系统的放大效应有所降低。当 PGA>0.40$g$ 时，结构重心高度的降低对文物系统的放大效应的减小作用不明显，且由于地震波输入值的增大，反而容易首先摔倒，发生破坏。这表明，当地震波输入较大时，结构重心位置的改变对文物系统的防震性能的影响不明显。

④ 同强度、不同地震波作用情况下，文物系统的放大系数也不尽相同，表明地震波的频谱特性及文物的自振特性等因素对文物系统的防震性能也有一定的影响。

3) 第③种组合，同陈列层、同质量、同外形情况下，配重层变化、固定模式变化对文物系统最大加速度放大系数的影响。基本研究参数为：顶层、同质量（均值 0.915kg）、同外形（立人形）、2/3 和 1/3 配重层、浮放且四角尼龙线拉结固定的兵马俑 B8 和浮放无尼龙线拉结固定的兵马俑 B10。各配重层情况兵马俑 B8 和 B10 的最大加速度放大系数见表 2.18。

**表 2.18 各配重层情况兵马俑 B8 和 B10 的最大加速度放大系数**

| 配重层 | 地震激励($g$) | El Centro 波 | | Taft 波 | | 兰州波 | |
|---|---|---|---|---|---|---|---|
| | | B8 | B10 | B8 | B10 | B8 | B10 |
| 2/3 | 0.05 | 3.67 | 7.33 | 3.83 | 7.67 | 3.67 | 7.33 |
| | 0.10 | 2.57 | 4.36 | 2.91 | 5.91 | 3.67 | 4.25 |
| | 0.20 | 2.45 | 3.20 | 1.87 | 3.35 | 2.05 | 3.86 |
| | 0.40 | 4.18 | 3.05 | 4.20 | 3.08 | 2.57 | 3.40 |
| | 0.70 | — | — | — | — | — | — |
| 1/3 | 0.05 | 4.00 | 6.67 | 4.50 | 6.33 | 7.17 | 6.33 |
| | 0.10 | 2.93 | 4.00 | 2.83 | 4.33 | 2.75 | 4.42 |
| | 0.20 | 2.15 | 5.56 | 1.87 | 3.09 | 2.62 | 3.52 |
| | 0.40 | 5.10 | 3.31 | 4.84 | 4.18 | 4.35 | 3.83 |
| | 0.70 | — | — | — | — | — | — |

由表 2.18 作出兵马俑 B8 和 B10 的最大加速度放大系数曲线，如图 2.24 所示。

由表 2.18 和图 2.24 可知：

① 各地震波作用下，当地震波输入 PGA<0.40$g$ 时，文物的最大加速度放大系数均随着地震强度输入的增大而增大。当地震波输入 PGA>0.40$g$ 时，由于层顶的放大效应，两种试件的防震能力不断减弱，并趋于大的倾斜或倾倒。

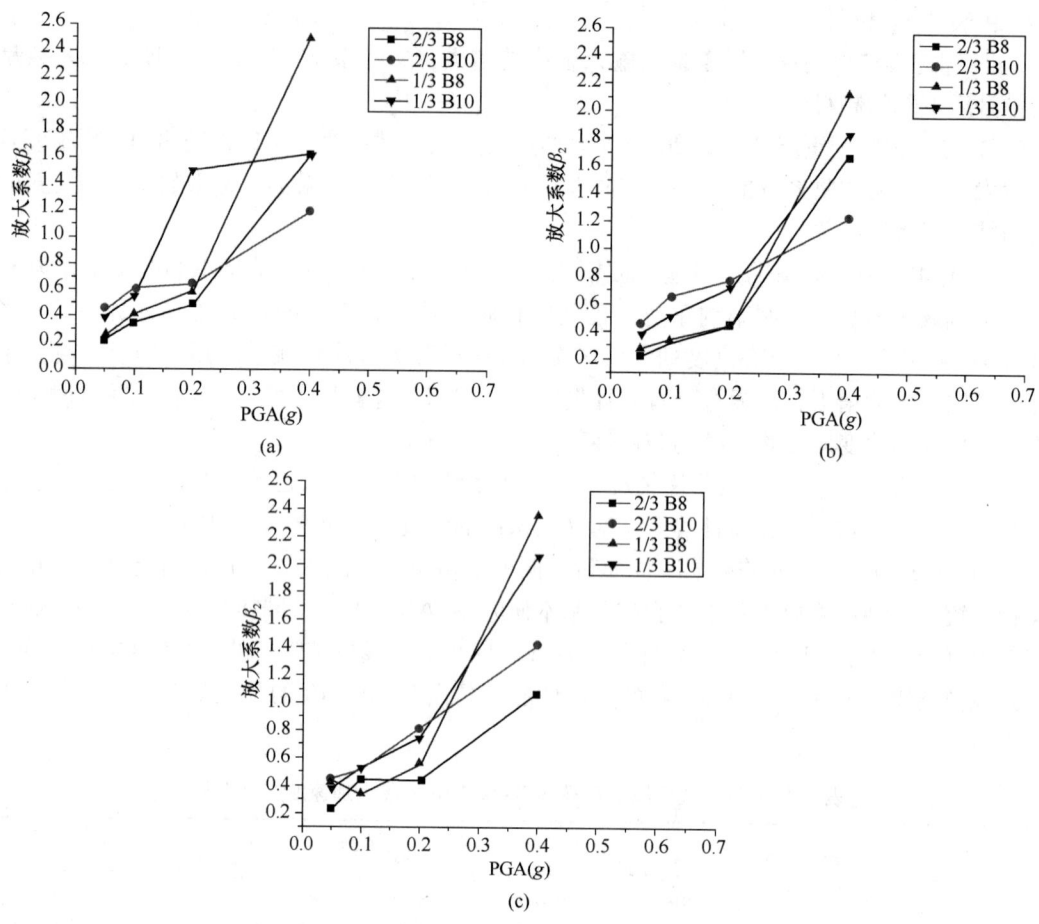

图2.24 不同地震波作用下兵马俑B8和B10的最大加速度响应曲线
(a) El Centro波；(b) Taft波；(c) 兰州波

② 当地震波输入较小（PGA<0.20$g$）时，四角尼龙线拉结固定的兵马俑B8的放大系数要明显小于无任何防震措施的B10；结构重心的变化对放大系数的影响不大。这表明四角拉结固定措施相比不采取拉结措施而言，明显地降低了放大效应，具有较好的防震效果。当地震波输入增大时（PGA>0.20$g$），同等情况下，无拉结措施的B10的放大系数呈现出比有拉结措施的B8减小的趋势，这与B10通过滑移、旋转等运动消耗了部分能量有关。此种情况下，结构重心高度的变化对文物系统的放大系数产生一定的影响，表现为结构重心高度的下降相应地增大了放大效果，其中对采用四角固定的B8的影响更显著。

③ 同强度、不同地震波作用情况下，文物系统的加速度放大效应各不相同。这表明其放大系数与地震波的频谱特性及文物的自振特性等因素有关。

4）第④种组合，同质量、配重层变化、减震/非减震系统对文物系统最大加速度放大系数的影响。基本研究参数为：同质量（均值0.91kg）、2/3和1/3配重层、采用悬吊减震系统的兵马俑B7/无减震、浮放并用尼龙线四角拉结的B8和B12。各配重层情况兵马俑B7、B8、B12的最大加速度响应见表2.19。

表 2.19　各配重层情况兵马俑 B7、B8、B12 的最大加速度放大系数

| 配重层 | 地震激励 ($g$) | E1 Centro 波 | | | Taft 波 | | | 兰州波 | | |
|---|---|---|---|---|---|---|---|---|---|---|
| | | B7 | B8 | B12 | B7 | B8 | B12 | B7 | B8 | B12 |
| 2/3 | 0.05 | 2.17 | 3.67 | 4.00 | 2.00 | 3.83 | 4.17 | 1.83 | 3.67 | 4.00 |
| | 0.10 | 5.64 | 2.57 | 3.21 | 6.55 | 2.91 | 4.45 | 5.67 | 3.67 | 3.00 |
| | 0.20 | 4.15 | 2.45 | 3.30 | 3.39 | 1.87 | 4.61 | 4.24 | 2.05 | 3.71 |
| | 0.40 | 2.97 | 4.18 | 3.10 | 2.45 | 4.20 | 3.53 | 3.07 | 2.57 | 1.79 |
| | 0.70 | 1.87 | — | 2.54 | 2.00 | — | 2.00 | 1.89 | — | 2.46 |
| 1/3 | 0.05 | **10.33** | 4.00 | 4.50 | 6.67 | 4.50 | 5.33 | **10.17** | 7.17 | 4.50 |
| | 0.10 | 5.57 | 2.93 | 3.79 | 5.92 | 2.83 | 3.67 | 6.17 | 2.75 | 2.58 |
| | 0.20 | 2.81 | 2.15 | 3.44 | 4.00 | 1.87 | 2.22 | 4.00 | 2.62 | 2.48 |
| | 0.40 | 1.82 | 5.10 | 2.59 | 2.05 | 4.84 | 2.32 | 1.70 | 4.35 | 1.94 |
| | 0.70 | 1.09 | — | — | 1.27 | — | 2.97 | 1.36 | — | — |

由表 2.19 做出兵马俑 B7、B8、B12 的最大加速度放大系数曲线，如图 2.25 所示。

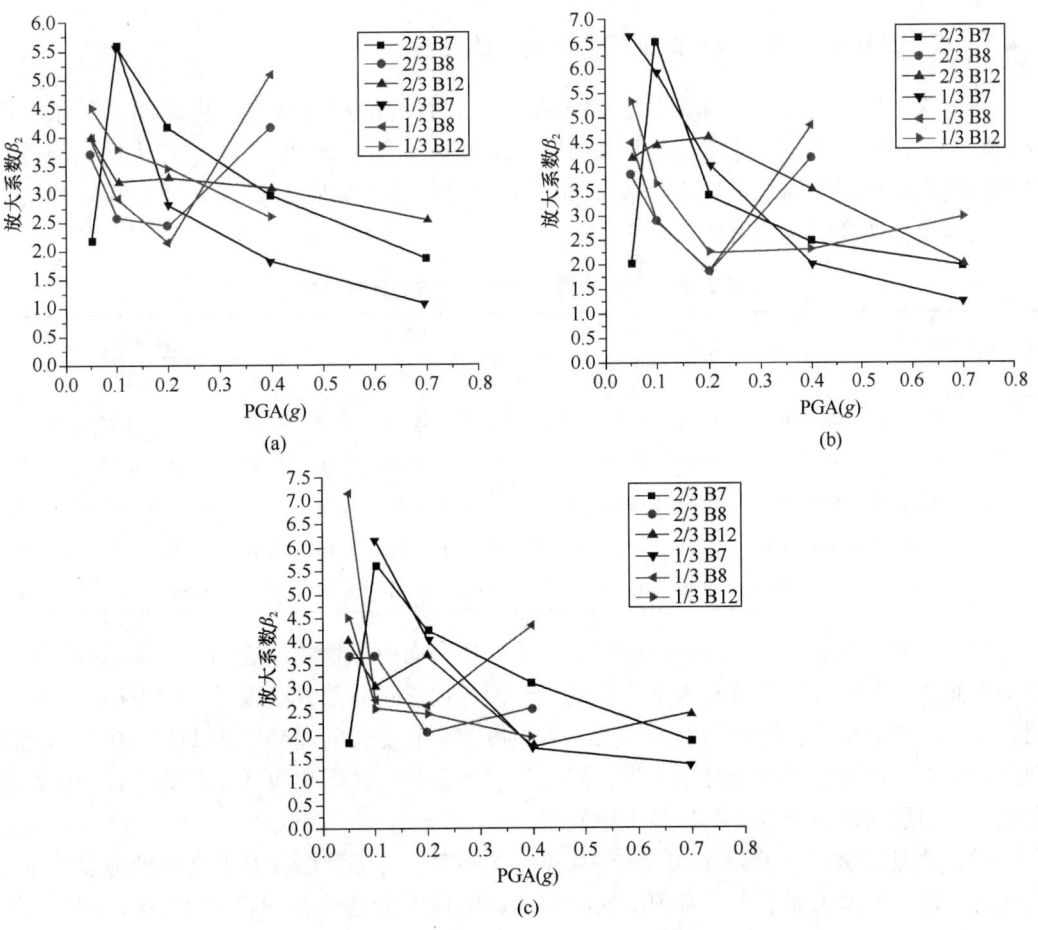

图 2.25　不同地震波作用下兵马俑 B7、B8、B12 的最大加速度放大系数曲线
(a) El Centro 波；(b) Taft 波；(c) 兰州波

由表 2.19 和图 2.25 可看出：

① 当地震波输入较小时（PGA<0.20$g$），悬吊减震系统试件 B7 放大系数变化幅度相对较大，其他试件的放大系数呈现出相对减小的趋势。这表明当地震输入较小时，悬吊减震系统首先起振，减震效果不明显，且呈现出地震响应加大的趋势。结构重心位置的降低有减小放大系数的趋势，但总体来看，其影响并不显著。

② 当地震输入增大时（PGA>0.20$g$），减震系统 B7 反映出良好的减震效果，随着地震波输入的增大，其放大系数不升反降，而且地震波输入越大，其下降幅度也越大；悬吊减震系统 B7 和中间陈列层 B12 随着结构重心高度的下降，其放大系数也相应下降；但顶层文物系统 B8，由于顶层放大效应的影响，随着结构重心高度的下降，其放大系数呈上升趋势，表明结构重心的位置与文物系统的振动位置之间有相关性。

由以上分析可知，文物系统的放大效应与结构重心的位置、文物陈列层的位置、文物重心点的位置、文物的形状、文物的固定模式、文物与陈列柜（台）的摩擦系数、文物自身的动力特性、地震波输入的类型和强度、是否有减震体系、文物陈列系统与楼层地面的连接模式等多种因素有关，因而在进行基于性能的博物馆建筑结构-文物系统防震安全设计时，应从多方面加以考虑。

### 2.4.5　模型结构中文物响应与陈列层台面响应的关系

为了探讨模型结构中各陈列层台面与在其上放置的文物的地震响应之间的关系，以 2/3 配重层工况、中间陈列层上的 B12/C13 和顶层陈列层上的 B8/D11 测点为例，测得其在不同地震波作用下的地震响应见表 2.20，并做出其地震响应图 2.26，及相同陈列层上的台面与文物的地震响应对比图 2.27。

表 2.20　不同地震作用下各测点的地震响应

| 配重层 | 地震激励 ($g$) | El Centro 波 | | | | Taft 波 | | | | 兰州波 | | | |
|---|---|---|---|---|---|---|---|---|---|---|---|---|---|
| | | B8 | D11 | B12 | C13 | B8 | D11 | B12 | C13 | B8 | D11 | B12 | C13 |
| 2/3 | 0.05 | 0.22 | 0.13 | 0.24 | 0.12 | 0.23 | 0.22 | 0.25 | 0.14 | 0.22 | 0.18 | 0.24 | 0.12 |
| | 0.10 | 0.36 | 0.34 | 0.45 | 0.24 | 0.32 | 0.52 | 0.49 | 0.26 | 0.44 | 0.40 | 0.36 | 0.26 |
| | 0.20 | 0.49 | 0.56 | 0.66 | 0.38 | 0.43 | 0.81 | 1.06 | 0.44 | 0.43 | 0.83 | 0.78 | 0.52 |
| | 0.40 | 1.63 | 1.04 | 1.21 | 0.97 | 1.68 | 1.59 | 1.41 | 1.16 | 1.08 | 1.55 | 0.75 | 1.15 |
| | 0.70 | — | 2.41 | 1.80 | 1.83 | — | 3.01 | 1.38 | 2.73 | — | 3.59 | — | 2.24 |

（1）当地震波输入 PGA<0.20$g$ 时，各陈列层台面及文物的地震响应随着地震波输入的增大而增大。同等地震波输入下，陈列层台面的地震响应随着高度的增大而增大。这表明，对于陈列架结构，随着高度的增大，其地震响应有变大的趋势。由 PGA=0.20$g$ 时陈列层台面与文物的地震响应对比可得，同陈列层上文物的地震响应变化趋势与台面的响应类似；但顶层的地震响应要明显高于中间层。

（2）当地震波输入 PGA 在 0.20$g$~0.40$g$ 之间时，各陈列层及其上文物的地震响应随着地震波输入的增大而增大，且顶层文物的地震响应增大趋势要明显大于中间层的文物。当 PGA>0.40$g$ 时，顶层文物早于中间层文物出现倾倒破坏。这表明，当地震波输入强度较大时，文物放置较高不利于文物的防震。

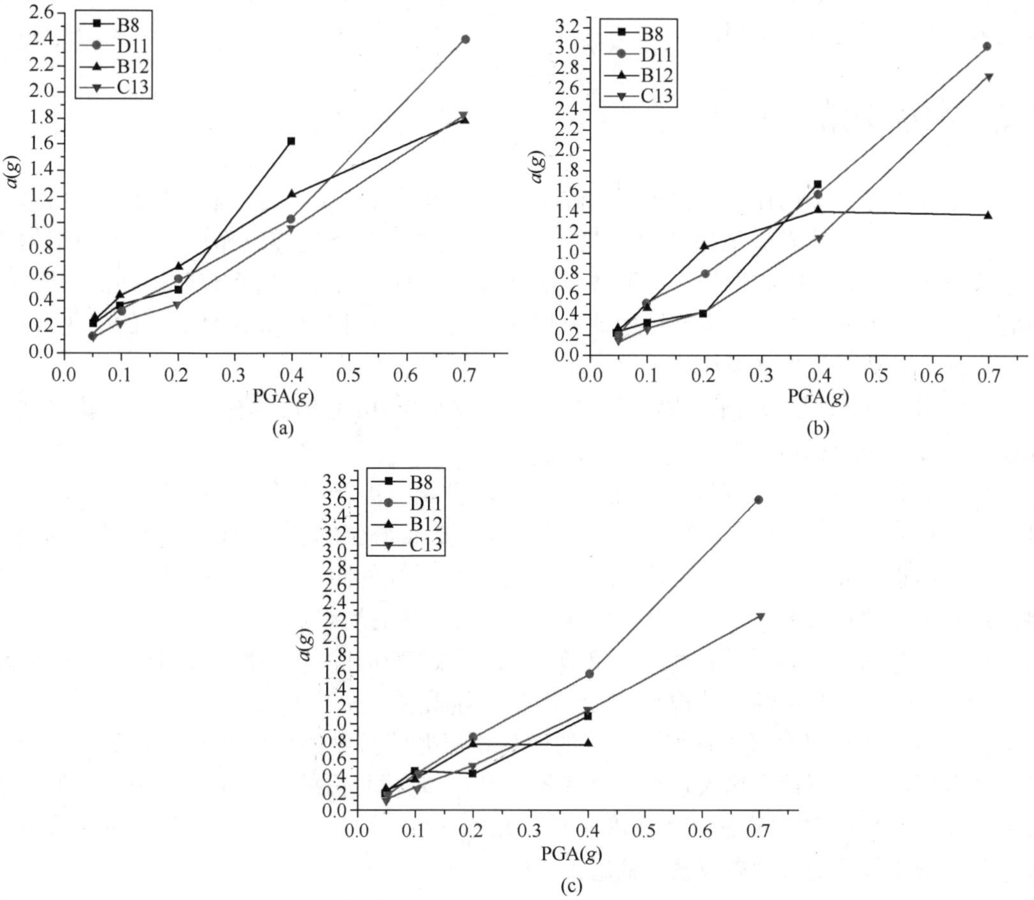

# 2 可移动文物陈列系统的地震模拟振动台试验研究

图 2.26 2/3 配重层工况陈列层与文物的地震反应关系
(a) El Centro 波；(b) Taft 波；(c) 兰州波

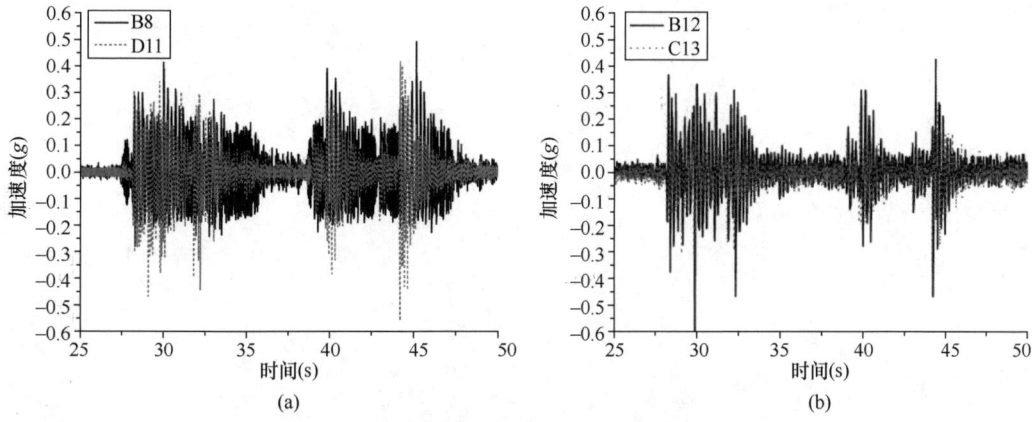

图 2.27 陈列层台面与文物的地震响应对比（El Centro 波，0.20$g$）
(a) El Centro 波；(b) Taft 波

(3) 陈列架和文物的地震响应大小与地震波的类型有关。同等强度下，不同的地震波输入，其地震响应也不相同。

## 2.5　本章小结

为了深入分析文物在地震作用下的破坏过程、作用机理和防震性能，本章选取可移动文物陈列系统进行地震模拟振动台试验，研究了文物在三类地震波作用下，模型结构重心、文物重心位置、文物形状、有无减震系统等因素的变化对文物系统防震性能的影响；并探讨了不同因素影响下，模型结构动力特性、位移、加速度、放大系数等的变化规律。经试验研究分析，得出如下结论：

（1）在同等情况下，当地震波输入较小（PGA<0.20$g$）时，结构重心的变化对文物系统的防震性能的影响较小。

（2）在同等情况下，当地震波输入增强时（PGA>0.20$g$），文物系统的防震安全性能与结构自身的动力特性、文物的动力特性、文物的重心位置、文物外形、接触面间的摩擦系数等因素有关。同时，结构重心的变化与文物系统的防震安全性能具有一定的相关性，结构重心位置太低或太高都会相应地增大文物系统的地震响应。

（3）在同等强度地震波作用下，文物系统的地震响应除了与地震波的输入强度大小有关外，还与其频谱特性、结构本身的动力特性等因素有关。

（4）通过对由悬吊减震系统和传统的四角用尼龙线拉结固定的浮放文物防震安全性能对比分析可知，当地震输入较小（PGA<0.20$g$）时，悬吊减震结构对文物系统的减震效果不明显；当地震输入增大时（PGA>0.20$g$）时，该减震系统表现出较好的减震效果，且其减震效果随着地震波输入的增大而增强。

（5）当地震波输入PGA<0.20$g$时，各陈列层及文物的地震响应随着地震输入的增大而增大。相同陈列层上文物的地震响应变化规律与台面响应类似；当地震输入增强时，顶层的地震响应变化明显高于中间层；当PGA>0.40$g$时，文物放置越高其地震响应越强，越不利于文物的防震。

# 3 博物馆可移动文物（陶瓷器）陈列系统的防震性能研究

## 3.1 陶瓷材料的基本特性

陶器和瓷器统称为陶瓷器。国内外历次震害情况表明，博物馆中的陶瓷器文物在地震中极易发生碰撞、摔落等运动形式而造成较大数量的破坏。对文物系统进行基于性能的防震安全设计需首先对其材料组成和力学性能进行分析。在新石器时代，中国人开始使用石英、长石和黏土等自然界中的矿物为主要原料制作原始陶器。随着制陶技术的发展，人们开始以由瓷石、高岭土、石英石等为原料，经过配料、成型、干燥、焙烧等工艺流程制成各种瓷器。其生产工艺和特性见表3.1。陶瓷材料主要为金属与非金属元素组成的化合物；其显微结构包含晶相、玻璃相和气相等；其相分布，晶粒尺寸、形状和均匀性，气孔大小和分布，杂质的种类、数量等对其力学性能有重要影响。其基本力学性能见表3.2。

**表3.1 陶瓷的生产工艺和特性**

| 名称 | 分类 | 原料 | 生产工艺 | 物理特性 |
|---|---|---|---|---|
| 陶瓷 | 陶器 | 黏土、氧化铝、高岭土等 | 用可塑性较好的黏土，通过成型，干燥，经700~1000℃炉温烧制成的制品 | 烧成温度低，坯体并未完全烧结，敲击时声音发闷；胎体硬度较差，有的甚至可以用钢刀划出沟痕；相比瓷器而言，易渗水 |
| | 瓷器 | 瓷石、高岭土、石英石等 | 经过配料、成型、干燥、焙烧等工艺制成。其成型要在窑内经过高温（1280~1400℃）烧制 | 烧成温度高，胎体基本烧结，质地致密；击之有清脆的声音。硬度较高，胎体表面用一般钢刀很难划出沟痕；不容易渗水；不吸水或吸水率低 |

**表3.2 陶瓷的基本力学性能**

| 名称 | 力学性能 | 特　点 |
|---|---|---|
| 陶瓷 | 弹性变形 | （1）室温下呈脆性断裂特性。<br>（2）弹性模量大且呈方向性；抗晶格畸变、阻碍位错运动的能力强。<br>（3）压缩模量高于拉伸模量 |
| | 塑性变形 | （1）室温下，塑性变形小。<br>（2）1000℃以上，塑性大。<br>（3）具有微晶超塑性 |
| | 断裂特性 | （1）在其缺陷表面或内部首先产生裂纹源，进而裂纹发生扩展并造成脆性断裂。<br>（2）晶粒和气孔尺寸在决定陶瓷材料强度方面与裂纹尺寸有等效作用。<br>（3）其主要断裂机制为解理，且容易从穿晶变为沿晶断裂 |
| | 强度 | 抗压强度值比抗拉强度约高10倍 |

续表

| 名称 | 力学性能 | 特 点 |
|---|---|---|
| 陶瓷 | 硬度 | 原始陶器硬度不高；瓷器材料一般具有较高的硬度 |
| | 表面接触特性 | （1）易产生显裂纹或其他缺陷。<br>（2）陶瓷材料摩擦副接触受载时，接触面积上的局部应力一般仅引起弹性形变 |
| | 摩擦特性 | （1）其摩擦因数与接触材料自身的特性、所处的环境、温度等因素有关。<br>（2）材料磨损首先呈现微断裂，进而裂纹扩展并导致脆裂或脱落 |
| | 断裂韧度 | （1）断裂韧度值比金属低 1~2 个数量级。<br>（2）其断裂形式为单一的断裂面扩展耗能形式，故而使得材料具有较大脆性 |

由表 3.1、表 3.2 及陶瓷文物的常见震害情况可知，在常温下，陶瓷文物由于具有塑性变形小、脆性大、受震（振）时能量消耗性能差等不利特性，因而使其在地震作用时可能会因出现摔倒、滑移等运动形式而导致发生破裂。同时，由于陶瓷器的劣化变质、初始裂纹缺陷等使得其物理特性相对变差，从而造成其防震能力急剧减弱，因而在此类文物的防震安全设计中应引起重视。

## 3.2 可移动文物的防震性能分析

博物馆中的可移动文物，其存放方式主要有陈列展示和库存收藏两种。库存文物可以用隔振层包装后放到库房匣柜内收藏，相对比较安全；而陈列文物为了便于观众鉴赏，一般将其放置于摆放在楼面板或地面上的陈列柜内，因而易产生破坏。基于此，对陈列文物采取的防震措施要体现出以下几点：①确保文物美观、不影响鉴赏；②对文物无腐蚀性；③对文物陈列柜和文物要采取一定的固定措施，尽可能地使其牢固、可靠，并便于拆卸。考虑到文物的鉴赏性和移动性，一般对其进行浮放放置，其放置形式如图 3.1 所示。

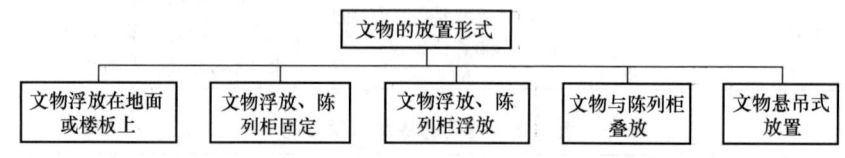

图 3.1 文物的常见放置形式

### 3.2.1 陈列文物的传统抗震措施及效果分析

当前，我国大部分博物馆的陈列文物的防震仍以传统的抗震措施为主。这些传统抗震措施及特点见表 3.3 和图 3.2。故宫博物院等单位在水电科学研究院的电磁式振动台（振动台台面 1m×1m，载重量 0.5t）上，分别输入 $0.10g$、$0.20g$、$0.40g$ 地震作用，进行了两个陈列柜［1 号柜尺寸为 $2.0×0.5×2.0$（$m^3$），2 号柜尺寸为 $2.0×0.7×2.0$（$m^3$）；陈列柜由底座和橱窗两部分上下整齐叠放组成］和采用传统抗震措施的 41 件陈列文物的抗震性能试验[68]，并得出：①地震输入强度的增大可相应地增加陈列柜的相对位移。②陈列柜为整体移位，其内部嵌装玻璃的橱窗格框无明显的几何变形。③未施加防震措施的文物在小的地震作用时即发生移动，如遇到强烈地震作用，将会发生倾倒或较大移位等并造成较大的破坏。

表 3.3 传统抗震措施的具体做法与特点

| 名称 | 方法 | 具体做法 | 特　点 |
|---|---|---|---|
| 传统抗震措施 | 重心下降法 | 将重物封在一个袋内置于文物的底部，使文物的质心降低 | 有一定的效果，但在地震作用下，仍会发生一定程度的移位，甚至倾覆；对于胎体薄的文物不能采用此方法 |
| | 粘固法 | 用乳胶等胶粘剂将文物粘固在陈列台座上 | 有利于文物的抗震，具有操作方便，不碍观瞻等优点，但同时也存在粘结后无法对文物进行取放、乳胶变性后可能产生酸性物质腐蚀文物等缺点 |
| | 尼龙搭扣法 | 用乳胶将搭扣和钩扣分别粘在台座和文物上，并将两者扣合 | 对较轻的文物抗震效果好，且取放方便 |
| | 磁铁法 | 将铁片或铁砂放置在文物内，或将铁片粘贴在文物底部，然后将其放在装有磁铁的陈列台座或底座上 | 此法可有效地防止文物倾倒，但较难限制文物的移位；可用于放置于陈列柜底层的文物的防震，但对放置于上层的文物其减震效果不理想 |
| | 减震法 | 在文物底部放置泡沫塑料 | 对质量较小的文物有一定效果 |
| | 内支法 | 利用支杆，将其一端固定在陈列台座或底座上，另一端包上泡沫塑料等，然后将文物套在支杆上 | 对文物的抗震效果明显，但当地震作用时，支架的作用力可能会损坏文物 |
| | 外支法 | 在文物的外部用托架托住文物 | 对文物的抗震效果也较明显，但如文物的底座未被固定，仍可能产生偏移 |
| | 卡固法 | 根据文物的形状设计专用卡具将文物卡住，使其在地震时限制其发生移位或倾倒 | 对文物的抗震效果明显，但当地震发生后，文物的振动可能会划伤文物 |
| | 拴绑法 | 用尼龙线将文物拴绑在固定的支承或底座上 | 对稳定文物比较有效，但应以防止文物在振动时被尼龙线割损 |
| | 木楔固定法 | 将文物通过木楔固定在底座上 | 对文物的固定效果好，但仅适合用于低矮且底部有洞口的文物的抗震 |

 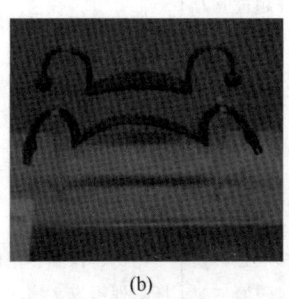 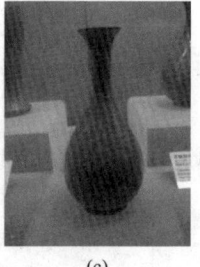

(a) (b) (c)

图 3.2 文物的常见抗震措施
(a) 内支法；(b) 卡固法；(c) 尼龙线拉结固定

由于上述试验地震输入的最大值仅为 0.40g，通过本文试验可知，当地震输入超过 0.40g 以后，采用尼龙线四角拉结固定的文物还有一定的抗震能力，因而，在高强度地震作用下，采用传统抗震措施的文物的防震效果好坏还需进一步研究。为此，本文对采用四角尼龙线拉结固定抗震措施的陶制兵马俑 B8、B12 与未采取抗震措施的 B10 进行了防震效果振动台试验。试验结果表明，尼龙线拉结措施，当地震输入小于 0.70g 时，仍具有较好的防震效果；但当地震波继续增大时，依然会发生破坏。另外，从采用四角尼龙线拉结固定抗震措施的同质量、不同重心的陶瓷花瓶 H6、H9、H5 进行的相关试验结果可知，地震输入强度、地震波输入类型、陈列柜的结构质心、文物质心位置、文物形状、接触面的摩擦系数等因素的变化对文物系统的防震安全性能具有一定的影响。综合来看，传统的抗震措施对文物的防震安全起到了一定的保护作用，但也存在着诸多不足。

### 3.2.2 陈列文物的基本破坏形式及控制参数

博物馆在强震作用下，其地震作用能量通过地基基础传给上层建筑物，经过建筑物的滤波和放大后传给放置在其内部各层中的陈列柜，引起陈列柜（架）的倒塌或滑移，继而使文物破坏。其破坏形式包括文物自身的破坏、文物的滑移和倾倒破坏、文物与连接件间的破坏、由建筑主体结构或非结构构件破坏所引起的文物的损坏、由地震次生灾害所引起的文物破坏等。其中，博物馆中可移动文物的滑移和倾倒破坏在地震破坏中占较大比重。根据陈列文物在地震作用下的震害特点、文物的强度和变形条件，各情况下的防震设计控制参数见表 3.4。

表 3.4 陈列文物系统的基本破坏形式与控制参数

| 破坏模式 | 破坏机理描述 | 破坏示例 | 设计控制参数 |
|---|---|---|---|
| 文物自身破坏 | 文物自身材质存在缺陷，振动超过限值 | 陶瓷、石刻或泥塑等器物的碎裂、悬挂的书画因强烈摆动而撕裂等 | 折算应力 $\sigma$ |
| 文物系统破坏 | 浮放文物与陈列台座摩擦力被克服、质心失稳 | 文物产生滑动、偏心转动、摇晃和倾倒，甚至坠落、碰撞导致损坏 | 滑移：文物与支撑面间静摩擦系数 $f$；倾倒：文物重心至底面的高度 $H$ |
| | 文物与结构连接件超过应力限值 | 挂钩脱钩、吊绳断裂 | 折算应力 $\sigma$ |
| 结构变形引起文物破坏 | 建筑结构承载力、位移、变形等超过限值 | 库房倒塌或柱梁断裂砸坏文物 | 结构薄弱层弹塑性层间位移 $\Delta u_p$ |
| | 文物系统倒塌、不均匀沉降、开裂等导致文物损坏 | 陈列系统整体倒塌导致文物损坏 | 文物陈列或收藏系统的位移 $u$ |
| | 非结构连接部件所受承载力、位移、变形超过限值 | 门窗、顶棚、壁板等坠落砸坏陈列柜或文物 | 折算应力 $\sigma$、位移 $u$ |
| 次生灾害导致破坏 | 恒温恒湿环境被破坏、空调冷却水倒灌、火灾 | 文物虫灾、霉变、水淹、火灾焚毁 | — |

### 3.2.3 陈列文物的隔震减震（振）性能分析

陈列文物的传统防震措施注重文物与陈列台座或陈列柜的有效连接，但当陈列台座或陈列柜受震后引起的地震响应比较大时，仍会引起文物的破坏，因而需采用一定的措施来有效隔离陈列柜传给文物的地震力。隔离措施分为两部分：一是各层楼面与陈列柜底部的隔离；二是陈列柜或陈列台座与文物的隔离。前者需进行陈列柜的隔震减震（振）控制，后者需做好陈列文物的隔震减震（振）控制。

（1）传统的隔震减震（振）方法

当前，对文物的隔震减震（振）控制，传统的做法是在文物底部添加隔震层，如微晶蜡、铁氟龙、橡胶垫、防震塑料垫等。台北故宫博物院曾针对上述传统的隔震措施，在台湾地震工程研究中心的三轴向地震模拟振动台上设定输入加速度为 100gal、200gal、300gal、400gal、500gal 进行了相关试验[92]。其试验结果表明：传统的防震材料铁氟龙和微晶蜡可以有效抵抗 300gal 地震作用；各隔震材料的优劣次序为微晶蜡＞铁氟龙＞塑料垫＞橡胶垫；微晶蜡固定和铁氟龙软垫可以考虑在陈列柜内针对质量低于 4.54kg 的陶瓷文物使用，橡胶垫和塑料垫防震效果不理想，尤其是塑料垫不适用于文物防震。

（2）隔震减震（振）装置系统设计

近年来，对文物的防震，国内外许多学者侧重于隔震减震平台的开发。台北故宫博物院针对柜内型隔震台（日本 AS 株式会社 TCR 免震台 HBR-37 型）及其内置陶瓷试件进行了振动台试验[92]，其结果表明：对于柜内型隔震台，当加速度小于 300gal 时，其消能减震效果不好，而且隔震台的加速度的放大效果明显；当加速度加到 400～500gal 时，隔震台发挥消能减震作用。但经过实地调研可知，对于国内许多中小型博物馆，在每个重要文物上都安装价值昂贵的隔震装置显然是不现实的，因而进行文物系统的隔震减震（振）设计，并进行切实有效的文物隔震减震（振）简易装置的开发和研究更有实际意义。

对于文物系统的隔震减震（振），陈列柜的基础隔震设计是减少文物系统振动危害的一种重要方式。在进行隔振设计时，应根据博物馆所处的位置等外部条件及文物系统所处的位置、环境等因素综合确定，如要考虑博物馆所在地的设防烈度、地质情况；建筑结构和文物系统的自振频率；建筑结构与文物的防震指标等综合考虑。同时，要考虑力求经济合理、构造简单、便于实施和维护方便。目前其隔震（振）方法主要有柔性法、刚性法和刚柔法三种。

对于文物陈列系统，柔性法指的是在陈列柜柜底（或文物基底）设置一种弹性体，与柜体（或文物）组成一个弹性系统，该弹性系统具有吸收振动能量的作用。此系统的自振频率要与地震动频率远离，同时要求此弹性系统具有一定的承载能力，并具有足够的刚度、强度和阻尼，从而使隔震系统具有必要的可靠性和耐久性。刚性法指的是将陈列柜固定在一个比自身质量大许多的刚性体上，可由该大质量刚体的质量和惯性来抵抗外来的振动作用，从而满足文物的防震要求。刚柔法是刚性法和柔性法的结合应用，即在刚性基础上，在设置大质量刚性体的陈列柜下面设置砂垫层或弹性垫以隔离地震作用。

柔性法隔震属于被动隔震或消极隔震，一般可采用支撑式和悬挂式两种。

支撑式隔震可垂直支撑和斜向支撑，通常采用垂直支撑。支撑式隔震系统一般是将隔震器装置支撑在陈列柜台座下，台座一般采用钢筋混凝土块体制成，其大小和质量由隔震系统的自振频率高低和自身刚度计算决定。对博物馆文物系统，可将隔震器直接支承在基础地面或楼板上。陈列柜基础隔震需要考虑基础的质心、隔震器的刚度中心在一条垂直线或水平线上，此时对于基础地面情况，可将隔震台做成上承式，如T形、双T形，或下沉式，如凹槽形等，以减小水平回转振动；当存在水平晃动时，需增设水平缓冲器使隔震系统趋于稳定，如图3.3（a）、（b）所示。对于文物系统的隔震，可采用滚动式水平支承隔震系统。地震作用时，滚珠可以实现水平任意方向的滚动以减弱水平地震力；此时水平隔震器承受水平方向的拉、压，而底部钢珠隔震时其水平刚度可视为零。另外，也可以采用悬挂压簧吊杆支撑式隔震系统，如图3.3（c）所示，此时吊杆不可能做得太长，但对于基础地面情况，可使台座块体的质心做得很低，以提高其抗水平回转振动能力。

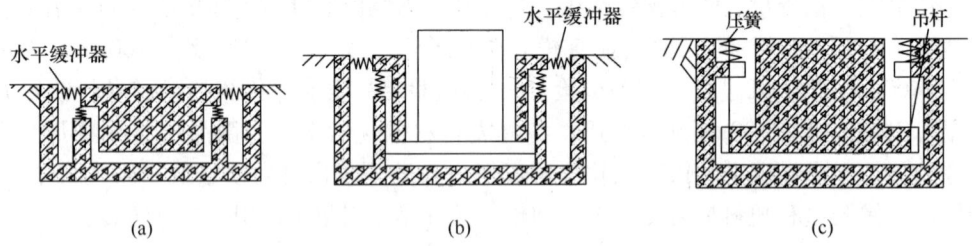

图 3.3 支撑式隔震系统设计
(a) 上撑式；(b) 下沉式；(c) 悬挂压簧吊杆支撑式

悬挂式隔震系统可由拉簧或刚性吊杆将陈列柜底部安装的支承板四角从楼层顶上或另设框架吊起，上部可以铰支，或采用压簧支撑，如图3.4所示。此系统的吊杆或拉簧的水平方向可以自由摆动，对水平振动有良好的隔离效果。但由于水平刚度较小，往往触动后就会引起摆动，且不容易停下来，因而其水平方向需另加水平阻尼装置；同时拉簧容易产生颤动，因而此颤动频率应避开支撑结构的自振频率，以免发生共振。此悬挂式系统要求其支撑结构应有足够的强度、刚度和稳定性，以免地震作用通过支撑结构直接输入隔震系统。

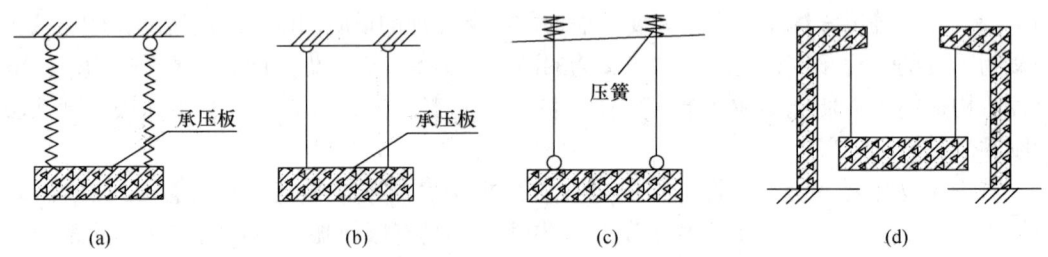

图 3.4 悬挂式隔震系统
(a) 拉簧；(b) 吊杆；(c) 压簧吊杆；(d) 支架吊杆

对于文物的减震系统设计，针对上述悬挂式结构水平方向容易摆动，不易控制的情况，考虑到地震作用方向的任意性，本文对该系统进行了改进，改变双点平行拉结模型为单点铰接；同时为了有效抵抗水平各方向的地震作用，将承压板改为圆形吊盘；在吊盘底部正中与下部陈列层板设置拉簧拉结，在进行相应的理论计算基础上，开发了文物系统悬吊减震装置[93,94]，其详细构造见2.2.1节，计算模型如图3.5所示。其中，文物系统简化

为质量为 $m$ 的质点球体；质点与文物架顶部和中部陈列平台均用长度为 $l$、刚度为 $k$ 的弹簧连接；$A$、$B$ 两点作用的力 $P$ 代表初始时张紧质点球体的弹簧拉力。当质点球体 $m$ 受外力作用横向移动 $y(t)$ 距离，弹簧偏转 $\theta$ 角度并伸长 $\delta$ 时，弹簧内产生的纵向弹性恢复力为 $k\delta$，则此时作用在质点球体水平方向上的各分力的和即为质点球体所受到的运动恢复力 $2(P+k\delta)\sin\theta$。为简便计算，忽略其阻尼力，则其运动微分方程为

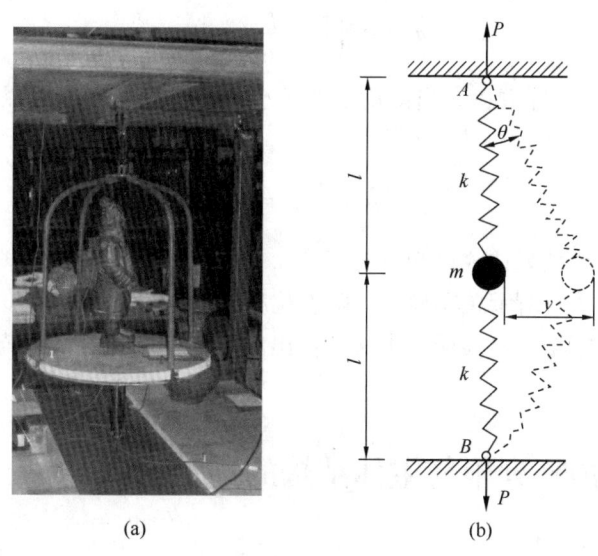

(a)　　　　　　　　(b)

图 3.5　文物悬吊装置计算模型
(a) 试验模型；(b) 计算模型

$$m\ddot{y} + 2(P+k\delta)\sin\theta = 0 \qquad (3.1)$$

其中，$\delta = \sqrt{l^2+y^2} - l$，$\sin\theta = \dfrac{y}{\sqrt{l^2+y^2}}$。取其近似值：$\delta \approx \dfrac{y^2}{2l}$，$\sin\theta \approx \dfrac{y}{l}$。

将其代入式 (3.1)，可得

$$m\ddot{y} + \frac{2P}{l}y + \frac{k}{l^2}y^3 = 0 \qquad (3.2)$$

由式 (3.2) 可知，此式包含 $y^3$ 这个非线性项，因而其运动形式呈现为非线性形式。当原张紧力 $P$ 比较大，而位移 $y$ 比较小时，式 (3.2) 中包含 $y$ 的三次项可进行忽略，此时式 (3.2) 可变为线性表达式：

$$m\ddot{y} + \frac{2P}{l}y = 0 \qquad (3.3)$$

对于上述悬吊减震装置，若直接采用其简化的单摆模型，如图 3.6 所示。使质点球体同样摆动 $y(t)$，摆角为 $\varphi$，则其运动微分方程为

$$ml^2\ddot{\varphi} + mgl\sin\varphi = 0 \qquad (3.4)$$

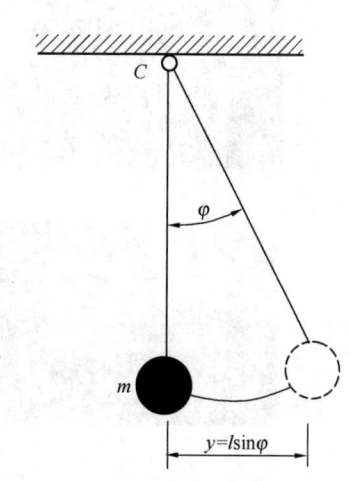

图 3.6　简化的单摆模型

即
$$\ddot{\varphi} + \frac{g}{l}\sin\varphi = 0 \qquad (3.5)$$

式中恢复力是非线性的。将 $\sin\varphi$ 展开为 $\varphi$ 的幂级数，并取其近似值为 $\sin\varphi \approx \varphi - \frac{\varphi^3}{3!}$，将其代入式（3.5）可得

$$\ddot{\varphi} + \frac{g}{l}\left(\varphi - \frac{\varphi^3}{6}\right) = 0 \qquad (3.6)$$

式（3.6）仍为非线性方程。当摆角 $\varphi$ 比较小，$\varphi^3$ 式高阶微量可以忽略时，其运动微分方程将变为线性的：

$$\ddot{\varphi} + \frac{g}{l}\varphi = 0 \qquad (3.7)$$

比较上述两种非线性表达式可知，对于图 3.5 所示模型，随着位移的增大，体系的刚度迅速升高；对于图 3.6 所示单摆模型，随着位移的增大，体系的刚度逐渐减小，因而第一种模型要好于单摆模型。这表明，本文所提出的可移动文物陈列系统的悬吊减震装置是切实有效的。

## 3.3 可移动文物陈列柜与主体结构的连接方式

### 3.3.1 可移动文物陈列柜的基本类型及特点

文物陈列柜作为一种展览、保存文物的专用设备，要求自身应具备物理稳定性和足够的承重能力；柜体材料必须坚固耐用；其附属支撑板和固定卡必须牢固固定。文物的种类、尺寸等的不同，陈列柜的形式也不相同，其常见的形式如下：

（1）陈列柜类型。根据柜体的用途等划分，博物馆展示柜一般可分为通柜、独立柜、平柜、壁龛、挂柜及柜内挂件等，如图 3.7 所示。

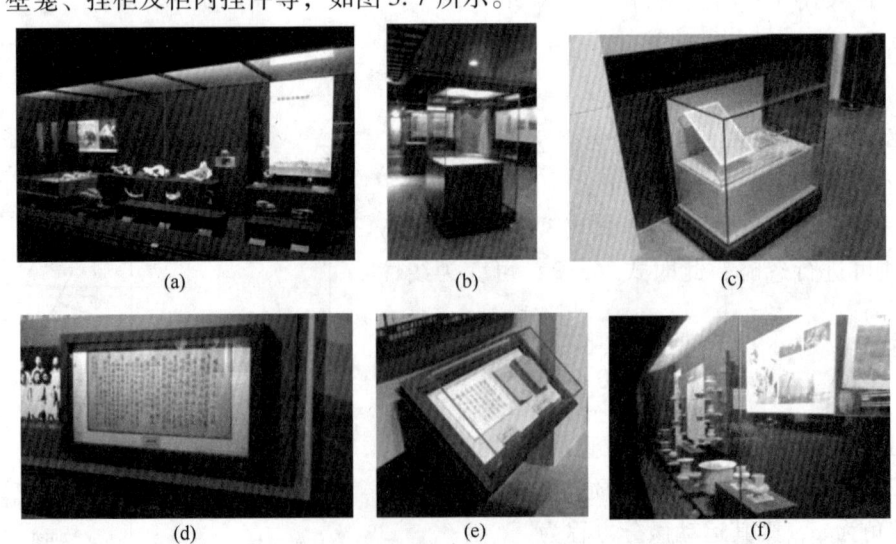

图 3.7 不同陈列柜类型
(a) 通柜；(b) 独立柜；(c) 平柜；(d) 壁龛；(e) 挂柜；(f) 柜内挂件

（2）陈列柜组成。其主要包括防护玻璃、骨架、柜门、密封材料、照明灯具及调温湿系统等。

1）骨架结构及性能：骨架采用标准金属型材结构（如采用方钢龙骨架），柜体选用碳钢板，其他主体材料选用钢、铝、不锈钢等，需具备一定的稳定性和抗撞击性能；非固定式展柜要求具有灵活移动、调节平衡等功能，具有承载强、抗冲击力、防砸、防撬不易变形的功能。

2）玻璃种类：超白玻璃、钢化玻璃、夹丝玻璃、防爆防弹玻璃等。

3）抗震性：配备文物固定胶泥固定。

### 3.3.2 可移动文物陈列柜与主体的连接方式

根据文物储存对博物馆地面的要求，地面处理一般不宜贴瓷砖，而应采用特殊防滑撞击的水泥材料，水泥表面也用特殊化工材料处理。从调研看，根据陈列柜是否与地面或墙体有效连接，陈列柜可分为固定式和可移动式两种。固定式指的是将陈列柜底部底座直接固定在下部支撑平台上或陈列柜通过侧面与墙体连接固定；当地震作用时陈列柜与基础地面或楼板一起振动。可移动式指的是陈列柜与地面或楼板地面的接触以其四周柜角直接接触，或柜体、柜体地面附属支撑板与地面面接触等。对于可移动文物陈列系统，以可移动式较为常见；当地震发生时，柜体与地面之间以静摩擦力或动摩擦力相联系。

## 3.4 可移动文物陈列系统的地震作用分析

### 3.4.1 可移动文物陈列系统的抗震计算模型

可移动文物陈列系统包含陈列柜和文物两部分，在地震作用下，陈列柜与文物是互相影响的。由于陈列柜为有效保护文物的屏障，其自身强度、刚度和稳定性都相对较大，因而在简化计算时，可视为刚体。对于单层文物陈列系统，在进行地震作用计算时，一般将文物、陈列柜各自视为一个单自由度块体，根据陈列柜是否固定在地面或楼板面上、文物是否固定在陈列柜上，其抗震计算模型可分为以下四种类型，如图3.8所示。

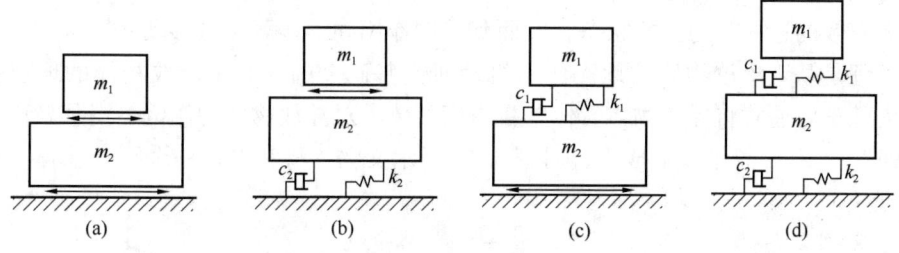

图3.8 抗震计算模型
(a) Ⅰ型；(b) Ⅱ型；(c) Ⅲ型；(d) Ⅳ型

（1）文物浮放在陈列柜上、陈列柜浮放在地面或楼面上，称为第Ⅰ类模型。

（2）文物浮放在陈列柜上、陈列柜固定在地面或楼面上，称为第Ⅱ类模型。

（3）文物固定在陈列柜上、陈列柜浮放在地面或楼面上，称为第Ⅲ类模型。

（4）文物固定在陈列柜上，陈列柜固定在地面或楼面上，称为第Ⅳ类模型。

为了简化计算，需做如下假定：

（1）由于陈列柜在每个方向的尺寸并不一致，因而计算时取系统最易受损方向为研究对象，设其水平和竖直易损方向分别为 $x$ 向和 $y$ 向。

（2）陈列柜和文物的质心在一条竖直线上；其各自的形心和质心重合。

（3）摩擦阻尼符合库仑摩擦阻尼模型，其静摩擦和动摩擦系数分别为 $\mu_s$、$\mu_d$。

（4）运动中陈列柜与地面或楼面不脱离，文物与陈列柜不脱离。

（5）只考虑考虑陈列系统的滑移和倾覆，不考虑扭转。

对于多层陈列系统，如图 3.9（a）所示，可将其视为层间多自由度结构模型进行相应的抗震计算。对于单层多排 3.9（b）、多层阶梯排 3.9（c），因不确定性因素较多，留待以后进一步研究。

(a)            (b)            (c)

图 3.9　复杂文物陈列系统

（a）多层陈列系统；（b）单层多排陈列系统；（c）多层阶梯排陈列系统

### 3.4.2　浮放文物的运动判别式

可移动文物陈列系统属于非结构构件范畴，按照《建筑抗震设计规范》（GB 50011—2010）的规定[2]：对附属设备体系自振周期大于 0.1s 且重力超过所在楼层重力的 1%，或其重力超过所在楼层 10% 时，宜进行整体结构模型的抗震设计，也可采用附录 M 第 M.3 楼面谱方法计算的方法；但对于博物馆建筑，由于楼面上陈列柜及陈列文物等的自身重力与整个楼面的重力相比非常小；同时，由于陈列系统本身与主体结构的连接并不紧密或并无有效的连接，为浮放状态，因而其反馈作用并不显著。可移动文物陈列系统的地震作用机理是基于浮放物体的地震作用机理研究基础上的。对于浮放物体的地震作用机理，国内外学者通常将浮放物体看作单自由度刚体，对浮放物体的倾倒、滑移及破坏准则进行了研究[95-105]。总结以上成果，对图 3.10 所示文物，将其看作一个刚性物体，可得出如下判别式：

（1）不滑移条件

对模型建立力学平衡方程，并求解可得计算模型不产生滑移的条件为：

$$|\mu_s m(g - K_{dv}\ddot{u}_y)| > |mK_d\ddot{u}_x|，即 \mu_s > \frac{K_d \alpha}{1 - K_{dv}\alpha_v} \tag{3.8}$$

式中　$\alpha$、$\alpha_v$——浮放物体的水平和竖向地震影响系数；

$K_d$、$K_{dv}$——楼层对浮放物体的水平和竖向地震作用放大系数。

# 3 博物馆可移动文物（陶瓷器）陈列系统的防震性能研究

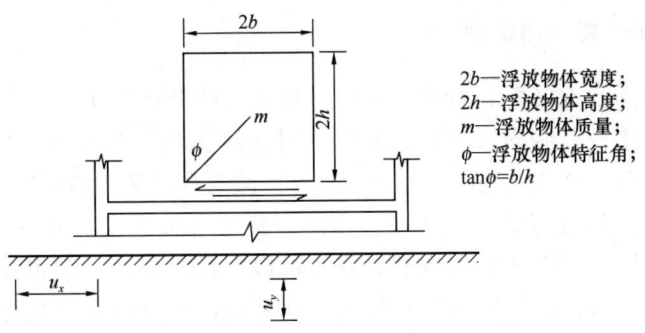

图 3.10 浮放文物计算模型

静摩擦系数 $\mu_s$ 可采用动滑块法进行测量，常见接触面材料的 $\mu_s$ 参见表 3.5。

表 3.5 常见接触面材料的 $\mu_s$ 参考值

| 材料 | 橡胶 | 喷漆铁 | 铁 | 木材 | 混凝土 | 塑料 | 铝合金 |
|---|---|---|---|---|---|---|---|
| 橡胶 | 0.6 | 0.42 | — | 0.37 | 0.56 | 0.48 | — |
| 喷漆铁 | 0.42 | 0.43 | — | 0.42 | 0.27 | 0.34 | — |
| 铁 | — | — | 0.18 | — | — | — | 0.20 |
| 木材 | 0.56 | 0.42 | — | 0.58 | 0.43 | 0.39 | — |
| 混凝土 | 0.48 | 0.27 | — | 0.42 | 0.40 | 0.41 | — |
| 塑料 | 0.48 | 0.34 | — | 0.39 | 0.41 | 0.27 | — |
| 瓷砖 | 0.28 | — | — | 0.60 | — | — | — |

不同强度地震作用下的抗滑移界限图如图 3.11 所示（首层、Ⅰ类场地）。

（2）不倾覆条件

当块体静止时，水平地震作用产生的倾覆力矩不超过竖向作用所产生的恢复力矩时，物体将不会发生倾覆。其判别式为

$$mK_d\ddot{u}_xh < m(g - K_{dv}\ddot{u}_y)b, \text{ 即 } \phi > \arctan\left(\frac{K_d\alpha}{1 - K_{dv}\alpha_v}\right) \tag{3.9}$$

式中　$\phi$——浮放物体特征角，$\tan\phi = b/h$。

不同强度地震作用下的抗倾覆界限图，如图 3.12 所示（首层、Ⅰ类场地）。

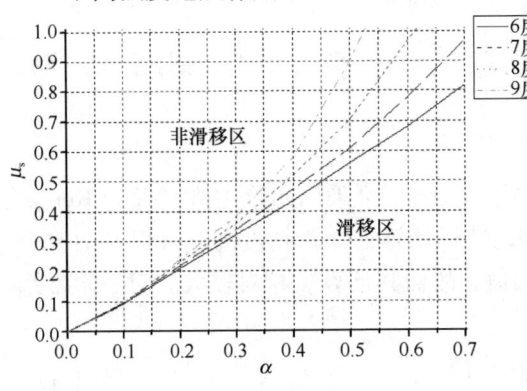

图 3.11 浮放物体的抗滑移界限图

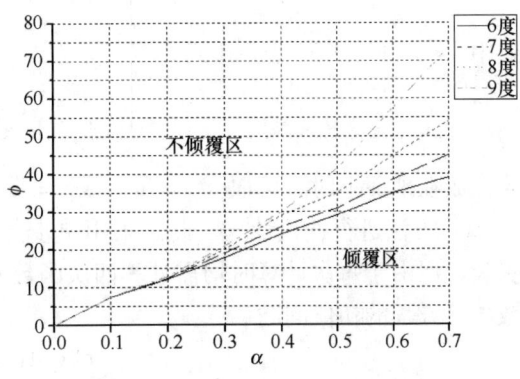

图 3.12 浮放物体的抗倾覆界限图

### 3.4.3 浮放文物的地震作用机理

对于浮放物体的防震（振）标准，我国《馆藏文物防震规范》[106]给出了浮放文物的地震加速度计算方法，有些学者根据试验提出对浮放文物的容许加速度为110gal[107-108]，认为超过此界限值后，浮放文物将可能发生滑移、倾覆等破坏；本文针对用四角尼龙线拉结固定、底部浮放文物进行的试验表明，当陈列柜底部输入最大加速度小于200gal时，相对比较稳定；当输入在400gal以内时，基本可以保证不倾覆；超过400gal以后不能有效保证文物的安全。对采取隔震减震措施的文物系统，对地震强度的输入要求可适当提高，但要根据需保护的文物的珍贵程度的不同而应有所不同。在上述判别条件基础上，现在来讨论其地震作用机理。

（1）浮放物体水平滑移分析

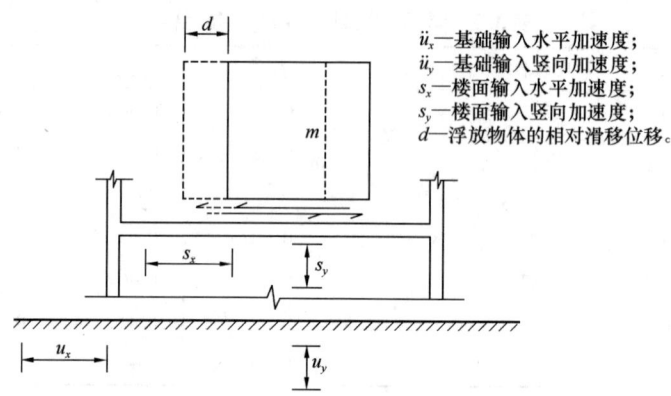

图3.13 浮放物体水平滑移模型

对于如图3.13所示的水平滑移模型，其运动表达式为

$$\begin{cases} \ddot{d} = 0, & \mu_s \geq a \\ \ddot{d} = -\ddot{s}_x - \mu_d \mathrm{sgn}(\dot{d})(g - \ddot{s}_y), & \mu_s < a \end{cases} \quad (3.10)$$

式中，$a = \left| \dfrac{\ddot{s}_x}{g - \ddot{s}_y} \right|$，$\mathrm{sgn}(\dot{d}) = \begin{cases} 1, & \dot{d} > 0 \\ 0, & \dot{d} = 0 \\ -1, & \dot{d} < 0 \end{cases}$，$\mu_s$、$\mu_d$分别为静摩擦和动摩擦系数。当物体浮放在地面上时，可取$\ddot{s}_x = \ddot{u}_x$，$\ddot{s}_y = \ddot{u}_y$。式（3.10）可采用四阶龙格-库塔（Runge-Kutta）方法进行迭代计算。此法采用单步法形式进行计算，计算精度高，可以灵活改变步长，但由于每次计算时均需计算四次函数$f$的值，故而其计算量相对较大。对一阶常系数微分方程的初值问题

$$\begin{cases} \mathrm{d}y/\mathrm{d}x = f(x, y) \\ y(x_0) = y_0 \end{cases} \quad (3.11)$$

利用龙格-库塔（Runge-Kutta）方法的一般迭代公式：

$$K_1 = f(x_i, y_i)$$

$$K_2 = f\left(x_i + \frac{1}{2}h, y_i + \frac{h}{2}K_1\right)$$

$$K_3 = f\left(x_i + \frac{1}{2}h, y_i + \frac{h}{2}K_2\right)$$

$$K_4 = f(x_i + h, y_i + hK_3)$$

$$y_{i+1} = y_i + \frac{h}{6}(K_1 + 2K_2 + 2K_3 + K_4) \tag{3.12}$$

此法的整体截断误差为 $o(h^4)$。

设 $v(t) = \dot{d}(t)$，则式子（3.10）变为

$$\begin{cases} \dot{v} = 0, & \mu_s \geqslant a \text{ 啮合} \\ \dot{v} = -\ddot{s}_x - \mu_d \text{sgn}(p)(g - \ddot{s}_y) & \mu_s < a \text{ 滑移} \end{cases} \tag{3.13}$$

则浮放物体的相对速度、相对位移时程为：

$$\begin{cases} v_{i+1} = v_i + h(K_1 + 2K_2 + 2K_3 + K_4)/6 \\ d_{i+1} = d_i + hv_i + h^2(\ddot{d}_{i+1} + \ddot{d}_i)/4 \end{cases} \tag{3.14}$$

（2）浮放物体的竖向摇晃分析

此模型，Housner G. W.[109]、Yim C. S.[110]、Pahed[111]、Hogan J. S.[112]等采用概率和正弦激励等方法对其进行了相应的地震作用分析。其计算模型如图3.14所示。在推导时，需做如下假定：物块底面光滑、形状对称，只绕 $A$、$B$ 两点产生转动；摇晃时，物块不跳起；支撑面刚性。对转角和转矩取逆时针为正。

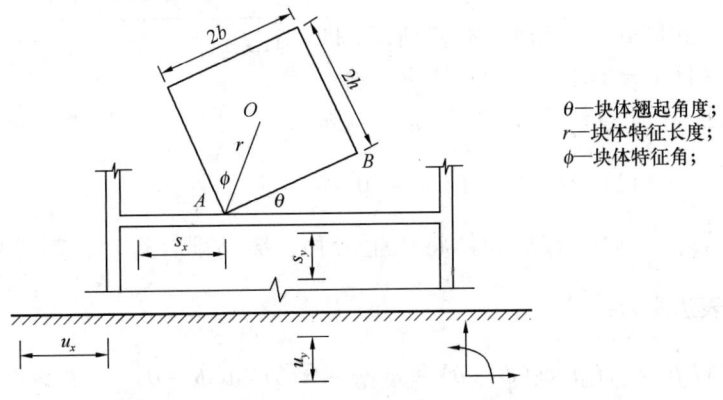

图3.14 浮放物体摇晃模型

$\theta$—块体翘起角度；
$r$—块体特征长度；
$\phi$—块体特征角；

当 $|\ddot{s}_x| > \left|(g - \ddot{s}_y)\dfrac{b}{h}\right|$ 时，浮放物体产生摇晃，其表达式为：

$$\begin{cases} I\ddot{\theta} = -m(g-\ddot{s}_y)r\sin(\phi-\theta) - mr\ddot{s}_x\cos(\phi-\theta) & \theta > 0 \\ I\ddot{\theta} = m(g-\ddot{s}_y)r\sin(\phi+\theta) - mr\ddot{s}_x\cos(\phi+\theta) & \theta < 0 \end{cases} \quad (3.15)$$

式中，当物体绕 $A$ 点转动时，$\theta > 0$；当绕 $B$ 点转动时，$\theta < 0$。$I$ 为浮放物体相对于角点的转动惯量，$I = 4mr^2/3$。

当 $\theta = 0$ 时，浮放物体与支撑面发生碰撞，发生能量耗散。对浮放的陶瓷器而言，由于其自身不是刚体，且呈现脆性，由冲量定理 $\dfrac{\mathrm{d}p}{\mathrm{d}t} = \sum F_i$ 知，碰撞瞬间会产生较大的冲击力，如果此冲击力超过了其断裂韧性，则会产生裂缝或发生破坏。

对于浮放物体摇晃方程（3.15）一般可用隐式、显式和混合 Euler 法进行求解。由于混合 Euler 法精度较高，因而常采用此计算方法，其数值计算迭代式为

$$\begin{cases} v_{n+1} = v_n + f(x_n, v_n)h \\ x_{n+1} = x_n + v_{n+1}h \end{cases} \quad (3.16)$$

式中　　$v$——速度；
　　　　$x$——位移；
　　　　$h$——计算步长；
　　　　$n$——迭代步数；
　　　　$f$——加速度。

（3）浮放物体的双向耦合分析

浮放物体在地震作用下，可能会出现滑移、摇晃等情况，现就此情况进行分析。其计算模型如图 3.15 所示。

浮放物体啮合情况，即 $\mu_s \geq a$ 且 $d = 0$ 时，如果 $|\ddot{s}_x| > \left|(g-\ddot{s}_y)\dfrac{b}{h}\right|$，此物体仅产生摇晃，其运动表达式同式（3.15）。滑移情况，即 $\mu_s < a$ 或 $\mu_s \geq a$ 且 $d \neq 0$ 时，浮放物体受到水平惯性力 $F_0$ 作用，由质点动力学方程 $F_0 = \mu_d m \cdot \mathrm{sgn}(\dot{d})(g-\ddot{s}_y)$，则当 $b/h < \mu_s$ 或 $d \neq 0$ 且 $|\ddot{s}_x| > \left|(g-\ddot{s}_y)\dfrac{b}{h}\right|$ 时，浮放物体将产生滑移、摇晃耦合运动，其滑移表达式同式（3.10），摇晃表达式为

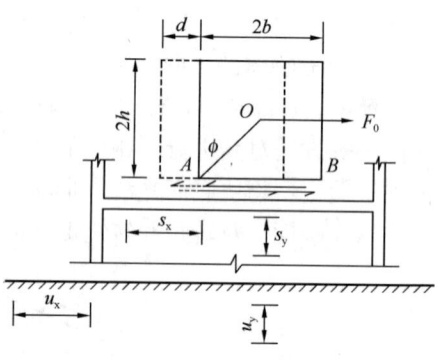

图 3.15　浮放物体双向耦合模型

$$\begin{cases} I\ddot{\theta} = -F_0 r\cos(\phi-\theta) - m(g-\ddot{s}_y)r\sin(\phi-\theta) & \theta > 0 \\ I\ddot{\theta} = -F_0 r\cos(\phi+\theta) + m(g-\ddot{s}_y)r\sin(\phi+\theta) & \theta < 0 \end{cases} \quad (3.17)$$

当 $\mu_d < b/h$ 且 $\mu_s < a$ 或 $d \neq 0$ 且 $|\ddot{s}_x| > \left|(g-\ddot{s}_y)\dfrac{b}{h}\right|$ 时，浮放物体将只产生滑移，其运

动表达式同式（3.10）。

### 3.4.4 可移动文物陈列系统的地震作用机理

浮放物体的地震作用机理只考虑了浮放物体直接作用在地面上或楼板面上的滑移、摇晃和耦合情况，但对于可移动文物陈列系统，其地震作用包含陈列柜和文物两部分的相互运动，因而作用机理要相对复杂。张俊勇、唐家祥[97]对摆动地震作用下室内浮放设备的混沌响应进行了分析；苏晓雪[113]研究了浮放展柜在水平地震作用下的运动状态与摩擦系数 $\mu$、陈列柜宽度 $b$、高度 $h$ 之间的关系；王世刚[104]对广义浮放设备中浮放设备与支撑工作台之间的相对运动及耦合关系进行了深入探讨；同时，Kunihito Matsui 等[114-118]研究了浮放模型在谐振作用下相应运动和地震作用下的位移累积效应等。现通过研究文物-陈列柜之间的相互运动方式及其耦合关系，对第Ⅰ、Ⅱ、Ⅲ、Ⅳ四类模型的地震作用机理进行讨论。

（1）第Ⅰ类模型的地震作用机理

1）第Ⅰ类模型的水平滑移分析。此类模型的计算简图如图 3.16 所示。其中 $m_1$ 为文物的质量；$m_2$ 为陈列柜的质量；$s_x$ 为楼板面的水平位移；$s_y$ 为楼板面的竖向位移；$u_x$ 为基础或首层地面的水平位移；$u_y$ 为基础或首层地面的竖向位移。此类模型包含四类运动。

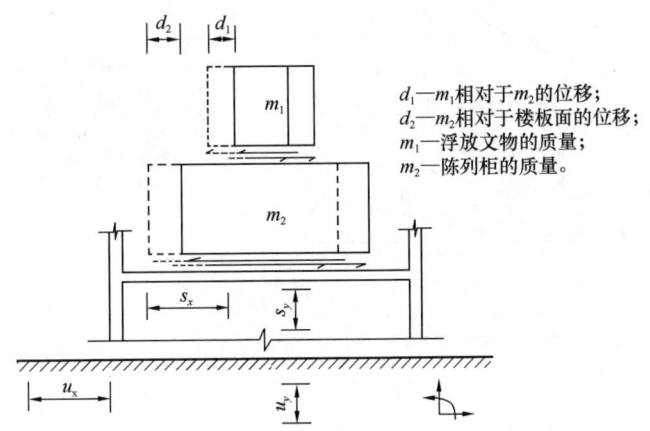

图 3.16 第Ⅰ类模型的水平滑移分析

$m_1 - m_2$：啮合-啮合

$$\begin{cases} \ddot{d}_1 = 0 & \mu_{1s} > b_1 \\ \ddot{d}_2 = 0 & \mu_{2s} > b_2 \end{cases} \quad (3.18)$$

式中，$b_1 = |(K_z \ddot{s}_x)/(g - \ddot{s}_y)|$；$b_2 = |[(1 + \gamma(K_z - 1))\ddot{s}_x]/(g - \ddot{s}_y)|$；$\gamma = m_1/(m_1 + m_2)$；$\mu_{1s}$、$\mu_{2s}$ 分别为 $m_1$ 与 $m_2$、$m_2$ 与接触面之间的静摩擦系数。

$m_1 - m_2$：滑移-啮合

$$\begin{cases} \ddot{d}_1 = -K_z\ddot{s}_x - \mu_{1d}\mathrm{sgn}(\dot{d}_1)(g-\ddot{s}_y) & \mu_{1s} < b_1 \\ \ddot{d}_2 = 0 & \mu_{2s} > b_2 \end{cases} \quad (3.19)$$

$m_1 - m_2$: 啮合 - 滑移

$$\begin{cases} \ddot{d}_1 = 0 & \mu_{1s} > b_1 \\ \ddot{d}_2 = -\ddot{s}_x - \dfrac{\mu_{2d}\mathrm{sgn}(\dot{d}_2)(g-\ddot{s}_y)}{1+(K_z-1)\gamma} & \mu_{2s} < b_2 \end{cases} \quad (3.20)$$

$m_1 - m_2$: 滑移 - 滑移

$$\begin{cases} \ddot{d}_1 = -K_z\ddot{d}_2 - \mu_{1d}\mathrm{sgn}(\dot{d}_1)(g-\ddot{s}_y) & \mu_{1s} < b_1 \\ \ddot{d}_2 = -\ddot{s}_x + \dfrac{\mu_{1d}\mathrm{sgn}(\dot{d}_1)(g-\ddot{s}_y)}{1-\gamma} - \dfrac{\mu_{2d}\mathrm{sgn}(\dot{d}_2)(g-\ddot{s}_y)}{1-\gamma} & \mu_{2s} < b_2 \end{cases} \quad (3.21)$$

2) 第 I 类模型的竖向摇晃分析。此类模型的计算简图如图 3.17 所示。

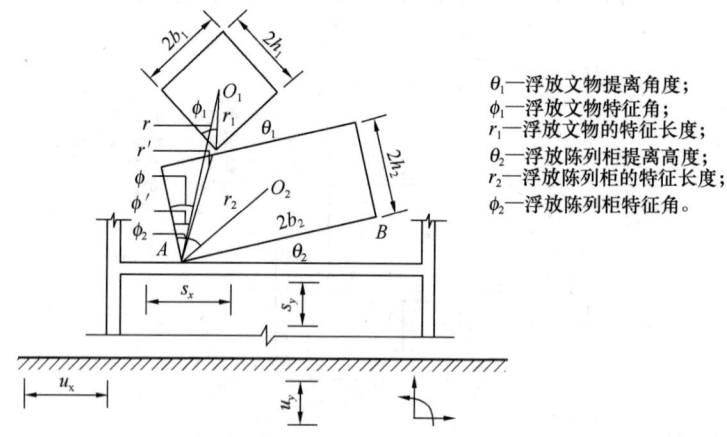

图 3.17 第 I 类模型的竖向摇晃分析

该类模型的起始摇晃运动形式有四种，为便于分析，假设浮放文物位于陈列柜中部，当运动中发生小位移时，忽略其位移变动的影响。其运动表达式为：

$m_1$、$m_2$ 均不产生摇晃情况。此时，有 $\theta_1 = \theta_2 = 0$。

其运动表达式为

$$\ddot{\theta} = 0 \quad (3.22)$$

其起始条件为

$$|\ddot{s}_x| < c_1 \text{ 且 } |\ddot{s}_x| < c_2 \quad (3.23)$$

式中，$c_1 = \left(\dfrac{|g-\ddot{s}_y|}{K_z}\right)\left(\dfrac{b_1}{h_1}\right)$，$c_2 = |(g-\ddot{s}_y)b_2/[\gamma K_z(2h_2+h_1)+(1-\gamma)h_2]|$

$m_1$ 摇晃，$m_2$ 静止情况。此时，有 $\theta_1 \neq 0, \theta_2 = 0$。

其运动表达式为

$$\begin{cases} I_1 \ddot{\theta}_1 = -m_1(g-\ddot{s}_y)r_1\sin(\phi_1-\theta_1) - m_1 r_1 K_z \ddot{s}_x \cos(\phi_1-\theta_1) & \theta_1 > 0 \\ I_1 \ddot{\theta}_1 = m_1(g-\ddot{s}_y)r_1\sin(\phi_1+\theta_1) - m_1 r_1 K_z \ddot{s}_x \cos(\phi_1+\theta_1) & \theta_1 < 0 \end{cases}$$
(3.24)

式中，$I_1 = (4m_1 r_1^2)/3$。其起始条件为

$$|\ddot{s}_x| > c_1 \text{ 且 } |\ddot{s}_y| < c_2 \tag{3.25}$$

当 $m_1$、$m_2$ 均产生摇晃，且 $m_1$ 相对于 $m_2$ 静止时，有 $\theta_1 = 0, \theta_2 \neq 0$。
其运动表达式为：

$$\begin{cases} (I_1' + I_2)\ddot{\theta}_2 + m_1 r K_z \ddot{s}_x \cos(\phi-\theta_2) + m_2 r_2 \ddot{s}_x \cos(\phi_2-\theta_2) \\ \quad = -m_1(g-\ddot{s}_y)r\sin(\phi-\theta_2) - m_2(g-\ddot{s}_y)r_2\sin(\phi_2-\theta_2) & \theta_2 > 0 \\ (I_1' + I_2)\ddot{\theta}_2 + m_1 r K_z \ddot{s}_x \cos(\phi+\theta_2) + m_2 r_2 \ddot{s}_x \cos(\phi_2+\theta_2) \\ \quad = m_1(g-\ddot{s}_y)r\sin(\phi+\theta_2) + m_2(g-\ddot{s}_y)r_2\sin(\phi_2+\theta_2) & \theta_2 < 0 \end{cases}$$
(3.26)

式中，$I_2 = \dfrac{4m_2 r_2^2}{3}, I_1' = \dfrac{m_1 r_1^2}{3} + m_1 r^2$ (3.27)

其起始条件为

$$|\ddot{s}_x| < c_1 \text{ 且 } |\ddot{s}_x| > c_2 \tag{3.28}$$

当 $m_1$、$m_2$ 均产生摇晃，且 $m_1$ 相对于 $m_2$ 也摇晃时，有 $\theta_1 \neq 0, \theta_2 \neq 0$。
文物 $m_1$ 的运动表达式为：

$$\begin{cases} I_1(\ddot{\theta}_1+\ddot{\theta}_2) = -m_1 K_z r_1 \ddot{s}_x \cos[\phi_1-(\theta_1+\theta_2)] - m_1(g-\ddot{s}_y)r_1\sin[\phi_1-(\theta_1+\theta_2)] & \theta_1 > 0 \\ I_1(\ddot{\theta}_1+\ddot{\theta}_2) = -m_1 K_z r_1 \ddot{s}_x \cos[\phi_1+(\theta_1+\theta_2)] + m_1(g-\ddot{s}_y)r_1\sin[\phi_1+(\theta_1+\theta_2)] & \theta_1 < 0 \end{cases}$$
(3.29)

文物 $m_2$ 的运动表达式为：

$$\begin{cases} (I' + I_2)\ddot{\theta}_2 + m_1 K_z \ddot{s}_x r'\cos(\phi'-\theta_2) + m_2 \ddot{s}_x r_2\cos(\phi_2-\theta_2) \\ \quad = -m_1(g-\ddot{s}_y)r'\sin(\phi'-\theta_2) - m_2(g-\ddot{s}_y)r_2\sin(\phi_2-\theta_2) & \theta_2 > 0 \\ (I' + I_2)\ddot{\theta}_2 + m_1 K_z \ddot{s}_x r'\cos(\phi'+\theta_2) + m_2 \ddot{s}_x r_2\cos(\phi_2+\theta_2) \\ \quad = m_1(g-\ddot{s}_y)r'\sin(\phi'+\theta_2) + m_2(g-\ddot{s}_y)r_2\sin(\phi_2+\theta_2) & \theta_2 < 0 \end{cases}$$
(3.30)

式中，$I' = m_1 r_1^2 + \dfrac{4m_2 r_2^2}{3}$。 (3.31)

其起始条件为：

$$|\ddot{s}| > c_1 \text{ 且 } |\ddot{s}| > c_2 \tag{3.32}$$

3）第 Ⅰ 类模型的滑移、摇晃耦合分析

当可移动文物陈列系统中同时出现滑移和摇晃情况，则发生耦合运动。对上述滑移、摇晃运动理论进行综合分析可得：

当 $\mu_{1s} > b_1, \mu_{2s} > b_2$ 且 $\dot{d}_1 = 0, \dot{d}_2 = 0, |\ddot{s}_x| > c_1$ 或 $|\ddot{s}_x| > c_2$ 时，此系统将仅出现摇晃。当 $|F_{01}| < e_1$、$|F_{02}| < e_2$ 且 $\mu_{1s} < b_1$ 或 $\mu_{2s} < b_2$；当 $|F_{01}| < e_1$、$|F_{02}| < e_2$ 且 $\dot{d}_1 \neq 0$ 或 $\dot{d}_2 \neq 0$ 时，此系统将仅发生滑移。当 $|F_{01}| > e_1$ 或 $|F_{02}| > e_2$ 且 $\mu_{1s} < b_1$ 或 $\mu_{2s} < b_2$；又 $|F_{01}| > e_1$ 或 $|F_{02}| > e_2$ 且 $\dot{d}_1 \neq 0$ 或 $\dot{d}_2 \neq 0$ 时，此系统将出现滑移和摇晃的耦合运动。其中，$e_1 = m_1 |g - \ddot{s}_y| \left( \dfrac{b_1}{h_1} \right); e_2 = |(m_1 + m_2)(g - \ddot{s}_y b_2 / h_2)|$；$F_{01}$、$F_{02}$ 分别为文物和陈列柜所受到的水平惯性力。

（2）第Ⅱ类模型的地震作用机理

1）第Ⅱ类模型的水平滑移分析。此类模型的计算简图如图3.18所示。

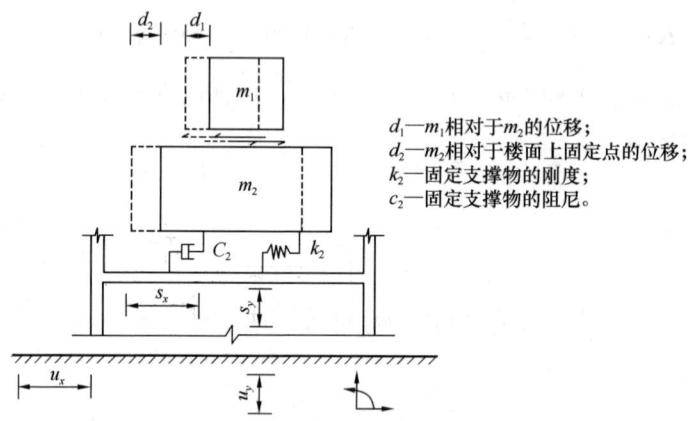

图 3.18　第Ⅱ类模型的水平滑移分析

其表达式：

当 $m_1$ 为啮合阶段，有

$$\begin{cases} \ddot{d}_1 = 0 \\ \ddot{d}_2 + 2\omega_2 \xi_2 \dot{d}_2 + \omega_2^2 d_2 = -\ddot{s}_x \end{cases} \quad \mu_s > \left| \dfrac{\ddot{d}_2 + \ddot{s}_x}{g - \ddot{s}_y} \right| \qquad (3.33)$$

式中，$\omega_2 = \sqrt{\dfrac{k_2}{m_1 + m_2}}, \xi_2 = \dfrac{c_2}{2\sqrt{k_2(m_1 + m_2)}}$。

当 $m_1$ 为滑移阶段，有

$$\begin{cases} \ddot{d}_1 = -\ddot{s}_x - \ddot{d}_2 - \mu_d(g - \ddot{s}_y)\text{sgn}(\dot{d}_1) \\ \ddot{d}_2 + 2\xi'_2 \omega'_2 \dot{d}_2 + \omega'^2_2 d_2 = -\ddot{s}_x + \mu_d(g - \ddot{s}_y)\dfrac{\gamma}{1-\gamma}\text{sgn}(\dot{d}_1) \end{cases} \quad \mu_s < \left| \dfrac{\ddot{d}_2 + \ddot{s}_x}{g - \ddot{s}_y} \right|$$

$$(3.34)$$

式中, $\omega'_2 = \sqrt{\dfrac{k_2}{m_2}}$, $\xi'_2 = \dfrac{c_2}{2\sqrt{k_2 m_2}}$。

2) 第Ⅱ类模型的竖向摇晃分析。此类模型的计算简图如图3.19所示。

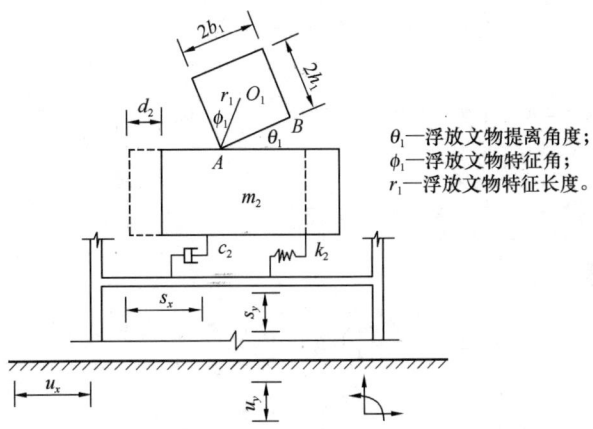

图3.19 第Ⅱ类模型的竖向摇晃分析

此类情况，其摇晃运动表达式为

$$\begin{cases} I_1 \ddot{\theta}_1 = -m_1(g-\ddot{s}_y)r_1\sin(\phi_1-\theta_1) - m_1 r_1(\ddot{s}_x+\ddot{d}_2)\cos(\phi_1-\theta_1) & \theta_1 > 0 \\ I_1 \ddot{\theta}_1 = m_1(g-\ddot{s}_y)r_1\sin(\phi_1+\theta_1) - m_1 r_1(\ddot{s}_x+\ddot{d}_2)\ddot{s}_x\cos(\phi_1+\theta_1) & \theta_1 < 0 \end{cases} \tag{3.35}$$

$$\ddot{d}_2 + 2\omega_2\xi_2\dot{d}_2 + \omega_2^2 d_2 + \omega_2^2 d_2 = -\ddot{s}_x \tag{3.36}$$

式中, $I_1 = \dfrac{4 m_1 r_1^2}{3}$。其起始条件为

$$|\ddot{s}_x + \ddot{d}_2| > \left|(g-\ddot{s}_y)\dfrac{b_1}{h_1}\right| \tag{3.37}$$

3) 第Ⅱ类模型的滑移、摇晃耦合分析

对此类型文物陈列系统的滑移、摇晃运动进行分析可得

当 $\mu_s > a'$ 且 $\dot{d}_1 = 0$, $b_1/h_1 < a'$; 其中 $a' = |(\ddot{d}_2 + \ddot{s}_x)/(g-\ddot{s}_y)|$ 时, 系统将仅产生摇晃; 当 $\mu_s < a'$ 且 $\mu_d < b_1/h_1$ 或 $\dot{d}_1 \neq 0$ 且 $b_1/h_1 > a'$ 时, 系统将仅出现滑移; 当 $b_1/h_1 < \mu_s < a'$ 或 $\dot{d}_1 \neq 0$ 且 $b_1/h_1 > a'$ 时, 系统将产生滑移、摇晃的耦合运动。此时施加的水平惯性力为 $F_0 = \mu_d m_1 \mathrm{sgn}(\dot{d}_1)(g-\ddot{s}_y)$, 其摇晃表达式为

$$\begin{cases} I_1 \ddot{\theta}_1 = -m_1(g-\ddot{s}_y)r_1\sin(\phi_1-\theta_1) - F_0 r_1\cos(\phi_1-\theta_1) & \theta_1 > 0 \\ I_1 \ddot{\theta}_1 = m_1(g-\ddot{s}_y)r_1\sin(\phi_1+\theta_1) - F_0 r_1\cos(\phi_1+\theta_1) & \theta_1 < 0 \end{cases} \tag{3.38}$$

其滑移表达式与式（3.33）、式（3.34）相同。

(3) 第Ⅲ类模型的地震作用机理

1）第Ⅲ类模型的水平滑移分析。此类模型的计算简图如图 3.20 所示。此类情况的表达式为

① 当 $m_2$ 处于啮合阶段：

$$\begin{cases} \ddot{d}_2 = 0 \\ \ddot{d}_1 + 2\omega_1 \xi_1 \dot{d}_1 + \omega_1^2 d_1 = -\ddot{s}_x \end{cases} \quad \mu_s > \left| \frac{\gamma \ddot{d}_1 + \ddot{s}_x}{g - \ddot{s}_y} \right| \quad (3.39)$$

式中，$\omega_1 = \sqrt{\frac{k_1}{m_1}}$，$\xi_1 = \frac{c_1}{2\sqrt{k_1 m_1}}$，$\gamma = \frac{m_1}{m_1 + m_2}$。

② 当 $m_2$ 处于滑移阶段：

$$\begin{cases} \ddot{d}_2 = -\ddot{s}_x - \gamma \ddot{d}_1 - \mu_d(g - \ddot{s}_y)\mathrm{sgn}(\dot{d}_2) \\ \ddot{d}_1 + 2\xi'_1 \omega'_1 \dot{d}_1 + \omega'^2_1 d_1 = \frac{\mu_d(g - \ddot{s}_y)\mathrm{sgn}(\dot{d}_2)}{1-\gamma} \end{cases} \quad \mu_s > \left| \frac{\gamma \ddot{d}_1 + \ddot{s}_x}{g - \ddot{s}_y} \right| \quad (3.40)$$

式中，$\omega'_1 = \frac{\omega_1}{\sqrt{1-\gamma}}$，$\xi'_1 = \frac{\xi_1}{\sqrt{1-\gamma}}$。

2）第Ⅲ类模型的竖向摇晃分析。此类模型的计算简图如图 3.21 所示。

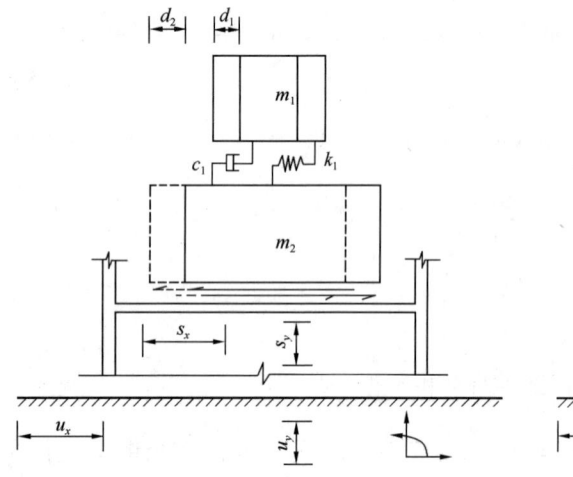

图 3.20　第Ⅲ类模型的水平滑移分析

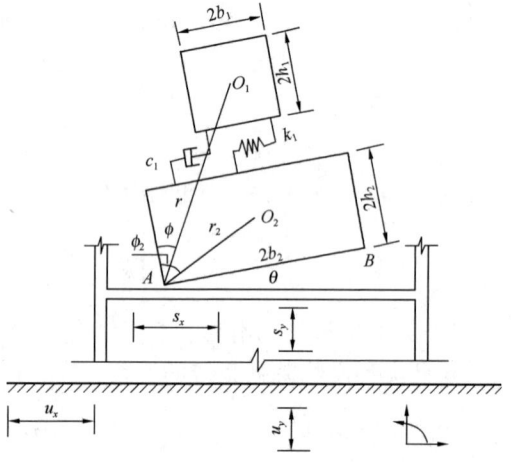

图 3.21　第Ⅲ类模型的竖向摇晃分析

产生摇晃时，其运动表达式为

$$\begin{cases} (I'_1 + I_2)\ddot{\theta} + m_1 r(\ddot{s}_x + \ddot{d}_1)\cos(\phi - \theta) + m_2 r_2(\ddot{s}_x)\cos(\phi_2 - \theta) \\ = -m_1(g - \ddot{s}_y)r\sin(\phi - \theta) - m_2(g - \ddot{s}_y)r_2\sin(\phi_2 - \theta) \quad \theta > 0 \\ (I'_1 + I_2)\ddot{\theta} + m_1 r(\ddot{s}_x + \ddot{d}_1)\cos(\phi + \theta) + m_2 r_2(\ddot{s}_x)\cos(\phi_2 + \theta) \\ = m_1(g - \ddot{s}_y)r\sin(\phi + \theta) + m_2(g - \ddot{s}_y)r_2\sin(\phi_2 + \theta) \quad \theta < 0 \end{cases} \quad (3.41)$$

式中，$I_2 = \dfrac{4 m_2 r_2^2}{3}, I'_1 = \dfrac{m_1 r_1^2}{3} + m_1 r^2$。 (3.42)

其起始条件为

$$|\gamma(\ddot{s}_x + \ddot{d}_1)(2h_2 + h_1) + (1-\gamma)(\ddot{s}_x)h_2| > |(g - \ddot{s}_y)b_2| \tag{3.43}$$

3) 第Ⅲ类模型的滑移、摇晃耦合分析

对此类型文物陈列系统的滑移、摇晃运动进行分析可得

当 $\mu_s > |(\gamma\ddot{d}_1 + \ddot{s}_x)/(g - \ddot{s}_y)|$，且满足 $|\gamma(\ddot{s}_x + \ddot{d}_1)(2h_2 + h_1) + (1-\gamma)(\ddot{s}_x)h_2| <$ $|(g - \ddot{s}_y)b_2|$ 及式（3.43）时，系统仅出现滑移；当满足 $\mu_s < |(\gamma\ddot{d}_1 + \ddot{s}_x)/(g - \ddot{s}_y)|$ 及式(3.43)时，系统将仅出现摇晃；当 $\mu_s > |(\gamma\ddot{d}_1 + \ddot{s}_x)/(g - \ddot{s}_y)|$，且 $|F_{01}(2h_2 + h_1 + F_{02}h_2)| > (m_1 + m_2)(g - \ddot{s}_y)b_2$ 时，系统将出现滑移、摇晃的耦合运动。$F_{01} = (m_1 + m_2)\text{sgn}(\dot{d}_2)(g - \ddot{s}_y) + m_1\ddot{d}_1$，$F_{02} = (m_1 + m_2)\text{sgn}(\dot{d}_2)(g - \ddot{s}_y)$。

（4）第Ⅳ类模型的地震作用机理

此类模型的连接形式为文物固定在陈列柜上，陈列柜固定在地面或楼板面上。由于可移动文物陈列系统的质量相对于建筑结构而言相对较小，此系统对博物馆建筑的反馈作用较小，因而可将博物馆建筑结构-文物系统作为一个整体，对博物馆建筑结构-文物系统进行相应的地震作用分析。其具体分析方法详见本书第5章。

### 3.4.5 可移动文物陈列系统的地震作用计算

（1）可移动文物陈列系统试验模型算例分析

现以陈列架-试件 B10 系统模型为例进行分析。此模型中陈列架底部与振动台台面固定，试件 B10 浮放在顶部陈列层上，为文物陈列系统的第Ⅱ类计算模型形式。为了与试验模型相一致并便于计算，将计算模型做如下简化：

1) 文物 B10 假设为刚体，质量均匀分布；
2) 试件放置在地面上。其计算参数见表 3.6。

表3.6 试验模型计算参数

| 放置位置 | 质量（kg） | 静摩擦系数 | 尺寸（mm） | 高宽比 | 特征角（°） | 特征长度（mm） |
|---|---|---|---|---|---|---|
| 振动台面 | $m_{B10} = 0.91$；$m_{陈列架} = 260$ | 0.72 | $2h_1 = 285$；$2b_1 = 70$ | 4.07 | $\phi_1 = 13.80$ | $r_1 = 146.74$ |

其中，$d_1$ 仍采用 Runge-Kutta 法进行迭代计算，$d_2$ 采用 Wilson-$\theta$ 法[104,108]计算，如图 3.22 所示。设加速度在时间段 $[t, t+\tau]$ 内按线性变化，步长 $\tau = \theta\Delta t$。首先采用线性加速度法求得 $\tau$ 步长内的加速度增量 $\overline{\Delta\ddot{x}}$，然后采用内插法求得 $\Delta t$ 步长内的加速度增量 $\Delta\ddot{x}$。当 $\theta > 1.37$ 时，Wilson-$\theta$ 法趋于无条件稳定，此例取 $\theta = 1.40$。El Centro 地震波沿 $x$ 向单向输入（$0.20g/0.40g$），其时程分析结果如图 3.23、图 3.24 所示。其计算表达式为

$$\begin{cases} \overline{\Delta x} = \overline{\Delta F}/\overline{K} \\ \overline{\Delta \dot{x}} = \dfrac{3}{\tau}\overline{\Delta x} - 3\dot{x}_i - \dfrac{\tau}{2}\ddot{x}_i \\ \overline{\Delta \ddot{x}} = \dfrac{6}{\tau^2}\overline{\Delta x} - \dfrac{6}{\tau}\dot{x}_i - 3\ddot{x}_i \end{cases} \quad (3.44)$$

$$\begin{cases} \Delta x = \dot{x}_i\Delta t + \ddot{x}_i\dfrac{(\Delta t)^2}{2} + \Delta\ddot{x}\dfrac{(\Delta t)^2}{6} \\ \Delta\dot{x} = \ddot{x}_i\Delta t + \Delta\ddot{x}\dfrac{\Delta t}{2} \\ \Delta\ddot{x} = \dfrac{1}{\theta}\overline{\Delta\ddot{x}} \end{cases} \quad (3.45)$$

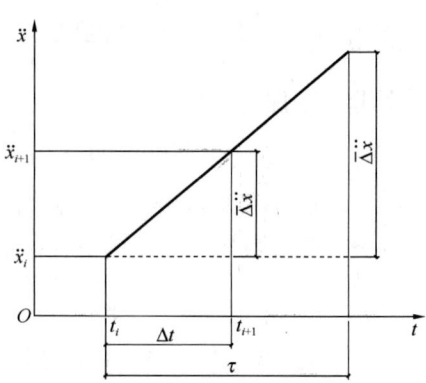

图 3.22 Wilson-$\theta$ 法的基本原理

$$\begin{cases} x_{i+1} = x_i + \Delta x \\ \dot{x}_{i+1} = \dot{x}_i + \Delta\dot{x} \\ \ddot{x}_{i+1} = \dfrac{1}{m}(-m\ddot{x}_{g,i+1} - C\dot{x}_{i+1} - Kx_{i+1}) \end{cases} \quad (3.46)$$

进一步化简,可得

$$\begin{cases} \ddot{x}_{i+1} = A[-\ddot{x}_{g,i+1} + \theta(\ddot{x}_{g,i} - \ddot{x}_{g,i+1})] + Bx_i + C\dot{x}_i + D\ddot{x}_i \\ \dot{x}_{i+1} = \dot{x}_i + (\Delta t)(\ddot{x}_{i+1} + \ddot{x}_i)/2 \\ x_{i+1} = x_i + (\Delta t)\dot{x}_i + (\Delta t)^2(\ddot{x}_{i+1} + 2\ddot{x}_i)/6 \end{cases} \quad (3.47)$$

其中,$\tau = \theta\Delta t$;$\overline{K} = K + \dfrac{6}{\tau^2}m + \dfrac{3}{\tau}C$;$\overline{\Delta F} = -m\overline{\Delta\ddot{x}_g} + \left(m\dfrac{6}{\tau} + 3C\right)\dot{x}_i + \left(3m + \dfrac{\tau}{2}C\right)\ddot{x}_i$;
$A = 6/[\omega^2\theta^2(\Delta t)^2 + 6\theta + 6\xi\omega\theta^2\Delta t]$;$B = -\omega^2 A$;$C = -(2\xi\omega + \omega^2\theta\Delta t)A$;
$D = (2+\xi\omega\theta\Delta t)A + 1 - 3/\theta$;$\omega$、$\xi$ 意义与计算模型相同。

对比图 3.23 和图 3.24 可知,对于陈列架固定、文物浮放情况,当地震波输入增大时,陈列架和文物的地震响应均有所增大,且其地震响应时程会有所变化。其中,文物的

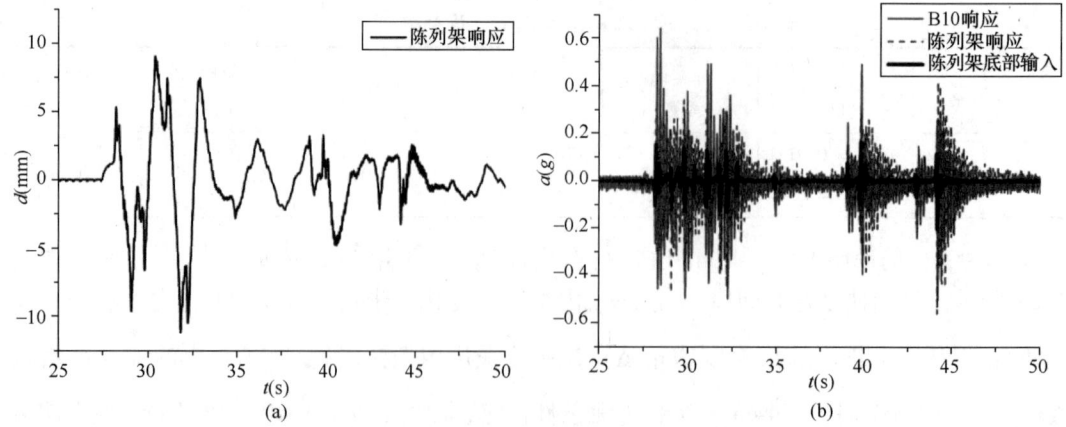

图 3.23 El Centro 地震波 (0.20$g$)
(a) 陈列架位移时程;(b) 陈列系统加速度时程

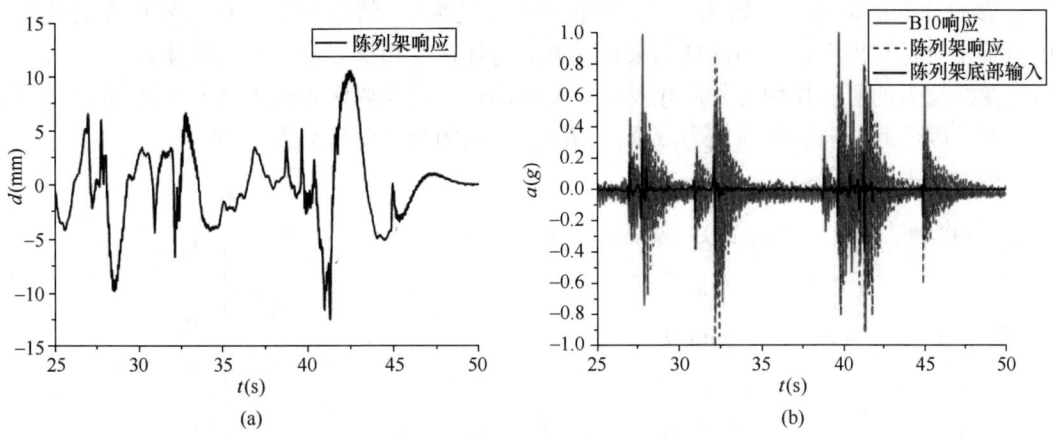

图 3.24 El Centro 地震波（0.40g）
(a) 陈列架位移时程；(b) 陈列系统加速度时程

地震响应幅度值变化较大，表明其滑移和摇晃运动是相互耦合的，并受自身振动频率等因素影响。

（2）四角拉结固定的可移动文物的地震作用分析

1）理论分析

对于采用四角尼龙线拉结固定的浮放文物，其地震响应可采用图 3.25 所示的力学模型进行简化计算。设地震作用于博物馆后引起结构第 $i$ 层中文物底部的水平和竖向加速度时程分别为 $\ddot{x}_g(t)$ 和 $\ddot{z}_g(t)$。文物的边长分别为 $b$ 和 $c$；四角拉结尼龙线为 $BE$、$BG$、$BH$、

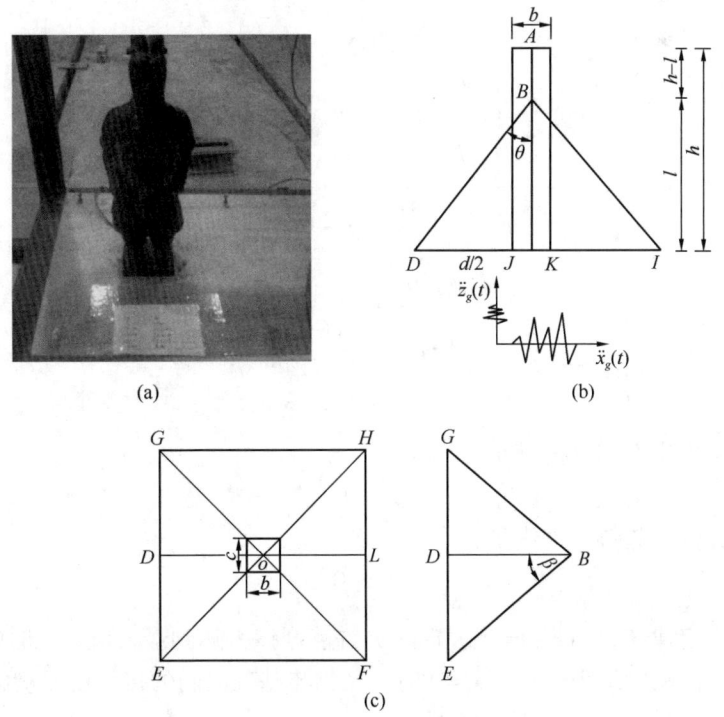

图 3.25 四角拉结固定浮放文物计算模型

$BF$；接触面间的静摩擦系数为 $f_s$，文物的质心高度为 $l$。将地面运动用有效地震力代替，该力等于质量与地面运动加速度的乘积，方向与加速度相反。对竖向有效地震力，当此力与尼龙线拉力的竖向作用力方向相反时，文物的地震响应要大于同等情况下该两个力同向的情况，因而此竖向有效地震力取反向情况。文物的受力分析如图 3.26 所示。

由力学平衡方程得

$$\sum F_x = 0, 2F_{BI}\sin\theta - 2F_{BD}\sin\theta - m\ddot{x}_g(t) + F_S = 0 \quad (3.48)$$

$$\sum F_y = 0, F_N - mg - 4F_{BD}\cos\theta + m\ddot{z}_g(t) = 0 \quad (3.49)$$

$$\sum M_J = 0, F_N e - mg \cdot \frac{b}{2} - 2F_{BD}\cos\theta \cdot \frac{b}{2}$$
$$- 2F_{BI}\cos\theta \cdot \frac{b}{2} + m\ddot{z}_g(t) \cdot \frac{b}{2}$$
$$- [-m\ddot{x}_g(t)] \cdot H = 0 \quad (3.50)$$

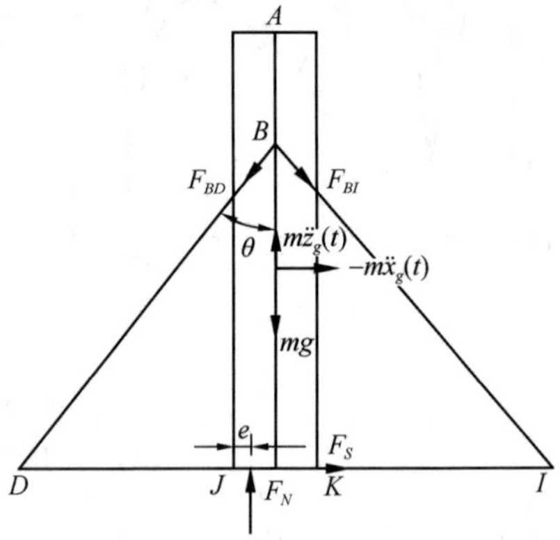

图 3.26 四角拉结固定浮放文物受力图

按照抗震规范，取 $\ddot{z}_g(t) = 0.65\ddot{x}_g(t)$。设四根尼龙线初始张紧力均为 $F_T$，则 $F_{BD} = F_{BI} = F_T\cos\beta$。由式（3.48）～式（3.50）得

$$F_S = m\ddot{x}_g(t) \quad (3.51)$$

$$F_N = mg + \frac{4F_T l}{\sqrt{l^2 + \frac{d^2}{2}}} - 0.65m\ddot{x}_g(t) \quad (3.52)$$

$$e = \frac{mg\frac{b}{2} + \frac{2blF_T}{\sqrt{l^2 + \frac{d^2}{2}}} - m\ddot{x}_g(t)(0.325b + H)}{mg + \frac{4F_T l}{\sqrt{l^2 + \frac{d^2}{2}}} - 0.65m\ddot{x}_g(t)} \quad (3.53)$$

而

$$F_{\max} = f_s F_N = f_s \left[ mg + \frac{4F_T l}{\sqrt{l^2 + \frac{d^2}{2}}} - 0.65m\ddot{x}_g(t) \right] \quad (3.54)$$

要使文物不发生滑移，需满足：

$$F_S \leq F_{\max} \quad (3.55)$$

要使文物无倾倒趋势，需满足：

$$e > 0 \quad (3.56)$$

由摩擦库仑定律知，当 $F_S = F_{\max}$ 时，允许静摩擦力达到最大值，此时的 $\ddot{x}_{g1}(t)$ 即为文物文物不发生滑动的最大值；当 $e = 0$ 时，文物与基础面间的接触由面接触变为点接触，此时为文物处于要倾倒和尚未倾倒的临界值，此时的 $\ddot{x}_{g2}(t)$ 为文物将发生倾倒的极限值。

## 3 博物馆可移动文物（陶瓷器）陈列系统的防震性能研究

当 $\ddot{x}_g(t) = \ddot{x}_{g1}(t)$ 时，

$$m\ddot{x}_{g1}(t) = f_s\left[mg + \frac{4F_T l}{\sqrt{l^2 + \frac{d^2}{2}}} - 0.65m\ddot{x}_{g1}(t)\right] \quad (3.57)$$

$$\ddot{x}_{g1}(t) = \frac{f_s\left(mg + \frac{4F_T l}{\sqrt{l^2 + \frac{d^2}{2}}}\right)}{m(1 + 0.65f_s)} \quad (3.58)$$

当 $\ddot{x}_g(t) = \ddot{x}_{g2}(t)$ 时，支持力 $F_N$ 集中于 $J$ 点，由 $\sum M_J = 0$ 得，

$$-mg \cdot \frac{b}{2} - 2F_{BD}\cos\theta \cdot \frac{b}{2} - 2F_{BI}\cos\theta \cdot \frac{b}{2} + m\ddot{z}_{g2}(t) \cdot \frac{b}{2} - [-m\ddot{x}_{g2}(t)] \cdot H = 0 \quad (3.59)$$

$$\ddot{x}_{g2}(t) = \frac{mgb + \frac{4bF_T l}{\sqrt{l^2 + \frac{d^2}{2}}}}{m(0.65b + 2H)} \quad (3.60)$$

$\ddot{x}_{g1}(t)$ 和 $\ddot{x}_{g2}(t)$ 中的最小值即为文物不发生滑动和倾倒的允许最大值，即

$$\ddot{x}_g(t)_{\max} = \min\{\ddot{x}_{g1}(t), \ddot{x}_{g2}(t)\} \quad (3.61)$$

其中，

$$\ddot{x}_{g1}(t) = \frac{f_s\left(mg + \frac{4F_T l}{\sqrt{l^2 + \frac{d^2}{2}}}\right)}{m(1 + 0.65f_s)}, \quad \ddot{x}_{g2}(t) = \frac{mgb + \frac{4bF_T l}{\sqrt{l^2 + \frac{d^2}{2}}}}{m(0.65b + 2H)} \quad (3.62)$$

如不考虑竖向地震作用，仅考虑水平向 $\ddot{x}_g(t)$ 作用，则方程式（3.48）~式（3.50）变为：

$$\sum F_x = 0, 2F_{BI}\sin\theta - 2F_{BD}\sin\theta - m\ddot{x}_g(t) + F_S = 0 \quad (3.63)$$

$$\sum F_y = 0, F_N - mg - 4F_{BD}\cos\theta = 0 \quad (3.64)$$

$$\sum M_J = 0, F_N e - mg \cdot \frac{b}{2} - 2F_{BD}\cos\theta \cdot \frac{b}{2} - 2F_{BI}\cos\theta \cdot \frac{b}{2} - [-m\ddot{x}_g(t)] \cdot H = 0 \quad (3.65)$$

则方程式（3.61）变为

$$\ddot{x}_g(t)_{\max \text{水平}} = \min\{\ddot{x}_{g1}(t)_{\text{水平}}, \ddot{x}_{g2}(t)_{\text{水平}}\} \quad (3.66)$$

其中，

$$\ddot{x}_{g1}(t)_{\text{水平}} = f_s\left(g + \frac{4F_T l}{m\sqrt{l^2 + \frac{d^2}{2}}}\right); \quad \ddot{x}_{g2}(t)_{\text{水平}} = \frac{gb}{2H} + \frac{2lb}{mH\sqrt{l^2 + \frac{d^2}{2}}}F_T \quad (3.67)$$

由式（3.62）、式（3.67）知，可移动文物的最大地震作用输入值与接触面间的静摩擦系数、文物的质量、拉线的水平投影长度、尼龙线拉节点与文物底面的长度、尼龙线初

始拉力、文物质心高度、文物底部尺寸等多个因素有关，且呈现出明显的非线性关系。文物的抗滑移能力高低与文物的质心高度无关；抗倾倒能力高低与文物与接触物体间的静摩擦系数无关。

2）算例分析

以试件 B12 为例，计算其允许最大地震输入值。其初值参数为：$h = 0.29$m，$l = 0.224$m，$H = 0.146$m，$b = 0.071$m，$m = 0.91$kg，设静摩擦系数和初始拉力分别为 $f_s = 0.72$ 和 $F_T$。将上述各参数值分别代入方程式（3.62）和式（3.67）中，则

$$\ddot{x}_{g1}(t) = 4.807 + 2.532F_T, \quad \ddot{x}_{g2}(t) = 2.057 + 0.781F_T \tag{3.68}$$

$$\ddot{x}_{g1}(t)_{水平} = 7.056 + 2.676F_T, \quad \ddot{x}_{g2}(t) = 2.383 + 0.904F_T \tag{3.69}$$

由式（3.68）、式（3.69）知，对于试件 B12，在其他因素相同的情况下，试件不发生滑移和倾倒的最大允许输入地震值与尼龙线的初始拉力成正比，即初始拉力越大，试件越不易被破坏，防震性能越好。试件的抗倾倒能力明显小于抗滑移能力，此结果与试验现象比较吻合。设初始拉力 $F_T = 0.1$kgf，其计算结果列于表 3.7。由表 3.7 知，如不考虑竖向地震作用对文物试件的影响，将使得允许的地震输入值偏大；从而当强震作用时，容易使文物遭受破坏。

**表 3.7 可移动文物试件 B12 计算结果**

| 地震输入 | 最大输入允许值 ($m/s^2$) | 判定依据（$m/s^2$） | | 静摩擦系数 $f_s$ | 初始拉力 $F_T$（kgf） |
| --- | --- | --- | --- | --- | --- |
| | | 滑移 | 倾倒 | | |
| $\ddot{x}_g(t), \ddot{z}_g(t)$ | 2.822 | 7.289 | 2.822 | 0.72 | 0.1 |
| $\ddot{x}_g(t)$ | 3.369 | 9.678 | 3.369 | 0.72 | 0.1 |

（3）采用隔震减震设计的可移动文物陈列系统的地震作用分析

对于文物系统的隔震减震控制，其重点多集中在隔震材料、装置和设备的研发上。当前我国采用的多数隔震减震装置尚需从国外进口，且价格较高，较难被全国多数博物馆，尤其是中小型馆所普及。因而，探求适合于国内各类博物馆使用的、既经济又实用的隔震减震装置成了一个亟待解决的问题。在隔震减震控制方面，悬吊结构隔震体系作为一种被动调谐减震体系，由于其受力明确，隔震效果较好，近些年来被研究者所重视。康希良[119]对悬挂体系的抗震性能进行了有限元分析，李宏男[120,121]、郑先超[122]等对高层建筑悬吊质量摆的减震性能进行了分析，邓建军[123]、涂文戈[124]、Guiseppe M[125]等对悬吊结构的动力特性进行了分析，但文物系统悬吊隔震减震的研究资料相对较少。现结合悬吊减震体系的兵马俑 B7 的减震试验结果，对悬吊减震结构体系的地震作用特性进行分析。

1）单层可移动文物悬吊减震系统的动力分析

对于本文所设计的文物减震系统模型，当模拟地震波输入时，首先带动振动台面产生水平运动，继而引起陈列架运动，然后带动悬吊结构摆动；悬吊结构在来回摆动过程中，不断地消耗能量，从而有效地降低了地震对文物的破坏作用。另外，此结构在摆动的同时，其悬挂结构的惯性力同时也反作用于陈列架架体本身，当这种惯性力与陈列架本身的运动相反时，将会减弱陈列架的地震响应。图 3.27 为带有悬挂减震系统的文物陈列系统模型的简化计算模型。此试验模型由陈列框架、悬挂减震吊篮和悬吊拉结弹簧组成。将陈

## 3 博物馆可移动文物（陶瓷器）陈列系统的防震性能研究

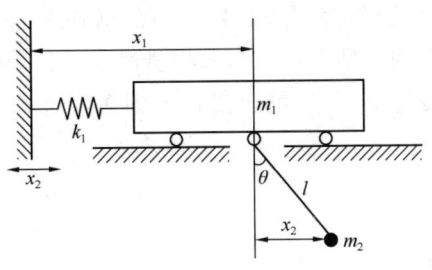

图 3.27 单层悬吊减震系统计算简图

列架简化为平动质量刚体、悬吊减震系统简化为单摆结构，摆长为以弹簧上拉节点到吊篮质心作用点之间的长度。其中：$x_g$ 为振动台面运动的位移；$x_1$ 为陈列架结构相对振动台面的位移；$x_2$ 为悬吊减震吊篮结构相对于陈列架结构的位移；$k_1$ 为陈列架结构的侧向刚度；$g$ 为重力加速度；$m_1$、$m_2$ 分别为陈列架结构和悬吊减震吊篮结构的集中质量。

单层悬吊系统（无阻尼情况）在地震作用下的运动方程为

$$\begin{cases} m_1 \ddot{x}_1 + k_1 x_1 - \dfrac{m_2 g x_2}{\sqrt{l^2 - x_2^2}} = -m_1 \ddot{x}_g \\ m_2 \ddot{x}_2 + m_2 \ddot{x}_1 + \dfrac{m_2 g x_2}{\sqrt{l^2 - x_2^2}} = -m_2 \ddot{x}_g \end{cases} \quad (3.70)$$

对式（3.70）的第二个式子进行化简得

$$m_2(\ddot{x}_2 + \ddot{x}_1 + \ddot{x}_g) + \dfrac{m_2 g x_2}{\sqrt{l^2 - x_2^2}} = 0 \quad (3.71)$$

令 $f(x_2) = \dfrac{m_2 g x_2}{\sqrt{l^2 - x_2^2}}$，则当 $x_2/l < 2/5$ 时，$f(x_2)$ 为弱非线性；当 $2/5 < x_2/l < 4/5$ 时，$f(x_2)$ 为强非线性。将 $f(x_2)$ 在 $x_2 = 0$ 处按泰勒公式展开至三次项得 $f(x_2) = x_2/l + \varepsilon x_2^3/(2l^3)$，其中 $\varepsilon$ 为参数。

令 $\omega_{20}^2 = g/l$；$k = g/(2l^3)$；$\ddot{x}_{1g} = \ddot{x}_1 + \ddot{x}_g$。将之代入式（3.71）得

$$\ddot{x}_2 + \omega_{20}^2 x_2 + \varepsilon k x_2^3 = -\ddot{x}_{1g} \quad (3.72)$$

2）多层可移动文物陈列系统的地震响应分析

通过调研发现，单层陈列系统多用于体积相对比较大、比较贵重或临时参展等情况；而对于许多博物馆常设的陈列柜，当文物体积相对较小、不太贵重等情况也经常采用多层陈列系统，如图 3.28 所示。为了不失一般性，现对多层陈列系统进行考虑。此种情况陈

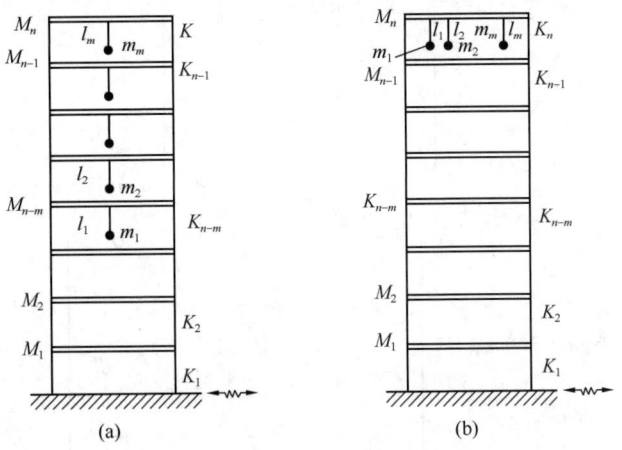

图 3.28 多层陈列悬吊系统放置方式
(a) 多层悬吊式；(b) 单层多吊式

列柜（架）的计算模型可简化为多自由度系统，此系统与多层或高层建筑的剪切型简化模型类似。对于悬吊文物的隔震减震放置方式可以有两种情况：一是多层悬吊式；二是单层多吊式。设在剪切型多层陈列柜（架）结构中设置 $m$ 个悬吊质量摆，则多层陈列柜（架）结构的运动方程为

$$M\ddot{x} + C\dot{x} + Kx = -MI\ddot{x}_g(t) \tag{3.73}$$

式中 $\ddot{x}$、$\dot{x}$、$x$——体系的加速度、速度和位移矢量；

$I$——单位惯性力列矢量；

$\ddot{x}_g(t)$——建筑结构底层地面或各层楼板地面的地震响应加速度；

$M$、$C$、$K$——体系的质量矩阵、阻尼矩阵和刚度矩阵。

其中，阻尼矩阵 $C$ 可采用 Rayleigh 阻尼，$M$、$K$ 的表达式分别为

$$M = \mathrm{diag}(M_1, M_2, \cdots, M_n, m_1, m_2, \cdots, m_n) \tag{3.74}$$

$$K = \begin{bmatrix} K_{结构} & K_{耦联} \\ K_{耦联} & K_{摆} \end{bmatrix} \tag{3.75}$$

① 当采用各层悬吊式时，式（3.75）中各刚度矩阵表达式为

$$K_{结构} = \begin{bmatrix} K_1 + K_2 & -K_2 & & & & \\ -K_2 & K_2 + K_3 & -K_3 & 0 & & \\ \ddots & \ddots & \ddots & & & \\ -K_{n-m} & K_{n-m} + K_{N-m+1} + \dfrac{m_1 g}{l_1} & -K_{n-m+1} & 0 & \\ & & \ddots & \ddots & \\ 0 & & & -K_{n-1} & K_n + \dfrac{m_m g}{l_m} \end{bmatrix}_{(n \times n)} \tag{3.76}$$

$$K_{摆} = \begin{bmatrix} \dfrac{m_1 g}{l_1} & & & \\ & \dfrac{m_2 g}{l_2} & & \\ & & \ddots & \\ & & & \dfrac{m_m g}{l_m} \end{bmatrix}_{(m \times m)} \tag{3.77}$$

$$K_{耦联}^{\mathrm{T}} = K_{耦联} = \begin{bmatrix} -\dfrac{m_1 g}{l_1} & & & 0 \\ & -\dfrac{m_2 g}{l_2} & & \\ & & \ddots & \\ 0 & & & -\dfrac{m_m g}{l_m} \end{bmatrix}_{(m \times n)} \tag{3.78}$$

② 当采用单层多吊式时，式（3.75）中各刚度矩阵表达式为：

$$K_{结构} = \begin{bmatrix} K_1+K_2 & -K_2 & & & \\ -K_2 & K_2+K_3 & -K_3 & & 0 \\ \ddots & \ddots & \ddots & & \\ & -K_{n-1} & -K_{n-1}+K_n & -K_n \\ 0 & & -K_n & K_n+\sum_{i=1}^{m}\dfrac{m_i g}{l_i} \end{bmatrix}_{(n \times n)} \quad (3.79)$$

$$K_{摆} = \begin{bmatrix} \dfrac{m_1 g}{l_1} & & & \\ & \dfrac{m_2 g}{l_2} & & \\ & & \ddots & \\ & & & \dfrac{m_m g}{l_m} \end{bmatrix}_{(m \times m)} \quad (3.80)$$

$$K_{耦联} = K_{耦联}^{T} = \begin{bmatrix} & & 0 & & \\ -\dfrac{m_1 g}{l_1} & -\dfrac{m_2 g}{l_2} & \cdots & -\dfrac{m_m g}{l_m} \end{bmatrix}_{(n \times m)} \quad (3.81)$$

## 3.5 本章小结

博物馆可移动文物的防震性能好坏与文物自身的材质、防震措施、与主体结构的连接方式等因素有关。其主要工作与结论如下：

（1）以陶瓷器为例，对其基本化学组成和力学性能进行了研究，得出：在常温下，陶瓷文物具有塑性变形小、脆性大、受震（振）时能量消耗性能差等不利特性，同时，由于陶瓷器的劣化变质、初始裂纹缺陷等使得其防震能力急剧减弱，因而使其在地震作用时易出现摔倒、滑移、破裂等破坏形式。

（2）传统的抗震措施对文物的防震安全起到一定的保护作用，但也存在着诸多不足，需进行相应的改进和完善。对文物系统隔震减震（振）控制方法中的柔性法、刚性法和刚柔法的工作原理及优缺点进行了对比分析，在此基础上研发了文物悬吊减震系统；结合振动台试验中兵马俑 B7 的试验结果，提出了该悬吊结构减震系统的减震机理，建立了其运动微分方程。计算结果表明，该系统的运动形式表现为非线性。通过试验分析和理论计算验证了该减震系统的有效性。

（3）通过调研提出文物陈列柜与主体结构、文物与陈列柜的连接形式常见的有固定和浮放两种。对可移动文物陈列系统的破坏机理进行了分析，提出了四类计算模型，给出了其相应的判别式，并以陈列架-试件 B10 系统模型为例进行了算例分析。计算结果表明，对于陈列架固定、文物浮放情况，当地震波输入增大时，陈列架和文物的地震响应均有所增大，且其地震响应时程会有所变化。其中，文物的地震响应幅度值变化较大，表明其滑移和摇晃运动是相互耦合的，并受自身振动频率等因素影响。

（4）推导出四角尼龙线拉结固定的文物模型的地震作用计算表达式，并进行了实例分析。通过分析可知，如不考虑竖向地震作用对文物试件的影响，将使得所允许的地震输入值偏大；从而当强震作用时，容易使文物遭受破坏。对采用隔震减震设计的单层、多层可移动文物陈列系统的地震响应进行了建模分析，提出了其运动表达式。

# 4 博物馆建筑结构的防震性能研究

## 4.1 博物馆建筑结构防震设计的基本要求

目前，我国的博物馆建设已经进入一个快速发展的高峰期。《博物馆事业中长期发展规划纲要（2011—2020年）》中提出：要积极实施地市级及文物大县博物馆建设计划；确保每个地级以上中心城市拥有1个以上功能健全的博物馆；同时还应加快世界一流博物馆的建设；到2020年，基本形成特色鲜明、结构优化、布局合理的博物馆体系[1]。近些年来，我国新建的博物馆的数量不断增多；同时，其建筑结构的防震安全问题也日益暴露出来。如何有效地提高博物馆建筑结构的防震能力，以有效地保护博物馆的防震安全已成为亟待解决的重要问题。

建筑结构的防震设防是以现有的科研水平、经济能力等为条件的，在防震目标的确定上，不同国家所体现的准则也有所不同。如美国建筑物抗震设计暂行条例（1978）、日本修正建筑标准法（1981）、希腊抗震规范（1978）、秘鲁抗震设计规范（1977）、我国的《建筑工程抗震设防分类标准》（GB 50223—2008）及欧洲抗震设计规范 Eurocode8 等[126,127]等均根据自己的国情来确定了各自的防震标准。

以我国为例，

（1）按照《建筑结构可靠度设计统一标准》（GB 50068—2018）第1.0.5条的规定，博物馆建筑设计的耐久年限一般为100年（小型博物馆一般不低于50年）。按照第1.0.8规定，博物馆建筑结构的安全等级一般为二级[128]。

（2）按照《博物馆建筑设计规范》（JGJ 66—2015）的规定：大中型及以上博物馆的耐久年限宜取为100年，中、小型馆的耐久年限宜取为50年[86]。

（3）按照《建筑工程抗震设防分类标准》（GB 50223—2008）第3.0.2节的规定：博物馆建筑抗震设防类别一般为重点设防类（简称乙类）。第6.0.6规定大型博物馆、存放国家一级文物的博物馆，其抗震设防类别应划为重点设防类。按照第3.0.3节的规定，博物馆抗震设防标准，应符合下列要求：重点设防类，应按高于本地区抗震设防烈度一度的要求加强其抗震措施；但抗震设防烈度为9度时应按比9度更高的要求采取抗震措施。同时，应按本地区抗震设防烈度确定其地震作用[129]。同时，其防震要求还在《建筑抗震设计规范》（GB 50011—2010）、《民用建筑设计统一标准》（GB 50352—2019）[130]、《叠层橡胶支座隔震技术规程》（CECS 126—2001）等[131]等规范中有所体现。

总体来看，博物馆建筑结构的防震安全设计涉及的方面较多，各国的防震设防标准也不尽相同。对于我国而言，其设防规则体现在多部规范中，且有许多内容互相交叉，难免有相互矛盾的地方，同时考虑到博物馆担负着保护不可再生的文物的重要职能，因而有必要对当前的博物馆防震安全设计进行深入研究，从而为《博物馆建筑结构设计规范》的制定提供参考。

## 4.2 博物馆常见建筑结构形式的震害分析

### 4.2.1 常见的建筑结构形式

据国家文物局近年来的《全国文物业统计资料》显示，我国"十一五""十二五"期间文物博物馆事业取得了巨大发展，博物馆数量从2005年的2320个发展到2015年的4510个，10年间近乎增长了一倍。从调研结果看，其建筑结构形式也日益复杂，见表4.1。从表4.1可看出，博物馆的建筑结构形式包含砖混、钢筋混凝土框架、框架-剪力墙钢支撑、钢网壳、钢框架、钢拱、网架式框架、大跨度悬挂体系、钢框架混凝土核心筒体系、箱体构造体系、钢桁架结构体系等多种形式（部分偏远地区存在毛石、生土等材料堆砌而成的简易博物馆建筑，由于此类结构防震能力较差，不再适合用作博物馆，因而未做考虑），其中以砖混结构、钢筋混凝土框架结构、框架-剪力墙结构、钢结构等结构形式比较常见。建筑层数以1~5层为主，少数大型馆或新建的博物馆为高层。从建筑结构体系发展看，今后的发展趋势以复合或混合结构为主，且呈现向高层、大跨度发展的趋势。

表4.1 国内外博物馆常见的建筑结构形式

| 序号 | 博物馆名称 | 馆体规模 | 主体结构形式 | 高度（m） | 层数 | 设防等级 | 建筑结构特点 |
|---|---|---|---|---|---|---|---|
| 1 | 国家博物馆新馆 | 大型 | 多筒体-部分框架结构 | 42.5 | 地上5层 地下2层 | 8度 | 两轴两区 |
| 2 | 重庆中国三峡博物馆 | 大型 | 钢筋混凝土框架结构 | 25.2 | 地上5层 地下1层 | 6度 | 顺地势而建，与山融为一体 |
| 3 | 湖北省博物馆 | 大型 | 钢筋混凝土框架结构 | — | 主体4层 两翼2层 | 7度 | 一主两翼、中轴对称式布局 |
| 4 | 天津博物馆 | 大型 | 框剪结构 | 33 | 3层 | 7度 | 天鹅造型建筑 |
| 5 | 苏州博物馆新馆 | 大型 | 主体钢结构 | 16 | 地上2层 地下1层 | — | 中而新、苏而新 |
| 6 | 徐州博物馆 | 大型 | 库房和展厅为框架结构 | — | 地上2层 | — | 四位一体 |
| 7 | 太原博物馆 | 大型 | 钢框架-剪力墙结构 | — | 地上4层 地下1层 | 8度 | 5个独立且连通的倒锥形体块 |
| 8 | 山西博物院 | 大型 | 框架-剪力墙结构 | 39.9 | 地上4层 地下1层 | 8度 | 如斗似鼎，四翼舒展 |
| 9 | 上海博物馆新馆 | 大型 | 框架结构 | 29.5 | 地下1层半 地面4层半 | 7度 | 天圆地方 |
| 10 | 陕西历史博物馆 | 大型 | 框剪结构 | 31 | 地下1层 地上6层 | — | 轴线对称，主从有序；中央殿堂，四隅崇楼 |
| 11 | 秦始皇兵马俑博物馆1号坑 | — | 落地式三角钢拱结构 | 13.4 | 1层 | — | 倒I形；格构式箱形拱架，抛物线拱轴 |
| 12 | 秦始皇兵马俑博物馆2号坑 | — | 网架式框架结构 | — | 1层 | — | 正交正放变高度、单跨网架 |

续表

| 序号 | 博物馆名称 | 馆体规模 | 主体结构形式 | 高度(m) | 层数 | 设防等级 | 建筑结构特点 |
|---|---|---|---|---|---|---|---|
| 13 | 广东博物馆新馆 | 大型 | 框架-剪力墙、剪力墙-钢桁架结构 | 44.65 | 地下1层 地上5层 | 7度 | 厅内形成大跨度无柱式空间 |
| 14 | 汕头博物馆新馆 | 大型 | 钢筋混凝土框架结构 | 42.5 | 地上8层 地下1层 | 9度 | 二层顶与三层楼板间设置基础隔震橡胶垫 |
| 15 | 成都博物馆新馆 | 大型 | 钢框架混凝土核心筒体系 | 46 | 地上5层 地下4层 | 8度 | 筏板基顶与深板间设置了361个橡胶隔震垫 |
| 16 | 日本POLA艺术博物馆 | — | 上部为钢桁架；基底为钢筋混凝土 | <8 | 地上2层 地下3层 | — | 基底隔震体系 |
| 17 | 河北博物馆新馆 | 大型 | D区钢结构 | 21.3 | 地上3层 地下1层 | — | 凸字形 |
| 18 | 首都博物馆新馆 | 大型 | 框架剪力墙 | 42 | 地上5层 地下2层 | — | 由主展览楼、椭圆形展览楼、办公楼组成 |
| 19 | 沧州博物馆新馆 | 大型 | 框架结构 | 24 | 半地下层 地上4层 | — | 负斗型，九宫格结构形式 |
| 20 | 秦皇岛市玻璃博物馆 | 小型 | 砖混 | 13.6 | 两层 | — | 哥特式风格 |

### 4.2.2 常见建筑结构形式的结构特点与震害分析

为了研究不同的建筑结构形式对建筑物防震性能的影响，现结合国内外震害情况，尤其是我国近几十年来发生的唐山大地震、汶川地震、玉树地震等的震害情况，对砖混结构、钢筋混凝土框架结构、框架-剪力墙结构、钢结构等常见的结构形式的结构特点和震害情况进行调研分析[132-143]，其调研结果见表4.2～表4.5。

表4.2 砖混结构建筑的结构特点与震害分析

| 名称 | | 结构特点与震害分析 |
|---|---|---|
| 砖混结构 | 含义 | 建筑物中由竖向承重结构的墙、柱等采用砖或砌块砌筑，横向承重的梁、楼板、屋面板等采用钢筋混凝土而构成的混合结构体系 |
| | 布置形式 | （1）横墙承重。（2）纵墙承重。（3）纵横墙混合承重。（4）砖墙和内框架混合承重。（5）底层为钢筋混凝土框架，上部为砖墙承重结构 |
| | 优点 | 适合于开间进深较小，房间面积小的多层或低层建筑。具有可就地取材、便于施工、造价低、耐火性耐久性好等优点 |
| | 缺点 | 承重墙体不能做任意的改动，建筑稳定性差、浪费资源 |
| | 震害分析 | （1）建筑物墙体、外纵墙、山墙等因布局不合理易造成局部作用力较大而破坏。（2）建筑物因整体性和变形性能不足易引起破坏。无圈梁和构造柱的建筑易较早出现剪切破坏，甚至倒塌。（3）建筑物因各构件间的连接强度不足易引起破坏。表现为墙体、楼盖、屋盖等不能协同工作，当建筑物有较大变形时，由于各构件间的连接发生破坏而使得各构件丧失稳定性，发生局部倒塌。（4）建筑物因强度不足易发生倒塌破坏。表现为整体、整层或薄弱单元垮塌 |

## 4 博物馆建筑结构的防震性能研究

### 表4.3 钢筋混凝土框架结构的结构特点与震害分析

| 名称 | | 结构特点与震害分析 |
|---|---|---|
| 钢筋混凝土框架结构 | 含义 | 梁、柱通过刚接或铰接连接在一起而组成的承重体系的结构 |
| | 优点 | （1）空间分隔比较灵活，自重小，可有效地安排相对较大的空间。<br>（2）现浇混凝土框架结构的整体性、刚度好，梁或柱的截面形状可控制，抗震效果相对较好 |
| | 缺点 | （1）结构节点受力比较集中，抗侧向刚度小，在强震作用下，结构易产生较大的水平位移，造成结构的破坏。<br>（2）此结构受力后，总体水平位移上大下小；对各楼层情况，层间变形上小下大，设计时需将框架的抗侧移刚度和结构的侧移进行有效控制。<br>（3）当结构高度增大、层数变多时，结构底部各层柱中轴力的增大、梁和柱的弯矩和整体侧移的增加可能致截面的尺寸和配筋不断增大，从而不利于建筑的平面布置及空间处理，因而不适宜用于建造较高的高层建筑（一般适合于15层以下） |
| | 震害分析 | 此类建筑在未进行抗震设计的情况下，6~7度区主体结构基本能保证完好；8~9度区主体结构可能会发生局部破坏，填充墙和凸出屋顶部分可能会发生严重开裂甚至倒塌；10度区结构梁、柱易发生严重破坏或倒塌，填充墙破坏严重。其主要震害特点如下：<br>（1）强节点弱构件机制失效<br>由于结构造措施使用不当等因素影响，节点区箍筋过稀处经常发生脆性破坏；节点核心区配筋过密也会使混凝土浇筑质量不高而引起剪切破坏。在地震作用下，节点区受力主要为剪压复合受力状态。当剪压比较大时，在箍筋尚未屈服的情况下，此区也可能因混凝土被剪压成碎块而发生破坏。<br>（2）强柱弱梁机制失效<br>在地震作用下，由于未在框架梁端出现塑性铰，而在柱端大量出现塑性铰易引起结构的破坏。由于柱铰机制耗能较小，使得整体结构的抗震能力未得到充分发挥，因而在遭遇超过设防烈度时容易出现倒塌。<br>（3）填充墙破坏<br>在框架结构的抗震设计时，填充墙多数仅作为荷载进行考虑。在地震时，由于砌体墙作为框架结构的一道抗震防线往往会承受较大剪力，但由于填充墙变形能力低，这势必造成墙体首先发生开裂破坏，再加上墙面外的作用力，容易造成填充墙倒塌。填充墙的倒塌对建筑内部会造成较大的破坏，尤其是对文物系统尤为明显，它可能造成文物陈列柜的倒塌而摔碎文物，或直接砸坏文物。<br>（4）填充墙造成的短柱引发剪切破坏<br>窗下填充墙由于对框架柱的侧向约束使得其实际剪跨比缩小，极易造成短柱。框架柱的剪跨比缩小后，会使得柱子的抗侧移刚度增加，引起剪力增大；同时使得其侧向变形能力降低，易引起脆性剪切破坏。当由于填充墙的不合理设置使得同一楼层同时存在不同剪跨比的柱子时，短柱由于抗侧移刚度大，其分配的地震剪力就大，易产生剪切破坏。<br>（5）薄弱层的破坏<br>当填充墙结构的实际层承载力分布与框架结构的层承载力分布产生较大差异时，容易导致填充墙布置较少的楼层成为薄弱层，在强震作用下，薄弱层可能会产生较大的集中变形，从而易引起框架结构的侧移变形模式的改变；同时由于薄弱层的承载力不足容易引起严重破坏，并导致结构的倒塌。<br>（6）其他破坏<br>当填充墙平面布置不均匀或同层框架柱抗侧移刚度不足时，也容易引起结构扭转变形过大或剪切强度不足而产生较大破坏。另外，由于框架抗侧移刚度大，楼层间抗侧移刚度较大，楼梯结构传力路径复杂也容易引起楼梯的震害 |

表 4.4 框架-剪力墙结构的结构特点与震害分析

| 名称 | | 结构特点与震害分析 |
|---|---|---|
| 框架-剪力墙结构 | 含义 | 在框架结构中设置适当的剪力墙而组成的结构 |
| | 特点分析 | 在这种结构中，框架主要承受垂直荷载，剪力墙主要承受水平荷载。其具有承载力大，布置灵活的特点，此结构一般适合于 10~20 层的建筑 |
| | 震害分析 | 此结构由于呈弯曲型变形的剪力墙与剪切型变形的框架之间的协同工作，使得其层间位移角相对较小；同时结构兼有多道抗震防线。这些有利因素使得此结构形式的建筑在遭遇设防地震或略高于其设防烈度 1~2 度区域的抗震抵抗力相对较强，在强震中破坏相对较轻，但也会出现防震不足的情况，表现为：<br>（1）强剪弱弯机制未形成。连梁容易出现剪切破坏。高连梁及有集中荷载（连梁上有次梁等）的连梁处容易出现严重开裂等情况。<br>（2）剪力墙墙肢剪切破坏或边缘构件混凝土压碎、纵筋压屈破坏。<br>（3）墙体沿施工缝滑移错动，墙体竖向筋易被剪断或压屈，水平筋易被拉断。<br>（4）由于连梁、剪力墙作为结构抗震的第一、二道防线，有效地保护了框架梁柱，使得梁柱框架破坏较轻；但在一端与剪力墙连接，另一端与柱或梁连接的梁，靠剪力墙的一端容易出现弯剪破坏。<br>（5）围护墙和填充墙遭受破坏。围护墙和填充墙承担了相应的水平地震力；但由于其自身强度低，变形能力小，因而出现大面积开裂或垮塌。对于博物馆文物系统，此种情况容易对文物系统造成巨大危害 |

表 4.5 钢结构的结构特点与震害分析

| 名称 | | 结构特点与震害分析 |
|---|---|---|
| 钢结构 | 含义 | 由钢梁、柱、桁架等构件通过焊接、螺栓或铆钉连接在一起而形成的结构 |
| | 基本分类 | 可分为钢框架结构、钢框架-支撑结构、钢框架-抗震墙板结构、大跨钢结构等。在博物馆建筑中，钢框架和大跨钢结构比较常见 |
| | 特点分析 | 由于自身钢材料强度高、自重小、整体刚性好、变形能力强，故而适合建造大跨度和超高、超重型的建筑物，因而被广泛应用于大型厂房、场馆、超高层建筑等领域，其中博物馆主体建筑和大型展厅也常采用此类型。其主要特点如下：<br>（1）材料强度高，自重小。适用于大跨度、高度相对较大且高承载的结构。<br>（2）材料塑性、韧性好，结构抗冲击性好，吸能减震效果好。<br>（3）制造安装机械化程度高。<br>（4）密封性能好。<br>（5）耐热性好，耐火性差。<br>（6）耐腐蚀性差。一般钢结构要除锈、镀锌或涂料，且定期维护。<br>（7）低碳、节能、绿色环保，可重复利用 |
| | 震害分析 | 钢结构建筑的抗震性能相对较好，但钢结构建筑在结构设计、材料选用、施工制作、维护不利等情况下，也容易引起一定的破坏。表现在：<br>（1）梁柱的节点破坏。主要有加劲板的屈曲和开裂、加劲板焊缝的裂缝等。<br>（2）梁、柱、支撑等构件的破坏。对于框架柱，表现为构件屈曲、焊缝断裂等；对于框架梁，表现为翼缘、腹板屈曲等；对于支撑，主要有杆件的整体失稳、板件的局部屈曲及节点处的断裂等。<br>（3）多层钢结构底层或中间层的垮塌。钢结构整体垮塌的破坏相对较少，但在结构的中间层或首层也有整层破坏的情况。分析其原因有：楼层屈服强度系数沿高度分布不均匀产生了薄弱层；或框架因产生塑性铰形成机构而破坏。<br>（4）连接件的破坏。钢结构本身由于具有较大的承载能力和变形能力，在强震中不容易发生破坏，但连接在结构构件上的墙板、楼面板、屋面板、门窗等容易遭受破坏。非结构构件由于构强度不足、变形较差或连接失效等也容易产生破坏，这种破坏也极易引起博物馆内文物陈列系统的破坏。<br>（5）支座杆件的破坏。对于大跨结构，由于其面内刚度较大，在水平地震作用下，与支座相连的杆件易发生破坏。<br>（6）支座的破坏。对于网架支座，由于要消除温度应力的影响，大多采用滑动支座，螺栓的受剪承载力多按小震进行验算，使其承载力较低。当遇到大震时，支座剪力可能会增大数倍引起螺栓的脆性剪坏 |

### 4.2.3 博物馆建筑结构体系优选

将表4.2~表4.5中各结构形式的结构特点和震害情况进行对比分析，列于表4.6。

表4.6 博物馆常见结构形式的综合性能比较与结构选型

| 评价指标 | 结构形式 | | | | |
|---|---|---|---|---|---|
| | 砖混结构 | 钢筋混凝土框架结构 | 钢筋混凝土框剪结构 | 钢框架结构 | 大跨钢结构 |
| 内部大空间 | 否 | 可 | 可 | 可 | 可 |
| 易坍塌性 | 易 | 难 | 难 | 难 | 难 |
| 塑性和延性 | 差 | 好 | 好 | 较好 | 较好 |
| 耗能机制 | 差 | 差 | 好 | 好 | 好 |
| 抗侧移性 | 差 | 差 | 好 | 差 | 好 |
| 多道防线 | 无 | 无 | 有 | 有 | 有 |
| 震害程度 | 大 | 中 | 小 | 小 | 小 |
| 适宜层数 | 低/多层 | <15 | 10~20 | <30 | 1 |
| 结构选型 | 不适合 | 适合 | 较适合 | 不推荐 | 不推荐 |

由此可知，对于博物馆防震设计的结构选型，有以下结论：

(1) 对于砖混结构，由于存在实现内部大空间相应较难，且较易形成薄弱部位、容易坍塌、结构吸能能力较弱、塑性较差、结构安全储备低等诸多缺点，因而不适合继续用于博物馆建筑。

(2) 对于钢筋混凝土框架结构，由于其空间设置灵活，结构的整体性、刚度较好，经合理化设计后可具有相对较好的抗震效果；但此类结构抗侧移刚度小、缺乏多道抗震防线，竖向地震作用影响在设计时容易被忽视，因而此类结构被用于博物馆建筑结构-文物系统的防震设计时，其防震性能应深入分析。

(3) 对于框架-剪力墙结构，由于其兼具框架结构的建筑布置灵活性和剪力墙结构抗侧移性好的优点，使得此类结构具有多道抗震防线，抗震效果相对较好。这些有利因素使得此结构建筑在遭遇设防地震或略高于其设防烈度1~2度区域的抗震能力相对较强，因而此类结构相对比较适合博物馆建筑。对博物馆建筑结构-文物系统进行防震设计时，楼层变化和剪力墙的对称与非对称布置等因素对地震作用响应的影响不应忽视。

(4) 对于钢框架结构，在大震作用下可以通过梁端塑性弯曲铰的非弹性变形来实现耗能；在弹性情况下，其抗侧移能力主要取决于框架柱和梁的抗弯能力，当层数较多时需加大梁和柱子的截面，因而其建造和维护成本会相应增大。同时当此类结构用于博物馆防震设计时，外界因素的变化容易引起此结构产生大的振动，进而容易对其内部的文物造成危害，需另外考虑文物系统的防震（振）处理。因而，在博物馆建筑结构-文物系统的防震设计时，此结构体系不推荐。

(5) 对于大跨钢结构，由于其属于多次超静定结构，其安全储备相对较大，使得此类结构具有良好的抗震性能；但由于此类结构适合建筑层数一般较低，且多以单层为主，因而此类结构比较适合用于大型展览馆的设计，对于博物馆多层、高层的主体建筑不太适合。

由以上分析可知，钢筋混凝土框架结构和框架-剪力墙结构相对适合用于博物馆建筑的防震设计，现将此两种结构的防震性能做进一步分析。

## 4.3 博物馆建筑结构的地震作用效应计算

在对博物馆结构的地震反应分析中，为便于结构的分析计算，通常将结构中同层的所有构件的弹塑性性质统一到一个弹簧上，来实现结构的分层建模。此种建模方法常见的有等效剪切模型和弯曲-剪切模型两类[144,145]。但同时，由于现代博物馆建筑结构形式的复杂多样，势必会出现结构的质量和刚度不对称的情况，加之各层楼盖本身并非刚体，因而结构中同一楼层不同位置处的地震响应并非完全相同。此种情形下，上述两种模型不再适用，因而需建立新的模型进行研究。现就以上各种情况进行具体分析。

### 4.3.1 等效剪切模型

对于层数较少、不存在剪力墙的纯框架博物馆建筑，由于其结构的变形以剪切变形为主，上下层之间的相互影响可以忽略不计，因而可以采用等效剪切模型进行分析。当地震力作用引起结构中某层发生变形时，可以认为仅在这一层产生剪力，即此层的剪力仅为其水平位移的函数，因而结构中各层的层刚度可用一个水平弹簧来表示。当结构有 $n$ 层，则整个结构便可以简化为 $n$ 个水平弹簧串联的形式，如图 4.1 所示。此类模型，上部结构的变形形式与基础的固定程度有较大关系。

（1）基础固定情况

当基础固定时，在水平外力作用下其等效剪切模型的变形形式，如图 4.2 所示。

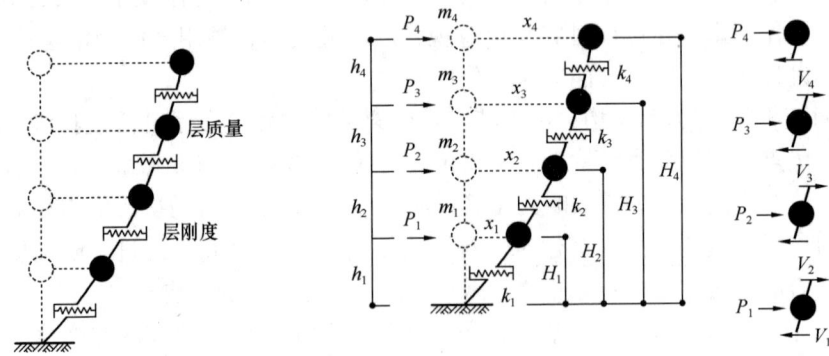

图 4.1 等效剪切模型　　　图 4.2 基础固定情况下等效剪切模型

此模型中各层剪力与变形的表达式为

第 1 层：$V_1 = k_1 x_1$；第 2 层：$V_2 = k_2(x_2 - x_1)$；

第 3 层：$V_3 = k_3(x_3 - x_2)$；…；第 $n$ 层：$V_n = k_n(x_n - x_{n-1})$。

由结构各层的平衡方程得

$$\begin{cases} V_1 - V_2 = P_1 \\ V_2 - V_3 = P_2 \\ \vdots \\ V_{n-1} - V_n = P_{n-1} \\ V_n = P_n \end{cases} \quad (4.1)$$

式中 $V_1, V_2, \cdots, V_n$——结构第 1, 2, $\cdots$, n 层产生的剪力；

$P_1, P_2, \cdots, P_n$——作用在结构第 1, 2, $\cdots$, n 层的水平外力；

$k_1, k_2, \cdots, k_n$——结构第 1, 2, $\cdots$, n 层的层刚度；

$x_1, x_2, \cdots, x_n$——结构第 1, 2, $\cdots$, n 层相对于地面的水平位移。

由各层剪力与水平变形的关系，将式（4.1）写成矩阵形式，则为

$$[K]\{x\} = \{P\} \quad (4.2)$$

式中 $[K]$——结构的层刚度矩阵；

$\{x\}$——水平位移向量；

$\{P\}$——水平外力向量。

$[K]$、$\{x\}$、$\{P\}$ 的表达式为

$$\text{矩阵}\ [K] = \begin{bmatrix} k_1+k_2 & -k_2 & & & & \\ -k_2 & k_2+k_3 & -k_3 & & 0 & \\ & k_3 & \cdots & \cdots & & \\ & & \cdots & \cdots & \cdots & \\ & 0 & & & k_{n-1}+k_n & -k_n \\ & & & & -k_n & k_n \end{bmatrix},\ \{x\} = \begin{Bmatrix} x_1 \\ x_2 \\ x_3 \\ \vdots \\ x_n \end{Bmatrix},$$

$$\{P\} = \begin{Bmatrix} P_1 \\ P_2 \\ P_3 \\ \vdots \\ P_n \end{Bmatrix} \quad (4.3)$$

（2）基础有水平及扭转变形情况

由于实际建筑物的基础刚度不是无限大，在外力作用下基础可能产生的水平及扭转等变形。当上述变形不能忽略时，其等效剪切模型如图4.3所示。此模型仅适用于基础的水平及扭转变形，而不适用于竖向变形情况。令基础的质量为 $m_S$，水平刚度为 $k_S$，扭转刚度为 $k_R$，基础上产生的水平变形为 $x_S$，扭转角度为 $\theta$。结构的其他条件与基础固定时相同。由图4.3，设作用于结构上各层的水平外力为 $P_1, P_2, P_3, \cdots$

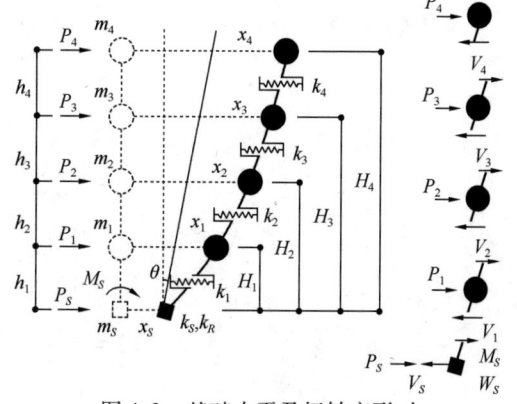

图 4.3 基础水平及扭转变形时的等效剪切模型

$P_n$,作用于基础的水平外力为 $P_S$,弯矩为 $M_S$。基础产生的剪力为 $V_S$,弯矩为 $W_S$。在结构各层及基础上的产生的剪力、基础产生的弯矩分别为

$$\begin{cases} V_S = k_S \cdot x_S \\ V_1 = k_1(x_1 - x_S - h_1 \cdot \theta) \\ V_2 = k_2(x_2 - x_1 - h_2 \cdot \theta) \\ V_3 = k_3(x_3 - x_2 - h_3 \cdot \theta) \\ \vdots \\ V_n = k_n(x_n - x_{n-1} - h_n \cdot \theta) \\ W_S = k_R \theta \end{cases} \quad (4.4)$$

式中 $h_1, h_2, h_3, \cdots, h_n$——结构 $1 \sim n$ 层的各层高度。$h_1 = H_1, h_2 = H_2 - H_1, h_3 = H_3 - H_2$; $\cdots$ ;$h_n = H_n - H_{n-1}$;

$H_1, H_2, H_3, \cdots, H_n$——从地面到第 $1 \sim n$ 层层顶的高度。

由各质点的受力平衡条件,列其受力平衡方程,有

$$P_S = V_S - V_1$$
$$P_1 = V_1 - V_2$$
$$P_2 = V_2 - V_3$$
$$\vdots$$
$$P_n = V_n$$
$$M_S = W_S - \sum_{i=1}^{n} P_i H_i \quad (4.5)$$

将式(4.3)代入式(4.5),经整理可写为如下矩阵形式:

$$[K]\{x\} = \{P\} \quad (4.6)$$

结构的层刚度矩阵 $[K]$、位移向量 $\{x\}$、外力向量 $\{P\}$ 的表达式为

$$矩阵[K] = \begin{bmatrix} k_S + k_1 & -k_1 & 0 & 0 & \cdots & 0 & 0 & k_{S\theta} \\ & k_1 + k_2 & -k_2 & 0 & \cdots & 0 & 0 & k_{1\theta} \\ & & k_2 + k_3 & -k_3 & \cdots & 0 & 0 & k_{2\theta} \\ & & & -k_3 & \cdots & \cdots & \cdots & \cdots \\ & & & & \cdots & \cdots & \cdots & \cdots \\ & & & & & k_{n-1} + k_n & -k_n & -k_{(n-1)\theta} \\ & \text{sys} & & & & & k_n & k_{n\theta} \\ & & & & & & & k_{\theta\theta} \end{bmatrix}$$

$$\{x\} = \begin{Bmatrix} x_1 \\ x_2 \\ x_3 \\ \vdots \\ x_n \\ \theta \end{Bmatrix}, \quad \{P\} = \begin{Bmatrix} P_1 \\ P_2 \\ P_3 \\ \vdots \\ P_n \\ M_S \end{Bmatrix} \quad (4.7)$$

式中：$k_{S\theta}=k_1h_1$；$k_{1\theta}=k_2h_2-k_1h_1,\cdots,k_{i\theta}=k_{i+1}h_{i+1}-k_ih_i,\cdots,k_{n-1\theta}=k_nh_n-k_{n-1}h_{n-1}$；$k_{n\theta}=-k_nh_n$；$k_{\theta\theta}=k_R+\sum_{i=1}^{n}k_ih_i^2$。

### 4.3.2 等效弯曲-剪切模型

对于高层结构、剪力墙结构及框架-剪力墙结构博物馆，结构除了发生剪切变形外，还将发生弯曲变形。图4.4所示情况为结构的剪切变形和弯曲变形的变形特征。当弯曲变形较大时，等效剪切模型不再适用，需采用等效弯曲-剪切模型。此种情况，对于结构的任意层，其上下端的弯矩、剪力及其相应的变形关系为

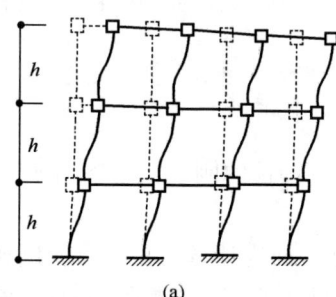 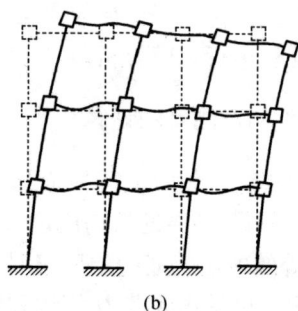

(a)          (b)

图4.4 结构的剪切变形与弯曲剪切变形特征

（a）剪切变形特征；（b）弯曲-剪切变形特征

$$\begin{Bmatrix}M_A\\V_A\\M_B\\V_B\end{Bmatrix}=\frac{1}{1+\varphi}\begin{bmatrix}(4+\varphi)\dfrac{EI}{h}&\dfrac{6EI}{h^2}&(2-\varphi)\dfrac{EI}{h}&-\dfrac{6EI}{h^2}\\\dfrac{6EI}{h^2}&\dfrac{12EI}{h^3}&\dfrac{6EI}{h^2}&-\dfrac{12EI}{h^3}\\(2-\varphi)\dfrac{EI}{h}&\dfrac{6EI}{h^2}&(4+\varphi)\dfrac{EI}{h}&-\dfrac{6EI}{h^2}\\-\dfrac{6EI}{h^2}&-\dfrac{12EI}{h^3}&-\dfrac{6EI}{h^2}&\dfrac{12EI}{h^3}\end{bmatrix}\begin{Bmatrix}\theta_A\\u_A\\\theta_B\\u_B\end{Bmatrix} \quad (4.8)$$

式中 $\varphi=\dfrac{12EI}{GAh^2}$；

$EI$——层抗弯刚度；

$GA$——层抗剪刚度；

$M_A$、$M_B$——各层的上下端弯矩；

$V_A$、$V_B$——各层的上下端剪力；

$\theta_A$、$\theta_B$——各层的上下端扭转角；

$u_A$、$u_B$——各层的上下端水平变形；

$h$——层高。

### 4.3.3 空间分析模型

等效剪切模型和弯曲-剪切模型偏向于结构的平面分析，它是将建筑物各层质量集中

在楼层处进行地震作用分析的方法。由于忽略了地震作用的多向性及结构的空间性，对于存在着质量和刚度不完全对称、出现偏心结构的博物馆结构情况，因而较难区分出结构中同一楼层不同参考位置的地震响应。对于此类情况需建立空间模型进行分析。进行三维分析需分两种情况进行考虑：一是不考虑楼板变形情况。将各层楼板假设为刚性板，各个构件在三维空间中连接起来，形成刚板模型。此方法忽略了构件本身的两方向弯矩的相互作用、弯矩与轴力的相互作用影响，因而主要用于结构的整体扭转情况；二是考虑各层楼板变形情况。对于楼层平面相对不太复杂、竖向构件均沿着水平 $X$、$Y$ 向布置的结构，仅考虑各层楼板水平变形时可采用立体质点系模型[146]等。但三维分析方法在计算时需要考虑结构各层的质量、刚度、偏心距、转动惯量、回转半径等多种因素的耦联影响，建模时需做多种假定，同时计算过程也比较复杂且精度不高，因而对于空间分析模型计算时，本文建议采用有限元法进行建模分析。

### 4.3.4　分层模型的层刚度的计算

在利用分层模型求解时，需根据结构各层中各构件的刚度，求解出所需要层刚度 $k$、各层的抗弯刚度 $EI$ 及各层的抗剪刚度 $GA$。

（1）对于等效剪切模型的层刚度计算，在进行结构计算时，结合我国相关规范，对于弹性分析情况，可采用武藤 $D$ 值法和固定法进行计算[147]。对于弹塑性分情况，其各层的层刚度不再保持不变，而是随着结构水平变形的大小而改变；此种情况，其各层刚度的求解方法为：首先根据每个构件的弹塑性性质，对结构进行水平静力分析，从而求解出结构各层的剪力 $V$ 和上下层之间相对水平变形 $\delta$ 的关系；然后将结构各层的 $V$-$\delta$ 关系变换成两折线模型或三折线模型进行分析，以确定各层的层刚度。

（2）对于等效弯曲-剪切模型情况，在水平外力作用下，结构中的柱子将发生沿轴方向的伸缩变形；然后由此变形求解结构中各层的抗弯刚度 $EI$ 及各层的抗剪刚度 $GA$[148]。其具体计算方法为：设结构中任意第 $k$ 层中各柱子的轴力分别为 $N_1, N_2, \cdots, N_n$，与之相对应轴方向伸缩变形分别为 $\delta_1, \delta_2, \cdots, \delta_n$，则根据能量守恒原理有

$$\sum_{i=1}^{n}(N_i, \delta_i) = \sum_{i=1}^{n}(N_i, \theta_k, L_i) \tag{4.9}$$

式中　$\theta_k$——当各柱为同一平面变形时，$k$ 层所产生的全体转角；

$L_i$——各柱到中立轴的距离；

$n$——各层中中柱的个数。

此时第 $k$ 层的转角 $\theta_k$ 为

$$\theta_k = \frac{\sum_{i=1}^{n}(N_i, \delta_i)}{\sum_{i=1}^{n}(N_i, L_i)} \tag{4.10}$$

此处，变形的中立轴位置即为所有柱子的零轴力位置，可以由各柱轴力的大小，通过最小二乘法求得。由于转角 $\theta = \int \frac{M(x)}{EI} dx$，则结构中第 $k$ 层的抗弯刚度

$$EI_k = h_k \frac{M_k + M_{k+1}}{2\theta_k} \tag{4.11}$$

式中 $h_k$——层柱高。

在水平外力作用下,结构中第 $k$ 层因弯曲而产生的水平变形

$$\Delta_{Wk} = h_k^2 \frac{2M_k + M_{k+1}}{6EI_k} \tag{4.12}$$

式中 $M_k, M_{k+1}$——结构中第 $k$ 层的所有柱子的下端、上端弯矩的和。

在水平外力作用下,如果结构中第 $k$ 层产生的总体水平位移为 $\Delta_k$,则该层因剪切而产生的水平变形 $\Delta_{Jk}$ 为

$$\Delta_{Jk} = \Delta_k - \Delta_{Wk} - \sum_{m=1}^{k-1}(h_m, \theta_m) \tag{4.13}$$

如果结构中第 $k$ 层的剪力为 $V$,则该层的抗剪刚度 $GA_k$ 为

$$GA_k = \frac{V_k \cdot h_k}{\Delta_{Jk}} \tag{4.14}$$

### 4.3.5 算例分析

对于博物馆结构的防震安全设计,需考虑同一楼层中不同点的地震响应的不同,从而找出楼层中相对抗震较好的位置,以此来确定文物陈列系统的最佳摆放位置。传统的抗震设计将各楼层看作一个结构质点的算法不能区分出同一楼层中各点不同的地震响应,从而也就确定不出各楼层中相对防震较好的位置;而有限元分析的方法刚好可以弥补此不足,现以某框剪结构博物馆为例进行分析。

该建筑总体高度 29.2m,为 8 层现浇钢筋混凝土框架-剪力墙结构,属乙类建筑。其柱网布置如图 4.5 所示,其中,底层层高 4.0m,2~6 层层高均为 3.6m;柱子尺寸 700mm×700mm,梁 400mm×700mm;剪力墙共 6 片,壁厚 200mm。建筑物抗震设防烈度为 7 度,抗震等级为二级,建筑结构阻尼比为 0.05。建筑场地类别为 Ⅱ 类,场地特征周期为 0.35s。

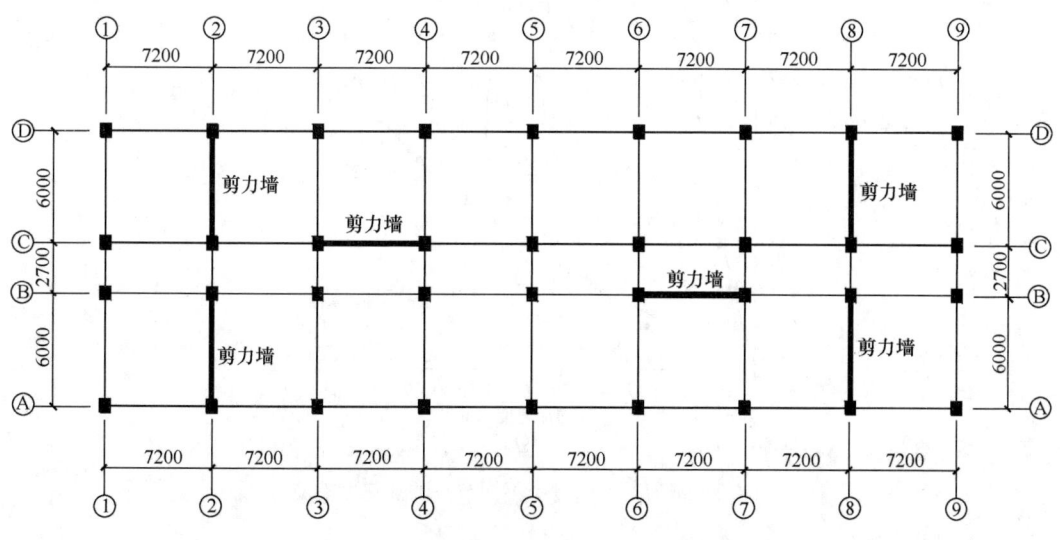

图 4.5 框架-剪力墙对称结构平面布置图

对于图 4.5 所示的框剪对称结构，框架层恒荷载为 5.0kN/m²，活荷载按照《博物馆建筑设计规范》（JGJ 66—2015）取为 4.0kN/m²，建立其计算模型如图 4.6 所示。考虑地震作用输入情况进行建模分析完成后，可以方便地给出其不同节点的地震响应情况。本例任取了 5-C（结构中部节点）、7-B（结构中间偏右剪力墙节点）及 9-D（结构边缘节点）节点，考虑其地震加速度

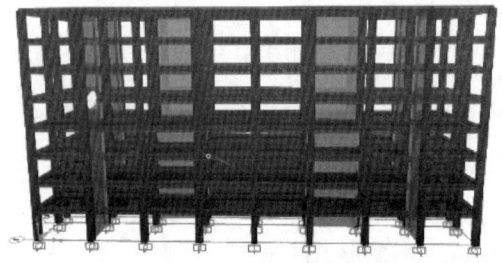

图 4.6　8 层框架-剪力墙对称结构计算模型

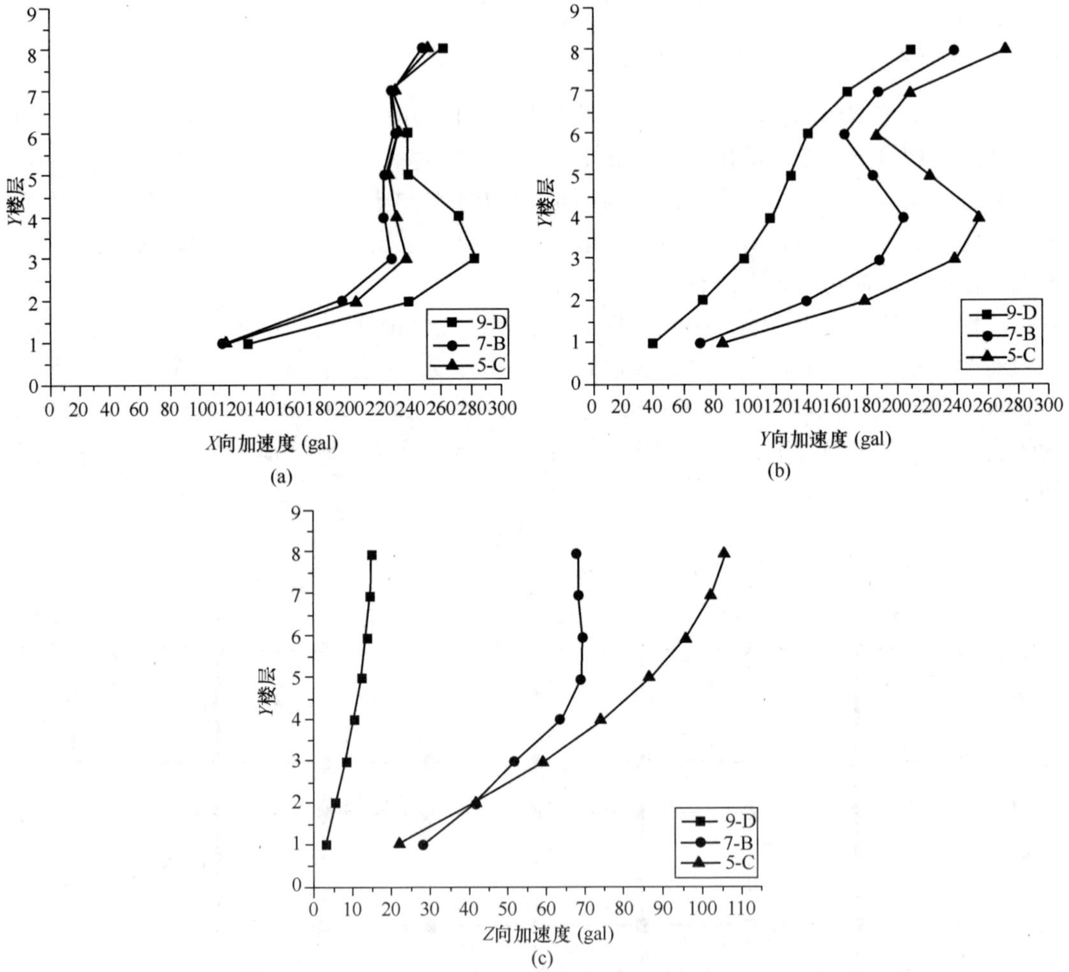

响应情况，并绘制此三个节点在 $X$、$Y$、$Z$ 三向 100gal 地震作用后 $X$、$Y$、$Z$ 方向的地震响应，如图 4.7 所示。

图 4.7　框剪对称结构中不同节点的加速度响应

对于对称框剪结构的同一楼层不同节点的加速度地震响应，由图 4.7 可知：

（1）相同结构、相同地震作用输入情况下，结构中同一楼层、不同参考点的加速度

地震响应各不相同。其中，结构各节点 $X$ 向的加速度响应，靠近剪力墙的 7-B 节点的抗震效果要好于其他节点；最边缘节点 9-D 的抗震效果最差。

（2）结构中各层节点的地震响应一般随着楼层的增大而增大。同时，结构中 3~6 层的地震响应变化也较大，因而如果把 3~6 层作为博物馆陈列层时，应引起重视。加速度地震响应的剧烈变化可能会加剧陈列层内文物的破坏。

（3）1~3 层，结构中各节点的 $Z$ 向地震加速度响应变化不大，但超过 3 层以后随着楼层的增大，此方向的地震响应也随之增大；同时节点位置的变化也会影响其地震响应。

总体来看，靠近结构中剪力墙的节点的抗震效果相对较好，因而在博物馆文物陈列柜的放置时应尽量靠近此处位置。

## 4.4 博物馆建筑结构的防震安全设计问题分析

### 4.4.1 防震安全设计中的关键问题

当前我国正在使用的博物馆中，旧馆多以中、小型馆居多；层数相对较少，以 1~4 层居多，其结构形式相对简单，以框架结构等形式为主[149]。新建或拟建的博物馆有向着大型化、高层化、建筑体系多样化发展的趋势，不再是单纯的结构形式简单、规则、小跨度等传统的建筑形式。分析其原因，除了建筑技术和新材料的发展以外，文物藏品的大量增加也是重要原因。出土文物及民间征集藏品的大量增多，客观上也促使博物馆的建筑面积增大、楼层层数增多，其文物陈列层数将突破《博物馆建筑设计规范》（JGJ 66—2015）中所规定的"陈列室不宜布置在 4 层或 4 层以上"的限制。建筑结构的复杂多样和文物陈列层的增高将增大文物的地震响应，因而将给博物馆的防震安全设计带来诸多新的问题。

（1）地震作用中的竖向分量的影响问题。当前，对于地震作用中的竖向分量对建筑结构的影响，我国的《建筑抗震设计规范》（GB 50011—2010）重点针对高耸结构、高层建筑，平板网架、大跨度结构等进行考虑[2,150]；对于设防烈度为 8、9 度时的大跨度和长悬臂结构及 9 度时的高层建筑，考虑了竖向地震作用影响；对于中高烈度下博物馆结构-文物系统无大跨和长悬臂结构情况，由于多数博物馆不满足抗震规范所列要求，因而竖向地震分量对其影响在结构设计和抗震验算时常被忽视。近年来的地震灾害研究表明[10,74]，许多博物馆建筑和文物的震害破坏与竖向地震作用有关，尤其在高烈度区近震中和发震断层附近产生的直下型地震作用等情况，对博物馆建筑及文物的破坏作用比较显著。1995 年的日本阪神地震、2008 年的汶川地震和 2013 年的雅安地震都表明了竖向地震作用不可忽视。

（2）不同强度的地震波输入对结构中的不同楼层的节点的不同方向的位移、加速度的影响问题。

（3）不同强度的地震波输入下，阻尼比变化对结构中各节点的加速度响应的影响问题。

从调研资料来看，近年来国内外学者也对此部分内容有相关研究。钱培风[151]研究了砖房和烟囱等建筑的竖向地震作用影响，刘武华[10]、王耀峰[74]等结合实测数据，利用数值模拟等方法，研究了博物馆建筑结构在地铁产生的竖向振动作用下的各层响应，并对文物的地震响应进行了分析；赵守江[152]、周乾[153]等分析研究了地震作用对木结构及馆藏文物的影响，Richado A Medina[154]研究了框架结构的楼面谱响应，并取得一定的成果，但竖向地震作用对博物馆结构-文物系统的防震安全影响、不同强度地震作用下同楼层上不同点的地震响应有何不同等问题的研究还不成熟。为此，本文以某8层框架结构博物馆为例，以文物陈列系统的防震安全为着眼点，对中高烈度地震作用下，尤其是其竖向地震分量对博物馆各楼层中不同节点的地震响应的影响进行分析，从而为博物馆结构-文物系统的防震安全设计提供参考。

### 4.4.2 模型结构的基本参数

某博物馆总体高度29.2m，为8层现浇钢筋混凝土框架结构，属乙类建筑，其结构布置如图4.8所示。其中，底层层高4.0m，2~6层层高均为3.6m，现浇板厚150mm。柱子尺寸700mm×700m，梁400mm×700mm。框架层恒荷载为5.0kN/m²，活荷载按照《博物馆建筑设计规范》（JGJ 66—2015）均取为4.0kN/m²，活荷载系数设为0.5。建筑物抗震设防烈度为7度，抗震等级为二级，建筑结构阻尼比取0.05。建筑场地类别为Ⅱ类，场地特征周期为0.35s。其结构模型如图4.9所示。

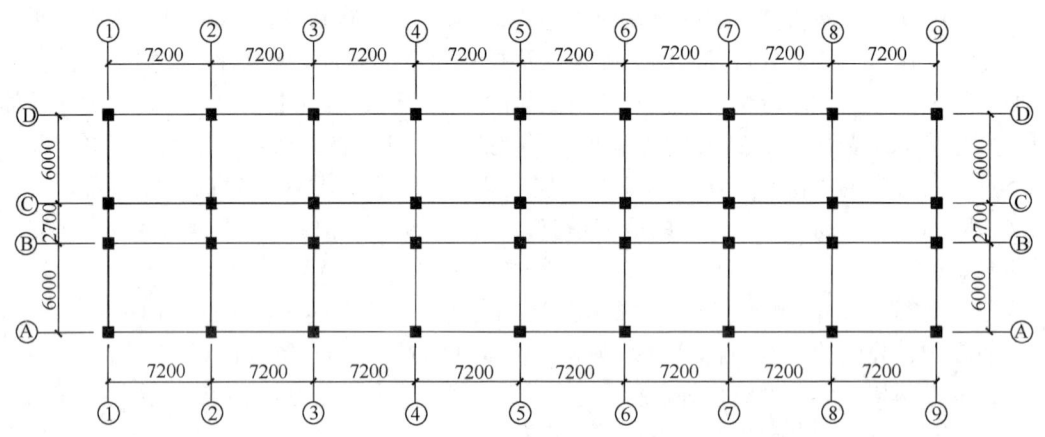

图4.8 结构布置图

### 4.4.3 模型结构的动力特性

本结构由于层数不高，其模态分析提取了12阶模态，前6阶模态参数见表4.7。其12阶模态结构的两个水平方向的质量参与系数均大于90%，满足现有规范要求。由表4.7可见，以扭转为主的第一周期$T_t = T_3 = 1.193s$与以平动为主的第一周期$T_1 = 1.332s$的比值$T_t/T_1 = 0.896$小于0.90，满足《高层建筑混凝土结构技术规程》（JGJ 3—2010）第3.4.5条的要求[155]。其前三阶振型如图4.10所示。从模态分析来看：

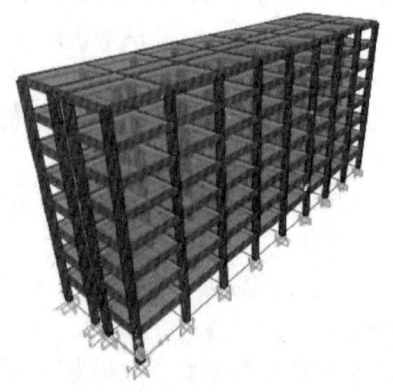

图4.9 框架结构模型

# 4 博物馆建筑结构的防震性能研究

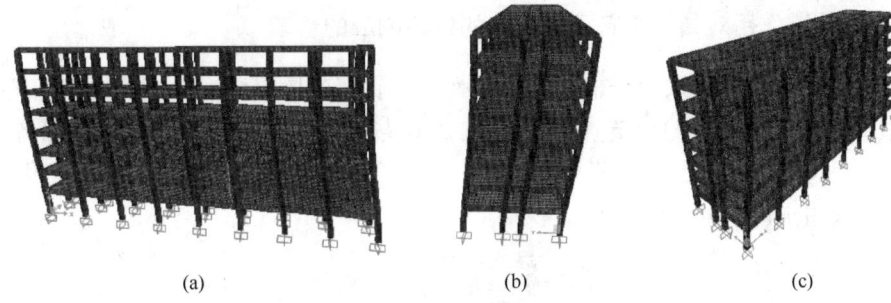

图4.10 结构模型振型图
(a) 第一振型；(b) 第二振型；(c) 第三振型

(1) 主结构有些偏柔，第一振型为 X 向平动；第二振型以 Y 向平动为主，但有明显扭转；第三振型以扭转为主。

(2) 第四振型与第三振型相比，周期、频率、振型参与系数有明显改变，结构振动以前三阶振型为主。

表4.7 各阶模态参数

| 模态 | 周期（sec） | 自振频率（Hz） | 质量参与系数 | | | $T_t/T_1$ |
| --- | --- | --- | --- | --- | --- | --- |
| | | | UX | UY | RZ | |
| 1 | 1.332 | 0.751 | 0.82 | 0 | 0 | 0.896 |
| 2 | 1.300 | 0.769 | 0 | 0.82 | 0.46 | |
| 3 | 1.193 | 0.838 | 0 | 0 | 0.22 | |
| 4 | 0.428 | 2.234 | 0.0986 | 0 | 0.00444 | |
| 5 | 0.417 | 2.401 | 0 | 0.11 | 0.0764 | |
| 6 | 0.383 | 2.612 | 0 | 0 | 0.0285 | |

## 4.4.4 地震波及研究工况选取

根据建筑场地类别和设计地震分组等因素选用 El Centro 波作用于结构，研究其地震响应，阻尼比为0.05。为研究竖向地震的影响，对上述模型采用两种工况：

(1) 单向水平地震作用于短边方向情况；

(2) 水平单向和竖向地震作用组合情况。

分别输入 El Centro 波研究7度多遇、7度设防、7度罕遇情况进行地震反应分析。选用地震波参数见表4.8。

表4.8 选用地震波参数

| 编号 | 名称 | 方向 | 峰值（cm/s²） | 加速度时间间隔（s） |
| --- | --- | --- | --- | --- |
| TH1 | El Centro 波 | 南北向（N-S） | 341.7 | 0.02 |
| TH2 | El Centro 波 | 上下向 | 206.35 | 0.02 |

该结构沿水平方向有9榀框架，由于文物系统存放楼层位置及方位不同会影响到其地震作用。考虑水平单向 Y 向（短边方向）、水平 Y 向+竖向作用两种工况，对 El centro N-S 波进行调波处理后，按7度多遇、7度设防、7度罕遇三种情况输入整体结构。为便于比较，选取结构③轴线上的一榀框架内③-D 柱不同楼层地震响应进行讨论。

### 4.4.5 竖向地震作用对结构中各楼层节点的位移响应的影响

文物的地震响应首先取决于输入文物陈列系统底部各楼层楼板的地震响应情况。为考虑地震作用竖向分量对各楼层节点的 $X$、$Y$、$Z$ 各方向的位移响应的影响，做出各强度地震波输入时，③轴框架上各层节点的 $X$ 向、$Y$ 向及 $Z$ 向的最大位移响应变化规律如图 4.11 所示。由图 4.11 可知：

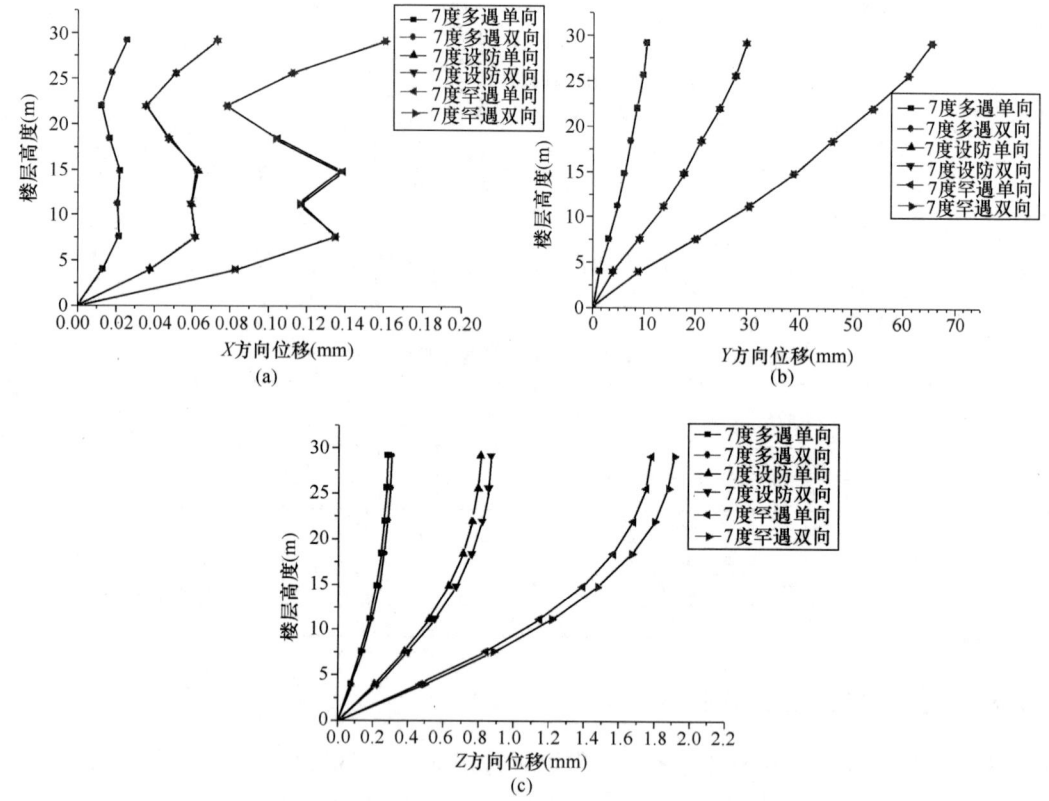

图 4.11 不同地震输入下结构中各楼层节点各方向的最大位移变化

（1）在 7 度水平 $Y$ 向输入地震作用下，是否考虑竖向地震作用对结构同等地震作用下 $X$ 向层间位移变化不大，其位移变化均由线性转为非线性。地震作用加大后，各层位移相对加大，2 层、4 层、8 层楼顶出现峰值，3 层、6 层顶部出现峰谷，中间各层震荡作用明显。

（2）竖向地震作用对结构 $Y$ 向反应效果不明显。结构水平位移主要由水平地震作用引起，且与地震输入方向有较大关系。在 7 度罕遇作用下，结构顶部楼层位移有一定偏差，但偏差不大。

（3）竖向地震作用对楼层中各点的竖向位移的影响显著。结构中各点的竖向位移随着地震作用的加大，呈现相应的提高。在 7 度多遇、设防和罕遇地震作用下结构顶层的位移响应，仅考虑水平 $Y$ 向输入与考虑竖向作用的双向输入相比分别偏小了 6.94%、6.71%、6.81%。

### 4.4.6 竖向地震作用对结构中各楼层节点的加速度响应的影响

博物馆建筑的基本功能是有效地保障文物的安全，陈列文物对结构中各楼层楼面的地震加速度响应变化较为灵敏。图4.12给出了③榀框架③-D柱各节点的最大加速度响应变化规律。由图4.12可知：

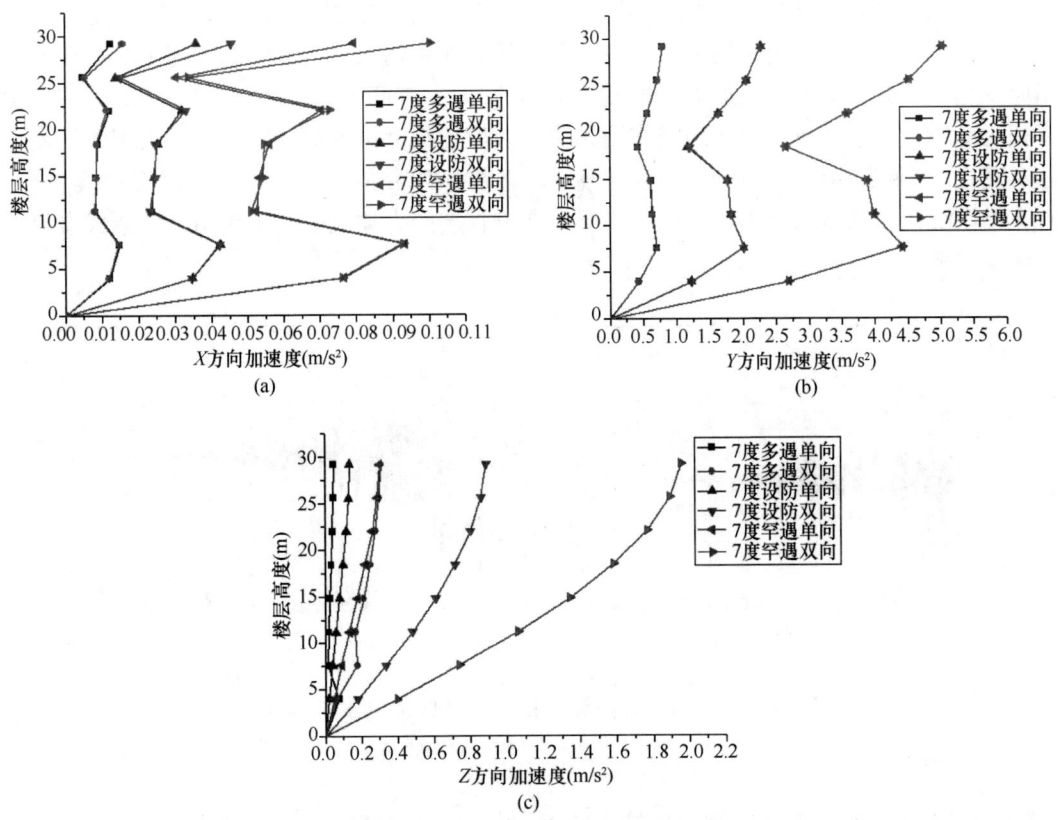

图4.12　③榀框架③-D柱不同楼层节点最大加速度响应

（1）同等地震作用下，竖向地震作用对结构水平各向的加速度影响不大。地震作用加大后，各层加速度相对增大，2层、5层、8层楼顶出现较大峰值变化。

（2）结构水平竖向地震作用对其水平加速度的影响不明显。其水平加速度变化与水平输入的方向有较大关系。

（3）结构竖向加速度随地震作用的加大，呈现较大幅度的提高。结构顶层节点加速度，在7度多遇、设防、罕遇情况下，同等地震作用下其增大比例分别提高到原来的6.47倍、6.47倍和6.47倍；仅考虑水平$Y$向输入与考虑竖向作用的双向输入相比分别偏小了84.53%、84.52%、84.54%。表明竖向地震作用不容忽视。

（4）7度多遇情况考虑竖向地震作用后，其两向地震作用情况下，结构竖向地震作用超过仅有$Y$向输入罕遇水平地震作用值，且在2层楼顶节点出现峰值。

结合图4.11、图4.12可知，结构3层、5层、8层变动幅度相对较大，为相对薄弱层。总体来看，结构3层以上多向地震作用对结构的影响显著，基本符合《博物馆建筑设计规范》（JGJ 66—2015）"陈列室不宜布置在4层或4层以上"的规定，因而在多层、高层博物馆建筑及文物系统防震设计中，对3层以上楼层设置陈列室时应着重考虑竖向地震作用对结构-文物系统的影响。

### 4.4.7 竖向地震作用对结构中楼层节点的加速度反应时程的影响

图4.13为结构顶层7度罕遇地震输入作用下，结构顶层③-D柱节点加速度时程分析。由图可知，对结构中相同节点，考虑竖向地震作用输入后，其竖向加速度响应会发生相应变化。其振动幅值明显加大，地震作用前5s内，有两个大的峰值，5~20s范围，幅值相对减弱。和水平单向输入地震作用相比，幅值均由大幅度提高，峰值点出现时间发生相对变化。20s后单向输入峰值点不再出现。地震作用峰值点加大，并出现多个峰值点，对文物系统，尤其是未加固或加固不牢浮放文物将会产生加大的冲击作用，并造成文物的损坏或倾覆。

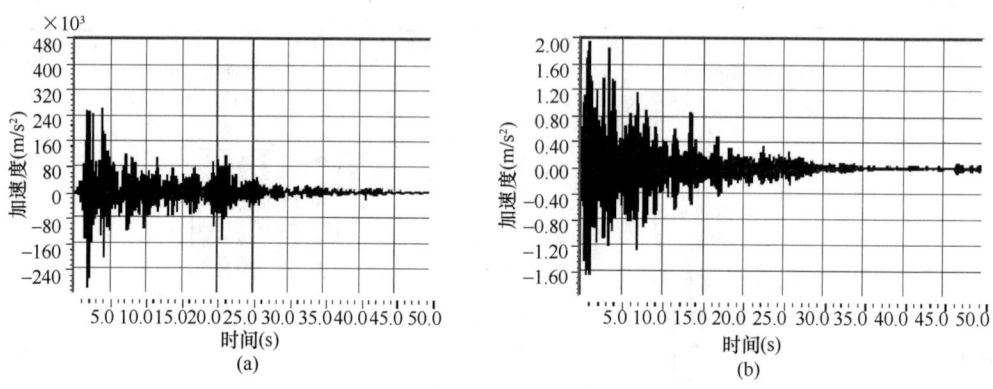

图4.13 7度罕遇地震作用下楼顶顶点加速度时程图
(a) 单向输入；(b) 两向输入

### 4.4.8 竖向地震作用对不同阻尼比结构中相同节点的加速度响应的影响

图4.14、图4.15分别为7度罕遇地震作用下不同阻尼比下结构顶点$Y$向和$Z$向加速

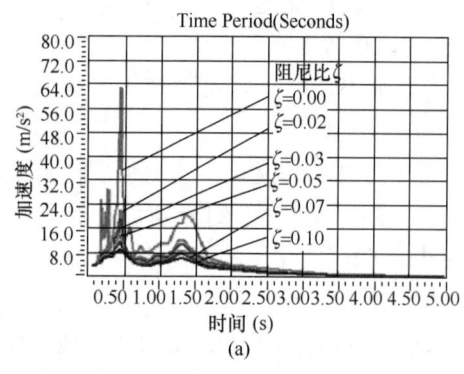
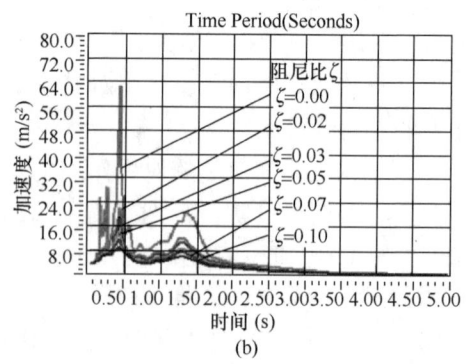

图4.14 7度罕遇地震作用下不同阻尼比下结构顶点$Y$向加速度反应谱
(a) 单向输入；(b) 两向输入

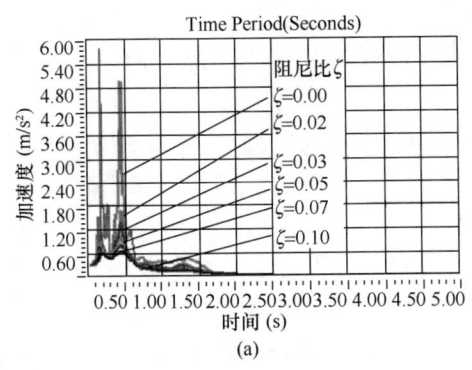 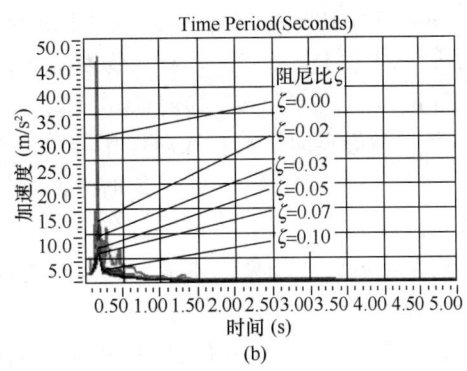

图 4.15　7 度罕遇地震作用下不同阻尼比下结构顶点 Z 向加速度反应谱
(a) 单向输入；(b) 两向输入

度反应谱。通过 Y、Z 向加速度反应谱对比，可得出：

(1) 考虑竖向地震时双向作用与仅考虑单向相同阻尼比下结构顶点 Y 向加速度反应谱无明显变化。随阻尼比的增大，结构加速度谱值均显著下降，在 0.43s 和 1.3s 附近出现两个峰值，此后随着周期的增加，阻尼比影响逐渐减弱。该处 1.3s 附近峰值与结构自振周期接近，加剧了地震作用效果，如此时文物系统的自振周期与之接近，易引起文物系统的损坏。可采用调整文物系统质量、刚度、放置方式、约束条件等措施调整其动力特性，尽可能避开主体结构自振周期，减少破坏。

(2) 考虑竖向地震时两向作用对不同阻尼比下顶层结构 Z 向加速度反应影响显著。阻尼比增大，两种工况下加速度谱值均明显下降，但同阻尼比下，其 Z 向加速度峰值明显增大。

(3) 考虑竖向地震作用时，周期小于 0.5s 范围内，Z 向加速度反应谱值由单向输入时的两个峰值变为一个峰值，峰值点时间提前，且衰减速率加快。0.7s 后，阻尼比影响趋于平缓。峰值点提前且峰值加大的情况，对未完全固定文物系统的防震极为不利。

### 4.4.9　基于文物防震安全的博物馆结构的防震性能评价

通过对 7 度多遇、设防和罕遇地震作用下 8 层框架结构进行时程分析，可知：

(1)《博物馆建筑设计规范》（JGJ 66—2015）中"陈列室不宜布置在 4 层或 4 层以上"的规定，适用于多、高层框架结构情况；竖向地震作用对博物馆结构 3 层及以上的地震响应影响显著。在对博物馆结构进行防震分析时，竖向作用对结构的地震响应影响不可忽略。

(2) 7 度地震作用下，竖向地震作用对结构水平位移变化影响不大，此位移主要由水平地震作用引起，且与地震输入方向有较大关系；竖向地震作用对楼层竖向位移影响显著，此位移随地震作用的加大，呈现相应的提高。

(3) 在 7 度单、双向地震作用下，竖向地震作用对结构水平方向加速度变化影响不大，此加速度变化主要由水平地震作用引起，且与地震输入方向有较大关系；竖向地震作用对楼层竖向加速度影响显著，此加速度随地震作用的加大和楼层层数的增高，呈现较大幅度的提高。

（4）对结构相同节点，考虑竖向地震作用输入后，节点竖向加速度反应峰值点加大，并可能出现多峰值点情况，对文物系统，尤其是未加固或加固不牢的浮放文物将会产生较大的冲击作用，并造成文物的损坏或倾覆。

（5）考虑竖向地震时双向作用与单向相同阻尼比下结构顶层水平向加速度反应谱无明显变化。随阻尼比的增大，其加速度谱值均显著下降，可通过调整阻尼比来减弱结构-系统的地震响应；当文物系统的周期与主体结构自振周期接近时，易引起文物系统的损坏。可采用调整文物系统质量、刚度、放置方式、约束条件等措施调整其动力特性，尽可能减少破坏。

（6）考虑竖向地震时两向作用对不同阻尼比下顶层结构竖向加速度反应影响显著。同阻尼比下，竖向加速度峰值明显增大，并可能出现峰值融合、增强且峰值点出现提前的情况，在博物馆结构-文物系统防震设计和校核时应引起重视。

（7）地震由于其自身具有的多向性和随机性，会对博物馆-文物系统造成巨大破坏。在当前博物馆结构-文物系统的地震作用机理和隔震减震理论尚不完善、隔震减震博物馆和文物隔震减震装置又难以普及的情况下，对于框架结构的博物馆结构-文物系统的防震优化设计，除了按照相应的规范进行结构设计外，还应着重考虑博物馆结构中各楼层的地震响应对文物陈列系统的防震安全性能的影响。

## 4.5　本章小结

本章对博物馆常见的结构形式及震害特点进行了深入调研分析，对博物馆的建筑结构类型进行了优选，研究了博物馆结构的地震作用计算方法，并以8层现浇钢筋混凝土框架-剪力墙结构和框架结构博物馆建筑为例进行了地震作用分析。其主要工作与结论如下：

（1）对当前国内外常见的博物馆建筑结构形式进行了调研分析，分析了砖混、混凝土框架、混凝土框剪、钢框架、大跨钢结构建筑的结构特点及常见的震害形式。根据博物馆结构-文物系统的防震安全性能要求，结合我国当前的实际情况，对博物馆的基本建筑结构类型进行了优选；提出钢筋混凝土框架结构和框架-剪力墙结构为建筑结构-文物系统防震效果相对较好的建筑结构形式。

（2）对博物馆结构的等效剪切模型、弯曲-剪切模型和立体分析模型分析方法进行了分析，给出了分层模型的层刚度计算方法。在对比分析基础上，提出传统的抗震设计中将各楼层看作一个结构质点的算法不能有效区分出同一楼层中不同点的地震响应，从而也就确定不出各楼层中相对防震较好的位置；同时针对空间分析模型需做多种假定、计算过程复杂且精度不高问题，建议采用有限元法进行建模分析，并以8层对称框剪结构为例，探讨了同一楼层上不同节点的地震加速度响应规律。通过此例分析，提出靠近结构中剪力墙的节点的抗震效果相对较好，因而在博物馆文物陈列柜的放置时应尽量靠近此处位置。

（3）对博物馆结构防震安全设计中存在的关键问题进行了分析，提出对于博物馆结构-文物系统不应忽略地震作用的竖向分量对文物陈列系统的影响。以8层框架结构为例，研究了竖向地震作用对结构中各楼层节点的位移响应、加速度响应、加速度反应时程和不同阻尼比下结构中相同节点加速度响应的影响规律；同时，以文物的防震安全为控制目标，对博物馆结构的防震性能进行了评价。

# 5 博物馆建筑结构-文物系统的防震安全体系研究

博物馆结构-文物系统的防震安全涉及三部分内容：一是博物馆结构的防震安全；二是文物系统的防震安全；三是博物馆结构-文物系统的防震安全。本文第 2 章、第 3 章通过试验和理论分析探讨了文物系统的防震安全性能，第 4 章通过对混凝土框架和框剪结构等进行实例分析，探讨了博物馆常见结构类型的防震安全性能。通过博物馆常见结构类型的防震性能对比可知，在博物馆的基本结构类型中，钢筋混凝土框架-剪力墙结构由于兼具框架结构建筑布置的灵活性和剪力墙结构抵抗水平荷载的能力较强等诸多优点，使得此类结构具有多重抗震防线，相对于砖混结构、钢筋混凝土框架结构等其他结构类型，此结构的防震性能相对较好，比较适合用于博物馆类建筑。因而，本章以此种结构类型为重点，对博物馆结构-文物系统的防震安全体系进行研究。

## 5.1 博物馆建筑结构-文物系统的地震作用计算方法

### 5.1.1 地震作用计算方法

由震源释放出来的地震波在岩土介质中传播传至博物馆建筑基础后，使得博物馆主体结构产生振动，引起建筑物内放置于相应楼层地面上的文物陈列系统发生振动，从而引发文物系统产生破坏。在地震波传播过程中，由于其断层机制、震源特点、地球内部物质的不均一等原因，使得其具有较大的不确定性。地基上各点间的振动存在相位差，使得各点的位移并不一致；但由于地震波的波长一般比建筑物的平面尺寸要大得多，因而可假定各点做同步运动[156-163]。在此情况下，为简化计算，可认为在地震作用下，地基与上层结构一起振动，而不考虑地基和结构的互反馈作用，而直接假定地基为刚性，并进行相关计算[164-170]。研究地震作用对博物馆建筑结构-文物系统的影响，需分析计算出文物陈列系统所处位置处的楼层面的地震响应，如位移响应、加速度响应等，然后将此响应结果作为文物展示系统的初始输入，利用平均加速度法、线性加速度法、Newmark-$\beta$ 法、Wilson-$\theta$ 法等进行计算[171-180]，此处可采用线性加速度法进行计算。对文物展示系统，一般是将文物固定、半固定或浮放在陈列柜上，陈列柜固定楼板地面上。将文物展示系统简化为弹性单自由度系统，则当地面水平加速度 $\ddot{x}_g(t)$ 作用在博物馆结构上，由此引起的第 $i$ 层楼面加速度时程为 $\ddot{x}_g(t) + \ddot{x}(t) + \ddot{x}_i(t)$，其中，$x(t)$ 为地面与博物馆结构基底的相对位移；$x_i(t)$ 为第 $i$ 楼面与基底的相对位移。

令 $\ddot{x}_{ilm}(t) = \ddot{x}_g(t) + \ddot{x}(t) + \ddot{x}_i(t)$，则其运动方程为

$$\ddot{z}(t) + 2\xi_s \omega_s \dot{z}(t) + \omega_s^2 z(t) = -[\ddot{x}_g(t) + \ddot{x}(t) + \ddot{x}_i(t)] = -\ddot{x}_{ilm}(t) \quad (5.1)$$

其中，$z(t)$、$\xi_s$、$\omega_s$ 分别为单自由度文物展示系统的挠度、阻尼比、自振频率；$\ddot{x}_{ilm}(t)$

为第 $i$ 层楼面加速度,可通过地震输入时程分析法求出。因而,对固定在第 $i$ 楼面上的单自由度文物展示系统,其加速度时程为 $\ddot{x}_g(t) + \ddot{x}(t) + \ddot{x}_i(t) + \ddot{z}(t)$。

将时间区间 $[0, T]$ 划分为 $n$ 个等分段,各等分点分别为 $t_0, t_1, \cdots, t_{n-1}, t_n$,其控制方程变为:
$$\ddot{z}(t_k) + 2\xi_s \omega_s \dot{z}(t_k) + \omega_s^2 z(t_k) = -\ddot{x}_{ilm}(t_k) \tag{5.2}$$

由线性加速度法,在相邻时段 $(t_{k-1}, t_k)$ 内,加速度满足下式:
$$\ddot{x}(t) = \ddot{x}(t_{k-1}) + \frac{t - t_{k-1}}{t_k - t_{k-1}}[\ddot{x}(t_k) - \ddot{x}(t_{k-1})] \tag{5.3}$$

由时程法求得 $\ddot{x}_{ilm}(t)$ 后,文物系统在结构楼面运动作用下其初位移、初速度一般为零,从而即可求出文物系统在以后任意时刻的地震响应;依此文物响应就可以利用第 4 章中第Ⅰ、Ⅱ、Ⅲ、Ⅳ四类形式的相关公式来分析文物系统的各类运动破坏形式,如滑移、倾倒、扭转等,并采取相应的防震安全措施来避免或降低地震的破坏作用,以有效地保障文物系统的安全。

### 5.1.2 地震作用分析建模方式

博物馆结构-文物系统由地基、基础、主体建筑、放置于结构中各楼板面上的陈列柜、陈列台座、文物等部分组成。为简化计算,可做如下假定:①地基为刚性,地基与上层结构一起振动;②由于陈列台座一般与陈列柜固定在一起,因而两者可以看作一个整体,此时整体系统可简化为建筑结构-陈列柜-文物系统。根据建模形式是整体式还是分体式,对博物馆整体系统的建模方式可分为两类:一是整体式建模;二是分体式建模。

(1) 整体式建模方法及存在问题分析

整体式建模方法是将博物馆建筑结构-陈列柜-文物整体建模。此方式要求将博物馆及其内部文物系统作为一个整体参与地震响应。在整体式建模过程时,会遇到一些实际问题需要考虑:

1) 文物陈列系统与主体结构的整体计算问题

与建筑结构非结构构件不同的是陈列柜-文物组成的文物陈列系统,其自身质量与建筑结构整体质量,甚至文物陈列系统本身所在楼层的质量相比,均比较小,以第 2 章陈列架为例,其质量仅为 260kg(自重为 2548N),自振频率为 17.8Hz(周期为 0.056s),远达不到抗震规范规定的"建筑附属设备(含支架)体系的自身周期大于 0.1s,且其重度超过所在楼层的 1%;或建筑附属设备的重度超过所在楼层重度的 10% 宜进行整体结构模型的抗震设计,也可采用楼面反应谱法计算此类设备的地震作用"。因而,在对博物馆建筑结构进行防震设计时,经常容易被忽略。对于博物馆的防震安全设计,文物系统的防震问题不容忽视,而传统的"两阶段三水准"的设防目标并不能有效地保证文物系统的安全。调研表明,当建筑结构在遭遇超过设防烈度的情况下,在建筑结构未倒塌时,已存在其内部文物系统的破坏,因而在博物馆的防震安全设计时需进行整体考虑。

2) 文物系统与主体建筑的有效连接问题

文物系统与主体建筑的连接包含两部分内容:一是陈列柜与主体建筑的连接问题;二是文物与陈列柜的连接问题。此两种连接均有固定、半固定、无有效连接等几种不同的连接形式,在整体建模过程中应考虑体现。

3) 陈列柜与文物重心一致问题

对于实际陈列柜和文物，外部构造和整体组成并非完全由一种材料所组成，而且其结构的质心与结构的形心并非完全一致；同时在陈列展览时，文物的质心与陈列柜的质心也并非在一条竖直线上，这必然导致在地震作用下出现偏心或扭转问题，此种情况，在整体建模时应如何体现。

4）陈列柜和文物的自身缺陷问题

对于陈列柜和文物，由于其自身存在较多缺陷，如陈列柜制作质量较差、制作材质本身抵抗力较弱、文物本身材质较差甚至自身存在裂纹和破碎等情况，使得在同等地震作用下，其破坏形式也不完全相同。

（2）分体式建模方法及存在问题分析

分体式建模方法是将博物馆建筑结构-文物系统分成两个环节：一是博物馆建筑系统，此环节主要考虑地震作用从博物馆基础底层传至建筑各层地面所引起的地震响应；二是文物陈列系统，此环节主要考虑当地震作用传至各楼层地面后，其地震响应作为振动源输入，将振动从各楼层地面传至文物陈列系统，引起陈列柜和文物的地震响应。第一个环节为建筑结构的建模，当前对此类情况的建模相对比较成熟。第二个环节为文物陈列系统的建模，对系统的建模方式同样涉及陈列柜与各楼层地面、文物与陈列柜的连接模式等问题。本文第2章文物陈列系统试验即考虑了第二个环节的问题。

## 5.2 博物馆建筑结构-文物系统分体式建模的地震作用分析

### 5.2.1 分体式模型

分体式建模是指将建筑结构、文物陈列系统分开各自单独建模的建模方式。为了研究钢筋混凝土框剪结构的剪力墙的不同布置情况对系统防震安全性能的影响，现以第4章中的8层框剪对称结构博物馆为例进行说明；同时为了便于比较，将此对称框剪结构的部分剪力墙进行适当调整以形成非对称结构进行对比分析。对于文物陈列系统，选用第2章中的2/3配重层模型进行分析。

建筑结构：该建筑物总体高度29.2m，为8层现浇钢筋混凝土框架-剪力墙结构，属乙类建筑。其对称、非对称结构柱网布置分别如图5.1、图5.2所示，其中，底层层高4.0m，2~6层层高均为3.6m，现浇板厚150mm，采用薄壳模型。柱子尺寸700mm×700mm，梁400mm×700mm。主筋采用HRB400，箍筋为HPB300；剪力墙共6片，对称、非对称布置，壁厚均为200mm，双层双向配筋；柱、梁混凝土强度等级分别为C35、C30。框架层恒荷载为$5.0kN/m^2$，活荷载按照《博物馆建筑设计规范》（JGJ 66—2015）均取为$4.0kN/m^2$，活荷载系数设为0.5。建筑物抗震设防烈度为7度，抗震等级为二级，建筑结构阻尼比取0.05。建筑场地类别为Ⅱ类，场地特征周期为0.35s。其对称、非对称结构模型如图5.3所示。

文物陈列系统为2层钢框架结构（下层有配重层横梁），如图5.4所示。

文物陈列系统的建模，其形状和尺寸和试验模型相同。其基本参数为：陈列架为钢框架柱、梁采用材料为Q235的4mm厚、40mm×40mm方钢管；陈列层采用4mm厚钢板；模型框架与地面固结。为便于说明，其中间陈列层与顶层各仅考虑一个文物作用在台面

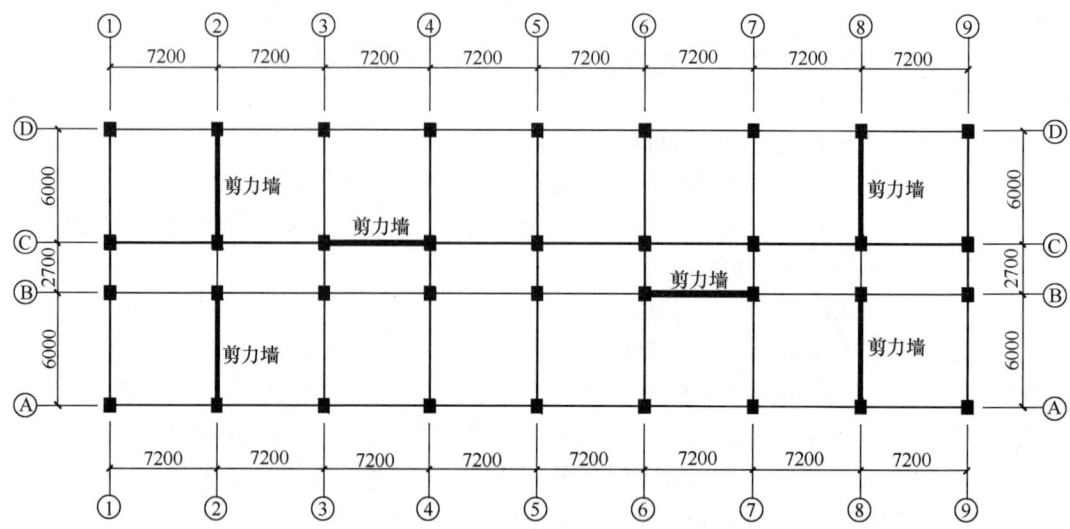

图 5.1 框架-剪力墙对称结构平面布置图

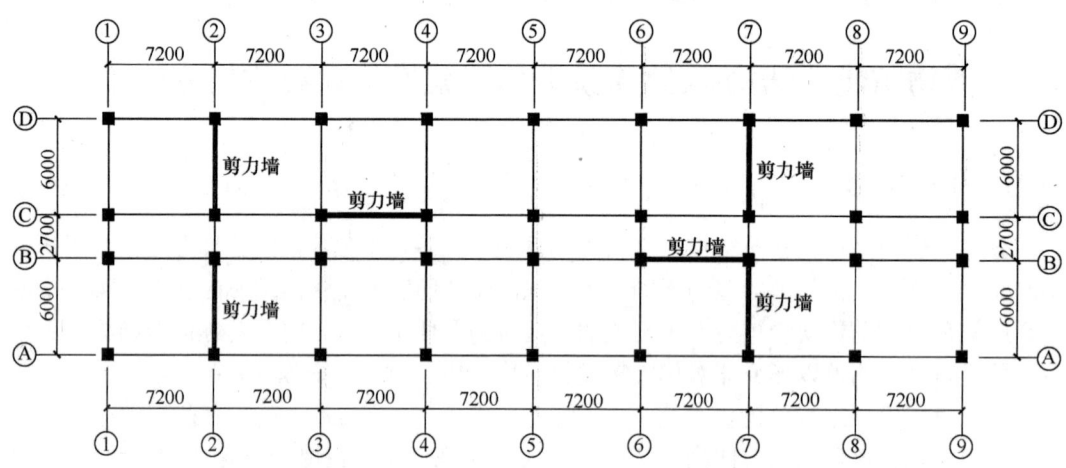

图 5.2 框架-剪力墙非对称结构平面布置图

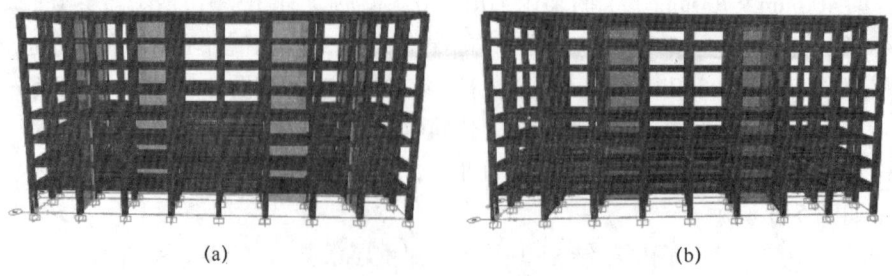

图 5.3 8层框架-剪力墙结构计算模型
（a）对称结构；（b）非对称结构

上，且文物质心与陈列架质心在一条竖直线上。为和试验模型情况一致，有限元模型在 2/3 配重层面上，采用面荷载的均布（壳）模型，在其上施加 957N/m² 的均布荷载。文物采用实体 BLOCK 单元模拟，文物与陈列层的连接，根据不同的固定方式，可采用 Damper 单元、Linear 单元、Gap 单元、Friction Isolator 单元及 T/C Friction Isolator，对于隔震层情况也可采用 Kelvin 模型等，本模型采用 Damper 单元进行建模。文物陈列系统的模型如图 5.5 所示。

图 5.4　2 层框架结构文物陈列系统（2/3 配重层）　　图 5.5　文物陈列系统模型

### 5.2.2　各分系统的动力特性分析

（1）框剪对称结构的模态分析

本结构由于层数不高，其模态分析提取了 12 阶模态，其参数见表 5.1。其 12 阶模态结构的两个水平方向的质量参与系数均大于 90%，满足现有规范要求。由表 5.1 可见，以扭转为主的第一周期 $T_t = T_3 = 0.7247s$ 与以平动为主的第一周期 $T_1 = 0.9658s$ 的比值 $T_t/T_1 = 0.750$ 小于 0.90，满足《高层建筑混凝土结构技术规程》（JGJ 3—2010）第 3.4.5 条的要求。其前三阶振型如图 5.6 所示。

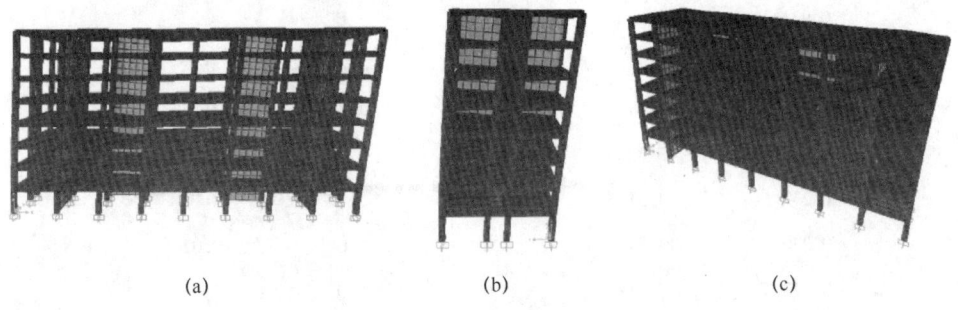

图 5.6　框剪对称结构模型振型图
(a) 第一振型；(b) 第二振型；(c) 第三振型

从模态分析来看：

1）加剪力墙后，结构刚度明显加大，第一振型为 $X$ 向平动；第二振型为 $Y$ 向平动，并伴有一定的扭转；第三振型以扭转为主。

2）第四振型与第三振型相比，周期、频率、振型参与系数有明显改变，结构振动以前三阶振型为主。

表5.1 框剪对称结构各阶模态参数

| 模态 | 周期（sec） | 自振频率（Hz） | 质量参与系数 | | | $T_t/T_1$ |
| --- | --- | --- | --- | --- | --- | --- |
| | | | UX | UY | RZ | |
| 1 | 0.966 | 1.035 | 0.75 | 0 | 0 | |
| 2 | 0.878 | 1.134 | 0 | 0.70 | 0.36 | |
| 3 | 0.725 | 1.379 | 0 | 0 | 0.34 | |
| 4 | 0.282 | 3.546 | 0.18 | 0.0016 | 0.003 | |
| 5 | 0.262 | 3.817 | 0 | 0.17 | 0.11 | |
| 6 | 0.199 | 5.025 | 0 | 0 | 0.056 | 0.896 |
| 7 | 0.180 | 5.556 | 0 | 0 | 0 | |
| 8 | 0.164 | 6.098 | 0 | 0 | 0 | |
| 9 | 0.163 | 6.135 | 0 | 0 | 0 | |
| 10 | 0.162 | 6.173 | 0 | 0 | 0 | |
| 11 | 0.157 | 6.369 | 0 | 0 | 0 | |
| 12 | 0.157 | 6.369 | 0 | 0 | 0 | |

（2）框剪非对称结构的模态分析

本结构由于层数不高，其模态分析提取了12阶模态，见表5.2。其12阶模态的两个水平方向的质量参与系数均大于90%，满足现有规范要求。由表5.2可见，以扭转为主的第一周期 $T_t = T_3 = 0.7845s$ 与以平动为主的第一周期 $T_1 = 0.9308s$ 的比值 $T_t/T_1 = 0.843$ 小于0.90，满足《高层建筑混凝土结构技术规程》（JGJ 3—2010）第3.4.5条的要求。其前三阶振型如图5.7所示。

表5.2 框剪非对称结构各阶模态参数

| 模态 | 周期（sec） | 自振频率（Hz） | 质量参与系数 | | | $T_t/T_1$ |
| --- | --- | --- | --- | --- | --- | --- |
| | | | UX | UY | RZ | |
| 1 | 0.931 | 1.074 | 0.71 | 0 | 0 | |
| 2 | 0.825 | 1.212 | 0 | 0.52 | 0.15 | |
| 3 | 0.784 | 1.276 | 0 | 0.18 | 0.59 | |
| 4 | 0.276 | 3.623 | 0.17 | 0 | 0 | |
| 5 | 0.232 | 4.310 | 0 | 0.17 | 0.15 | |
| 6 | 0.230 | 4.348 | 0 | 0 | 0.026 | 0.843 |
| 7 | 0.172 | 5.814 | 0 | 0 | 0 | |
| 8 | 0.170 | 5.882 | 0 | 0 | 0 | |
| 9 | 0.163 | 6.135 | 0 | 0 | 0 | |
| 10 | 0.160 | 6.250 | 0 | 0 | 0 | |
| 11 | 0.160 | 6.250 | 0 | 0 | 0 | |
| 12 | 0.158 | 6.329 | 0 | 0 | 0 | |

从模态分析来看：

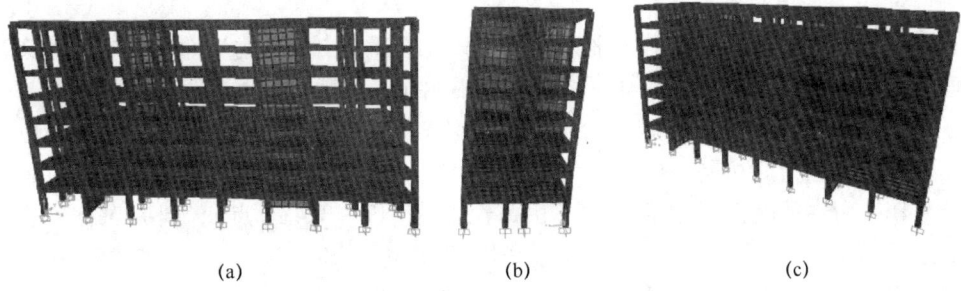

图 5.7 框剪非对称结构模型振型图
(a) 第一振型；(b) 第二振型；(c) 第三振型

1) 加剪力墙后，结构刚度明显加大，第一振型为 $X$ 向平动；第二振型为以 $Y$ 向平动为主，伴随着一定扭转；第三振型以扭转为主，有一定的 $Y$ 向平动。

2) 第四振型与第三振型相比，周期、频率、振型参与系数有明显改变，结构振动以前三阶振型为主。

(3) 两种结构的动力特性比较

由模态分析可知：

1) 对称结构的第一周期 0.9658s，稍大于非对称结构的周期 0.9308s，非对称结构由于右侧剪力墙的集中分布刚度变大；

2) 从结构前三振型比较来看，第一主振型均为水平平动，但第二、第三振型，非对称结构则明显地表现出扭转效应，反映出非对称结构布置对结构的影响较大，不利于防震。

### 5.2.3 地震波选取及工况选择

根据建筑场地类别和设计地震分组等因素选用 El Centro 波、Taft 波、兰州波作用于结构，其基本参数与试验模型地震波选用相同，见表 5.3。研究其地震响应，阻尼比为 0.05。对于框剪结构，尤其是非对称结构，扭转效应明显，同时为了考虑竖向地震作用对系统地震响应的影响，根据抗震规范要求，其地震作用工况选用两种情况：

(1) 水平双向地震作用情况；

(2) 水平双向和竖向的三向地震作用组合情况。

其三向地震波按照抗震规范进行相应的折算输入。在地震波强度的输入上，为了与本文振动台试验中的地震输入相吻合，分别选用 100gal、200gal、400gal、700gal 进行地震作用分析；由试验知，对于 50gal 输入情况，由于输入强度较弱，系统地震响应相对较小，但干扰误差较大，在此不再进行分析。

表 5.3 选用地震波的基本参数

| 名称 | 峰值（gal） | 记录时间地点 |
| --- | --- | --- |
| El Centro 波（NS） | 341.7 | 1940 年美国 Imperial Valley |
| Taft 波（S69E） | 175.9 | 1952 年 |
| 兰州波 | 196.2 | 合成波 |

### 5.2.4 对称、非对称框剪结构的地震作用响应分析

本对称、非对称框剪结构沿水平方向均有 9 榀框架，由于剪力墙布局的不同，文物系统存放楼层位置及方位等因素均会影响到其地震响应，限于篇幅，现仅以 100gal El Centro 波水平双向、水平竖向三向地震输入情况进行比较分析。200gal、400gal、700gal 地震输入作用下分析方法与此相同。楼层参考点取剪力墙相对稀疏，而又比较典型的楼层最右侧框架中 9-D 柱所在的隔楼层顶部节点（由下至上为 317~324 节点），研究对称、非对称情况的地震响应。

（1）各工况下对称、非对称结构位移响应对比分析

1）两种结构各楼层节点位移响应（$X$ 向）

$XY$ 向 100gal 地震作用下，各结构中各楼层节点位移响应，如图 5.8 所示。其中 1 层、3 层、5 层、8 层层顶的节点，分别对应 317、319、321、324 节点，下同。

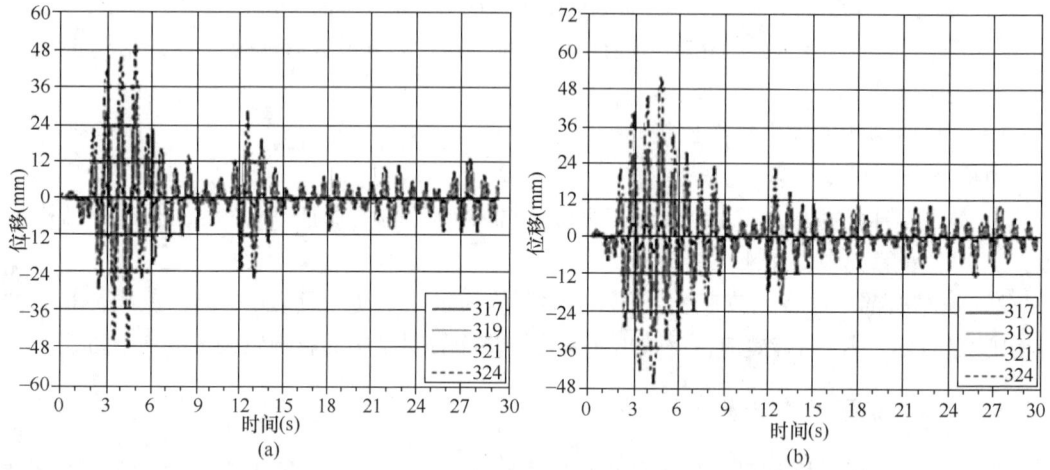

图 5.8 $XY$ 向地震作用下各楼层节点的位移响应（100gal，$X$ 向）
（a）对称结构；（b）非对称结构

$XYZ$ 向 100gal 地震作用下，对称、非对称结构中各楼层节点位移，如图 5.9 所示。

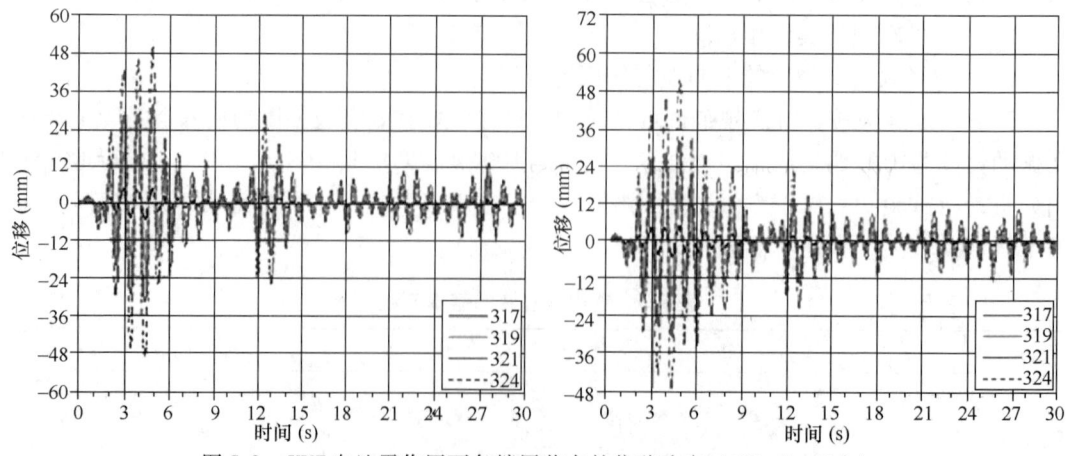

图 5.9 $XYZ$ 向地震作用下各楼层节点的位移响应（100gal，$X$ 向）
（a）对称结构；（b）非对称结构

由图5.8、图5.9可知：同等情况下，各楼层节点的位移响应均随着楼层的增高而增大，且地震作用各时间段内的地震响应规律与初始地震波输入曲线类似；100gal地震作用下，是否考虑竖向地震作用，对对称、非对称结构 $X$ 向的地震位移响应的影响不大。

2）两种结构9-D柱上各层节点的最大相对位移

100gal地震作用下，9-D柱上各层节点的最大位移如表5.4～表5.6所示。

表5.4 $X$ 向9-D柱上各节点的最大位移（mm）

| 结构形式 | 作用方向 | 楼层节点（顶点317～324） | | | | | | | |
|---|---|---|---|---|---|---|---|---|---|
| | | 1层 | 2层 | 3层 | 4层 | 5层 | 6层 | 7层 | 8层 |
| 对称 | XY | 5.174 | 11.57 | 18.24 | 25.05 | 31.78 | 38.58 | 44.94 | 50.17 |
| | XYZ | 5.182 | 11.58 | 18.25 | 25.06 | 31.80 | 38.63 | 44.99 | 50.23 |
| 非对称 | XY | 5.151 | 11.35 | 17.67 | 24.60 | 31.92 | 39.13 | 45.89 | 51.74 |
| | XYZ | 5.165 | 11.38 | 17.72 | 24.69 | 32.03 | 39.28 | 46.07 | 51.96 |

表5.5 $Y$ 向9-D柱上各节点的位移响应（mm）

| 结构形式 | 作用方向 | 楼层节点（顶点317～324） | | | | | | | |
|---|---|---|---|---|---|---|---|---|---|
| | | 1层 | 2层 | 3层 | 4层 | 5层 | 6层 | 7层 | 8层 |
| 对称 | XY | 2.223 | 5.100 | 8.541 | 12.31 | 16.15 | 20.00 | 23.77 | 27.16 |
| | XYZ | 2.215 | 5.088 | 8.522 | 12.29 | 16.12 | 19.96 | 23.72 | 27.11 |
| 非对称 | XY | 2.338 | 5.747 | 9.713 | 14.01 | 18.27 | 22.31 | 25.99 | 28.99 |
| | XYZ | 2.330 | 5.732 | 9.710 | 14.01 | 18.27 | 22.32 | 26.00 | 29.01 |

表5.6 $Z$ 向9-D柱上各节点的位移响应（mm）

| 结构形式 | 作用方向 | 楼层节点（顶点317～324） | | | | | | | |
|---|---|---|---|---|---|---|---|---|---|
| | | 1层 | 2层 | 3层 | 4层 | 5层 | 6层 | 7层 | 8层 |
| 对称 | XY | 0.3404 | 0.6184 | 0.8611 | 1.063 | 1.220 | 1.333 | 1.403 | 1.432 |
| | XYZ | 0.3422 | 0.6218 | 0.8659 | 1.069 | 1.227 | 1.340 | 1.411 | 1.440 |
| 非对称 | XY | 0.2916 | 0.5285 | 0.7334 | 0.9011 | 1.031 | 1.122 | 1.175 | 1.196 |
| | XYZ | 0.3095 | 0.5631 | 0.7852 | 0.9704 | 1.115 | 1.218 | 1.281 | 1.306 |

由表5.4～表5.6可知：

① 100gal地震输入下，是否考虑竖向地震作用，对对称结构各楼层同节点 $X$ 向、$Y$ 向的位移影响不大；对 $Z$ 向有轻微影响，表现为考虑竖向地震后，其节点 $Z$ 向位移略微增大。这表明在100gal地震作用下，竖向地震作用对对称结构的影响不明显。

② 100gal地震输入下，是否考虑竖向地震作用，对非对称结构各楼层同节点 $X$ 向、$Y$ 向的位移影响不大；对 $Z$ 向有一定的影响，表现为考虑竖向地震后，其节点 $Z$ 向位移相应增大，其增大的幅度比对称结构要明显。

这表明在 100gal 地震作用下，竖向地震作用对非对称结构有一定的影响。

(2) 各工况下对称、非对称结构加速度响应对比分析

1) 各楼层节点的加速度响应（$X$ 向）

$XY$ 向、$XYZ$ 向 100gal 地震作用下，对称、非对称结构中各楼层节点加速度分别如图 5.10、图 5.11 所示。同等情况下，各楼层节点的加速度响应均随着楼层的增高而增大，且各时间段内地震响应规律与初始输入曲线类似；100gal 地震作用下，是否考虑竖向地震作用，对对称、非对称结构 $X$ 向地震加速度响应的影响不大。

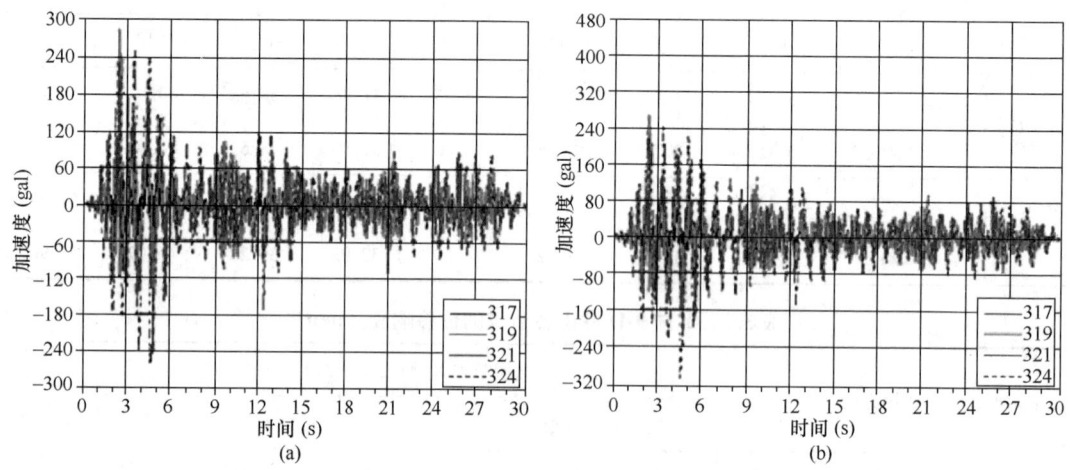

图 5.10 $XY$ 向框剪结构各楼层节点的加速度响应（100gal，$X$ 向）
(a) 对称结构；(b) 非对称结构

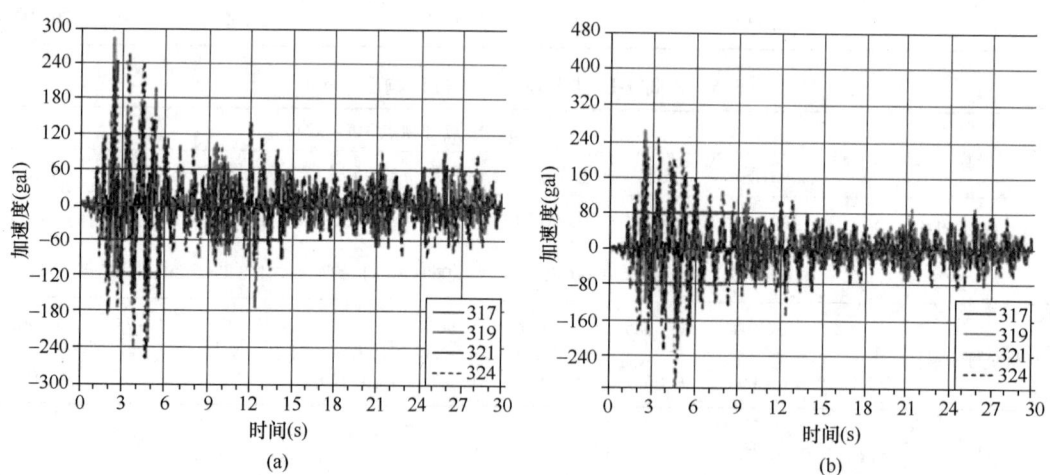

图 5.11 $XYZ$ 向地震作用下各楼层节点的加速度响应（100gal，$X$ 向）
(a) 对称结构；(b) 非对称结构

2) 9-D 柱上各层节点的最大加速度

100gal 地震作用下，9-D 柱上各层节点的最大加速度见表 5.7～表 5.9。

## 5 博物馆建筑结构-文物系统的防震安全体系研究

表 5.7  X 向 9-D 柱上各节点的最大加速度（gal）

| 结构形式 | 作用方向 | 楼层节点（顶点 317~324） | | | | | | | |
|---|---|---|---|---|---|---|---|---|---|
| | | 1层 | 2层 | 3层 | 4层 | 5层 | 6层 | 7层 | 8层 |
| 对称 | XY | 131.2 | 238.7 | 283.5 | 275.0 | 238.0 | 238.4 | 228.8 | 262.4 |
| | XYZ | 132.5 | 239.9 | 283.1 | 272.9 | 239.1 | 239.3 | 229.0 | 262.2 |
| 非对称 | XY | 123.4 | 224.1 | 264.6 | 255.1 | 221.4 | 228.0 | 274.3 | 312.4 |
| | XYZ | 122.1 | 222.1 | 262.5 | 253.1 | 223.5 | 230.4 | 275.6 | 310.9 |

表 5.8  Y 向 9-D 柱上各节点的最大加速度（gal）

| 结构形式 | 作用方向 | 楼层节点（顶点 317~324） | | | | | | | |
|---|---|---|---|---|---|---|---|---|---|
| | | 1层 | 2层 | 3层 | 4层 | 5层 | 6层 | 7层 | 8层 |
| 对称 | XY | 40.82 | 73.70 | 99.99 | 116.9 | 130.0 | 143.3 | 169.5 | 210.4 |
| | XYZ | 40.70 | 73.63 | 100.3 | 117.5 | 130.2 | 143.0 | 169.1 | 211.0 |
| 非对称 | XY | 35.34 | 68.36 | 109.8 | 156.7 | 176.0 | 159.3 | 159.8 | 216.1 |
| | XYZ | 34.49 | 67.89 | 108.9 | 154.8 | 173.9 | 158.4 | 159.9 | 216.5 |

表 5.9  Z 向 9-D 柱上各节点的最大加速度（gal）

| 结构形式 | 作用方向 | 楼层节点（顶点 317~324） | | | | | | | |
|---|---|---|---|---|---|---|---|---|---|
| | | 1层 | 2层 | 3层 | 4层 | 5层 | 6层 | 7层 | 8层 |
| 对称 | XY | 2.851 | 5.462 | 7.982 | 10.27 | 12.20 | 13.64 | 14.56 | 14.94 |
| | XYZ | 3.083 | 5.787 | 8.327 | 10.59 | 12.48 | 13.89 | 14.79 | 15.18 |
| 非对称 | XY | 2.147 | 4.155 | 6.152 | 8.016 | 9.609 | 10.81 | 11.55 | 11.84 |
| | XYZ | 6.778 | 12.68 | 18.27 | 23.40 | 27.84 | 31.34 | 33.69 | 34.84 |

由表 5.7~表 5.9 可做出 100gal 地震作用下，对称、非对称情况 XY、XYZ 向地震作用工况下，各楼层节点 X、Y、Z 向最大加速度响应变化图，如图 5.12 所示。

由表 5.7~表 5.9 及图 5.12 可知：

① 对称、非对称结构的各楼层节点 X 方向的最大加速度响应随着楼层的增高，整体上均呈现出不断增大的趋势，但楼层 4 层、5 层的加速度响应相对于 3 层，却呈现出明显减小的趋势，且非对称结构比对称结构的减小趋势更明显；6 层及以下情况，非对称结构的加速度响应小于对称结构情况，分析其原因为：对于非对称结构情况，参考节点附近剪力墙的相对集中造成了局部区域刚度变大，使得抵抗力变强；7 层、8 层楼层情况，非对称结构节点的加速度响应明显大于对称情况，其原因为：结构的不对称使得结构产生较大的扭转变形而导致了顶部地震放大效应的增大；在 100gal 地震作用下，是否考虑竖向地震作用，对楼层各节点的 X 向加速度响应的影响不大。

② 对称、非对称结构的各楼层节点 Y 方向的最大加速度响应随着楼层的增高，整体上均呈现出不断增大的趋势，但非对称结构的 6 层有减小的趋势；非对称结构楼层 5 层、6 层的节点呈现起伏变化，反映出非对称结构抗震抵抗力的不稳定；非对称结构的各楼层节点的 Y 向加速度响应，在 1~3 层变化不大，但 4 层及以上变化显著，其加速度响应值普遍高于对称情况；是否考虑竖向地震作用，对两种结构的 Y 向加速度响应影响不大。

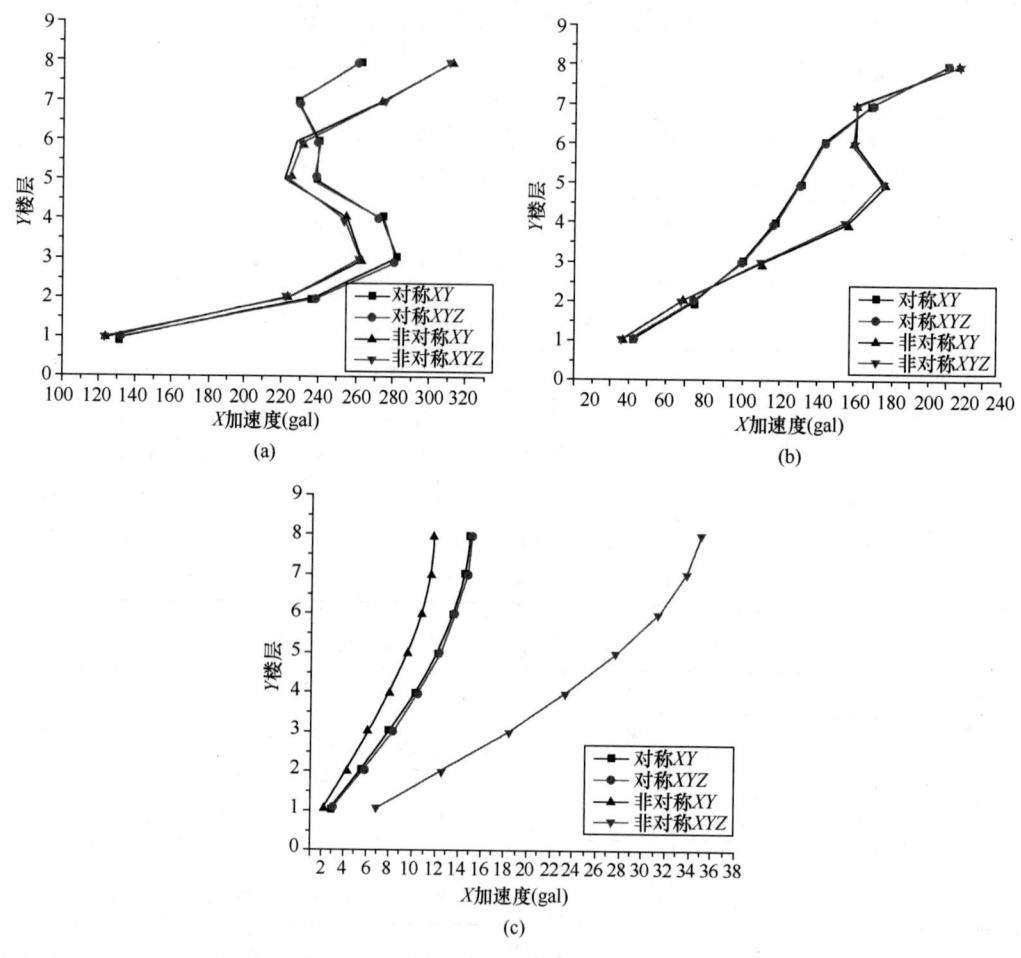

图 5.12 各楼层节点的最大加速度响应
（a）X 向；（b）Y 向；（c）Z 向

③ 对称、非对称结构的各楼层节点 Z 方向的最大加速度响应随着楼层的增高，均呈现出不断增大的趋势；对于对称结构，100gal 地震作用下是否考虑竖向作用，对结构各楼层节点的加速度响应变化不大，以 8 层顶点 324 节点为例，考虑竖向地震作用后的值为 15.18，相对于不考虑情况的 14.94，其增大率仅为 0.016，变化较小；但对于非对称结构，竖向地震作用对结构的 Z 向加速度的影响较大，以 8 层顶点 324 节点为例，考虑竖向地震作用后的值为 34.84，相对于不考虑情况的 11.84，其增大率为 1.94 倍。因而在进行博物馆结构的防震设计时要充分考虑竖向地震作用的影响。

3）各工况下对称、非对称结构速度响应分析

① 各楼层节点速度响应比较（X 向）

XY、XYZ 向 100gal 地震作用下，对称、非对称结构中各楼层节点速度分别如图 5.13 和图 5.14 所示。由此可知：同等情况下，各楼层节点的速度响应均随着楼层的增高而增大，且地震作用的响应规律与初始地震波输入曲线类似；100gal 地震作用下，是否考虑竖向地震作用对对称、非对称结构 X 向地震速度响应的影响不大。

# 5 博物馆建筑结构-文物系统的防震安全体系研究

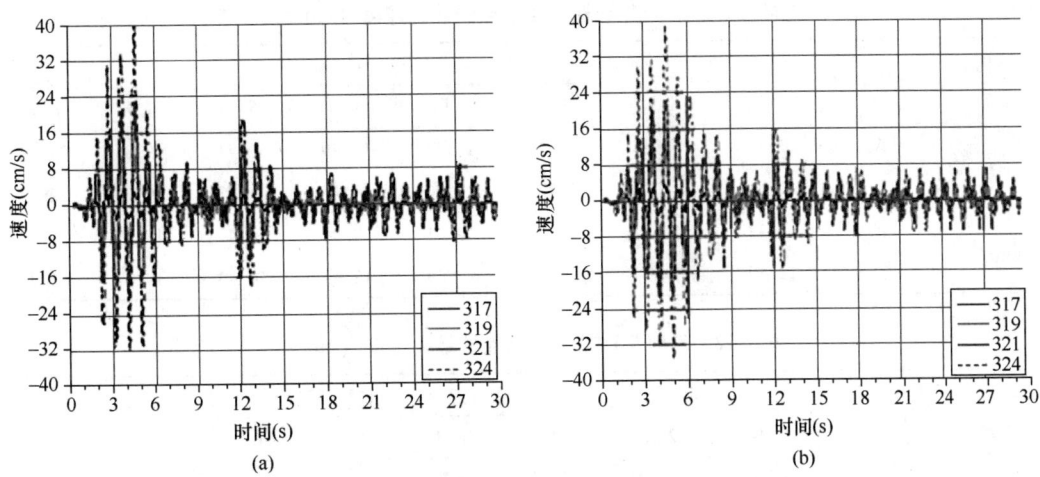

图 5.13 $XY$ 向地震作用下各楼层节点的速度响应（100gal，$X$ 向）
(a) 对称结构；(b) 非对称结构

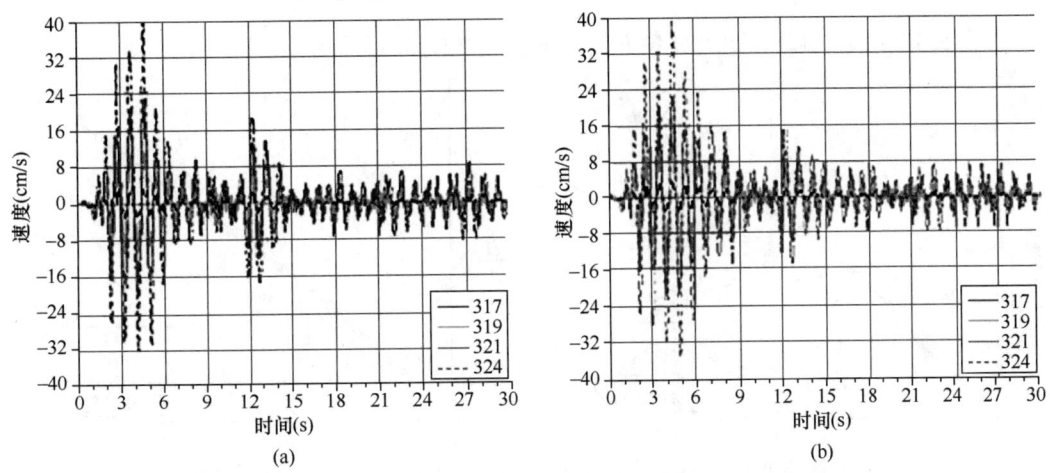

图 5.14 $XYZ$ 向地震作用下各楼层节点的速度响应（100gal，$X$ 向）
(a) 对称结构；(b) 非对称结构

② 9-D 柱上各层节点的 $X$、$Y$、$Z$ 向的最大速度

100gal 地震作用下，9-D 柱上各层节点的最大速度见表 5.10 ~ 表 5.12。

表 5.10 $X$ 向 9-D 柱上各节点的最大速度（cm/s）

| 结构形式 | 作用方向 | 楼层节点（顶点 317~324） | | | | | | | |
|---|---|---|---|---|---|---|---|---|---|
| | | 1 层 | 2 层 | 3 层 | 4 层 | 5 层 | 6 层 | 7 层 | 8 层 |
| 对称 | $XY$ | 4.641 | 9.070 | 12.20 | 16.45 | 22.86 | 29.24 | 35.16 | 39.93 |
| | $XYZ$ | 4.649 | 9..075 | 12.20 | 16.50 | 22.92 | 29.29 | 35.18 | 39.93 |
| 非对称 | $XY$ | 4.750 | 9.168 | 12.22 | 16.88 | 22.14 | 28.27 | 34.12 | 39.02 |
| | $XYZ$ | 4.710 | 9.102 | 12.19 | 16.93 | 22.22 | 28.36 | 34.23 | 39.19 |

表 5.11　Y 向 9-D 柱上各节点的最大速度（cm/s）

| 结构形式 | 作用方向 | 楼层节点（顶点 317~324） | | | | | | | |
|---|---|---|---|---|---|---|---|---|---|
| | | 1 层 | 2 层 | 3 层 | 4 层 | 5 层 | 6 层 | 7 层 | 8 层 |
| 对称 | XY | 2.468 | 4.988 | 7.490 | 10.22 | 13.49 | 16.71 | 19.81 | 22.59 |
| | XYZ | 2.461 | 4.976 | 7.474 | 10.20 | 13.46 | 16.67 | 19.76 | 22.53 |
| 非对称 | XY | 2.138 | 4.654 | 7.307 | 10.01 | 12.96 | 16.43 | 19.92 | 22.90 |
| | XYZ | 2.121 | 4.624 | 7.251 | 9.945 | 12.96 | 16.43 | 19.92 | 22.91 |

表 5.12　Z 向 9-D 柱上各节点的最大速度（cm/s）

| 结构形式 | 作用方向 | 楼层节点（顶点 317~324） | | | | | | | |
|---|---|---|---|---|---|---|---|---|---|
| | | 1 层 | 2 层 | 3 层 | 4 层 | 5 层 | 6 层 | 7 层 | 8 层 |
| 对称 | XY | 0.2784 | 0.5082 | 0.7112 | 0.8822 | 1.017 | 1.116 | 1.177 | 1.203 |
| | XYZ | 0.2875 | 0.5249 | 0.7348 | 0.9116 | 1.052 | 1.156 | 1.222 | 1.250 |
| 非对称 | XY | 0.2180 | 0.3962 | 0.5537 | 0.6882 | 0.8004 | 0.8871 | 0.9403 | 0.9614 |
| | XYZ | 0.3594 | 0.6548 | 0.9243 | 1.167 | 1.370 | 1.524 | 1.625 | 1.671 |

由表 5.10~表 5.12 可做出其各方向速度变化如图 5.15 所示。

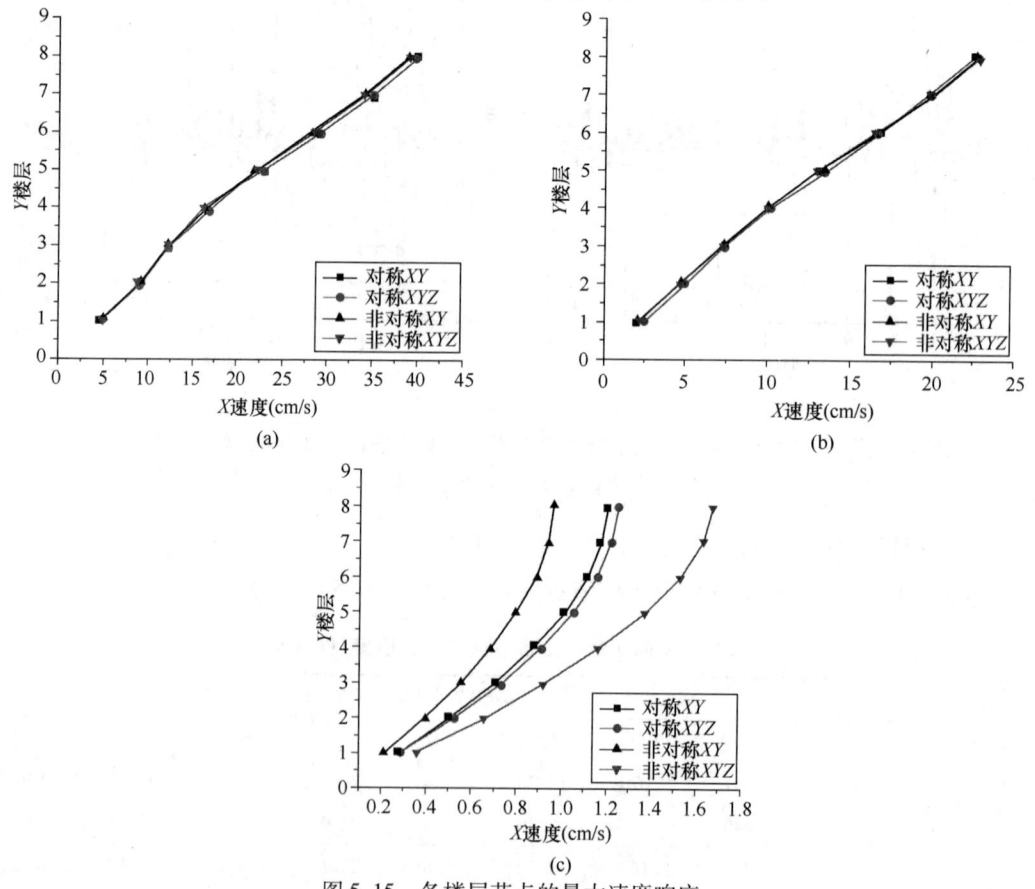

图 5.15　各楼层节点的最大速度响应
（a）X 向；（b）Y 向；（c）Z 向

由表 5.10~表 5.12 和图 5.15 可知：

a. 对称、非对称结构的各楼层节点 $X$ 方向的最大速度随着楼层的增高，均呈现出不断增大的趋势，且两种结构的变化率曲线比较接近；3层、4层呈现一定的变化，但总体上呈线性。

b. 对称、非对称结构的各楼层节点 $Y$ 方向的最大速度随着楼层的增高，均出现不断增大的趋势，呈线性规律变化。

c. 对称、非对称结构的各楼层节点 $Z$ 方向的最大速度随着楼层的增高，均呈现出不断增大的趋势；对于对称结构，100gal 地震作用下考虑竖向作用后，结构各楼层节点的速度响应变化有所增大，但增加幅度不大；但对于非对称结构，竖向地震作用对结构的 $Z$ 向速度响应的影响较大，考虑竖向地震作用后，结构顶层 324 节点变为 1 层节点的 4.65 倍，而不考虑竖向作用时增大率为 4.41 倍；324 节点考虑竖向地震后为 1.671，比不考虑时的 0.9614，增大了 74%，因而在进行博物馆结构的防震设计时要充分考虑竖向地震作用的影响。

4）各工况下不同阻尼比的加速度反应谱分析

图 5.16、图 5.17 分别为 100gal 地震作用下，两种工况情况、不同阻尼比的加速度反应谱分析。阻尼比 $\zeta$ 取 0.00，0.02，0.03，0.05，0.07，0.10，下同。

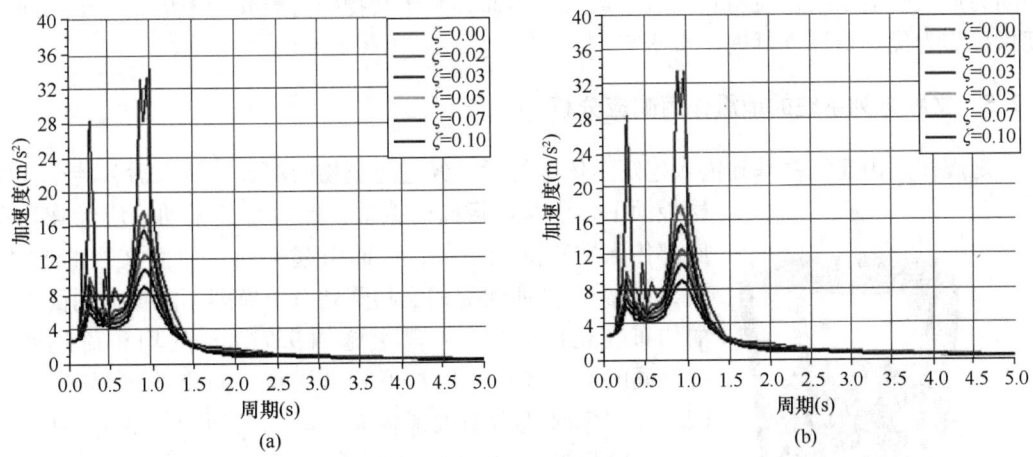

图 5.16　对称结构顶层第 324 节点的加速度反应谱（100gal，$X$ 向）
（a）$XY$ 水平双向；（b）$XYZ$ 三向

由此可知：

① 是否考虑竖向地震作用，对对称、非对称结构的加速度反应谱影响不大。

② 结构阻尼比的变化对对称、非对称结构的影响均较大，表现为，随着阻尼比的增大，其加速度幅值均出现相应的减小；阻尼比越大，变化越明显，但其变化规律比较类似。

③ 同阻尼比情况，非对称结构的幅值比对称结构的幅值要相应地增大，表明非对称结构的防震性能比对称结构要差。

④ 各阻尼比情况，对称、非对称结构的最大幅值均出现在结构的自振周期附近，表明在自振周期附近，结构的振动效应最大，因而要使结构的自振频率尽量远离地震波的振

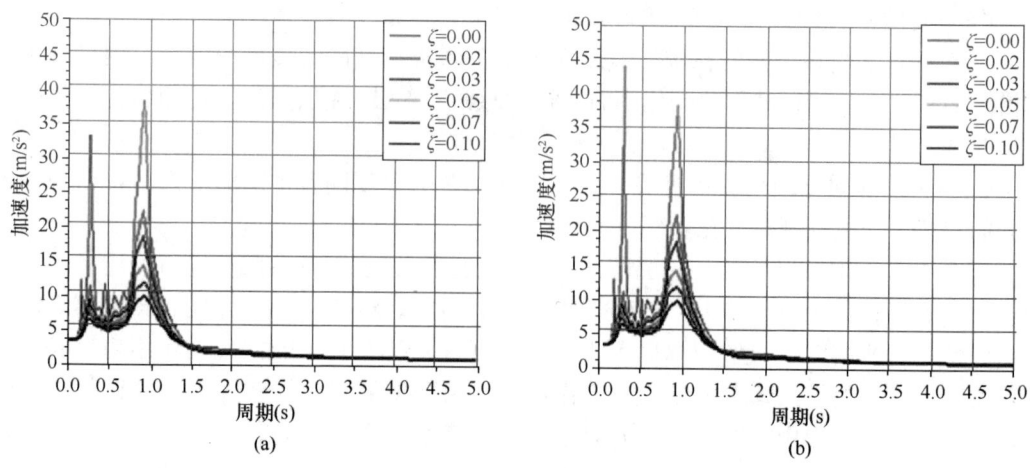

图 5.17 非对称结构顶层第 324 节点的加速度反应谱（100gal，$X$ 向）
(a) $XY$ 水平双向；(b) $XYZ$ 三向

动频率，以避免发生共振。

由对称、非对称框剪结构的位移、加速度和速度响应可知，加速度的地震响应对结构的动力放大响应最大，表明其灵敏度最大，因而，基于文物的防震安全考虑，可采用加速度指标作为优选指标进行进一步研究。

### 5.2.5 文物陈列系统的地震作用响应分析

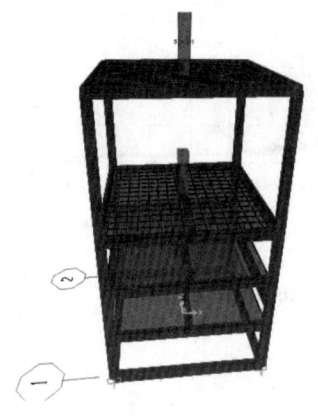

图 5.18 文物陈列系统模型

地震作用由建筑物基础传入建筑主体结构后，经过建筑物的滤波与放大后，传至各层楼板面上，引起楼板面的振动，然后将其振动响应经陈列柜底部传入文物陈列系统，进而引起陈列台面上文物的振动。图 5.18 为本文所建立的文物陈列系统模型。配重采用面荷载的均布（壳）模型，在其上施加 957N/m² 的均布荷载来代替；同时由于各平台层与下部横梁和中间支撑梁焊接固结，因而在建模时适当增大了各面的薄壳模型中的面弯曲厚度，以与实际模型相接近。文物采用实体 Block 单元模拟，文物与陈列层的连接，采用 Damper 单元进行建模。为了与试验模型情况相吻合，这里陈列柜与楼板面的连接方式为固定；在实际博物馆文物陈列系统防震设计时，可根据陈列柜与博物馆各层楼面的实际连接形式，如浮放、固定、铰接、限位等多种形式，采用滑动支座、固定支座、铰支座等多模型进行模拟。对于陈列柜模型的模拟计算，现在国内外许多学者的计算模型多采用刚体模型，即把陈列柜认为是刚性体进行考虑，但由于实际的博物馆结构的陈列柜并非刚体，尤其对于比较高大的联排陈列柜，在地震作用时极易引起变形而发生破坏，因而本文采用三维实体建模形式，以使其与实际情况比较接近。

（1）文物陈列系统的动力特性分析

在对文物陈列系统进行建模并对刚度适当调整后进行模态分析，提取了 12 阶模态，其参数见表 5.13。其前五阶振型如图 5.19 所示。从模态分析来看：第一振型以 $Y$ 向平动为主；第二振型以 $X$ 向平动为主；第三、四振型为组合变形；第五振型以扭转变形为主。结构第一周期为 0.0559s，频率为 17.89Hz，与试验模型相一致。

表 5.13 文物陈列系统的各阶模态参数

| 模态 | 周期（s） | 自振频率（Hz） | 质量参与系数 | | |
| --- | --- | --- | --- | --- | --- |
| | | | UX | UY | RZ |
| 1 | 0.0559 | 17.89 | 0 | 0.68 | 0 |
| 2 | 0.0528 | 18.94 | 0.64 | 0 | 0 |
| 3 | 0.0358 | 27.93 | 0.019 | 0 | 0 |
| 4 | 0.0358 | 27.93 | 0 | 0.015 | 0 |
| 5 | 0.0348 | 28.74 | 0 | 0 | 0.66 |
| 6 | 0.0344 | 29.07 | 0 | 0 | 0 |
| 7 | 0.0338 | 29.59 | 0 | 0 | 0 |
| 8 | 0.0334 | 29.94 | 0.028 | 0 | 0 |
| 9 | 0.0333 | 30.03 | 0 | 0.026 | 0 |
| 10 | 0.0201 | 49.75 | 0 | 0.19 | 0 |
| 11 | 0.0195 | 51.28 | 0.22 | 0 | 0 |
| 12 | 0.0154 | 64.94 | 0 | 0 | 0.24 |

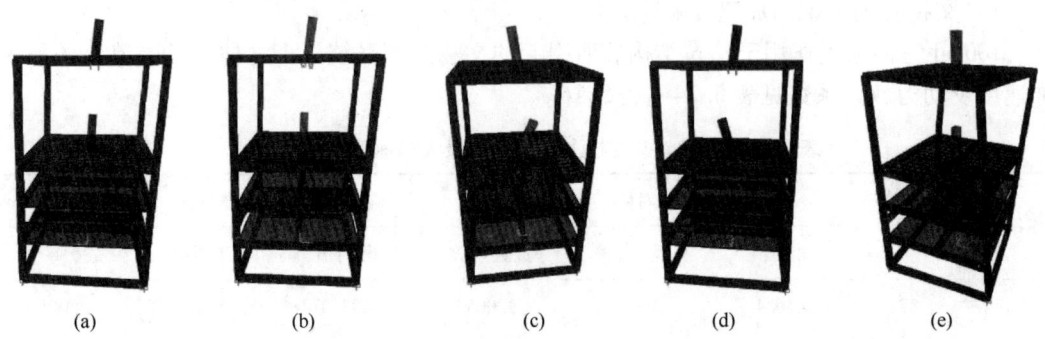

图 5.19 文物陈列系统模型振型图
(a) 第一振型；(b) 第二振型；(c) 第三振型；(d) 第四振型；(e) 第五振型

（2）地震波的选择及工况选择

当地震波由建筑结构各楼板面传入放置在各楼层的文物陈列系统后，将引起文物陈列系统的地震响应。由博物馆建筑设计规范可知，文物陈列系统一般放在 1~3 层，4 层及以上不利于文物的防震。但由于出土文物的大量增加及博物馆的功能的不断增强，必然要求新建博物馆层数不断增多，文物陈列层也不断增高。为了探讨结构高楼层的地震作用对文物陈列系统的影响，现仅以 100gal 三向地震作用下，8 层对称、非对称框剪结构的 7 层楼顶节点，即结构的 8 层地面的 323 节点为例（文物陈列系统放置在 8 楼地面上）进行分析。

当 100gal El Centro 三向地震波传至 323 节点后，引起该节点的地震响应如下：

1）对称结构：$X$ 向加速度为 229.0gal，$Y$ 向加速度为 169.1gal，$Z$ 向加速度为 14.79gal；其 $X$、$Y$、$Z$ 向的比例系数变为 229.0∶169.1∶14.79 = 1∶0.738∶0.065；

2）非对称结构：$X$ 向加速度为 275.6gal，$Y$ 向加速度为 159.9gal，$Z$ 向加速度为 33.69gal；其 $X$、$Y$、$Z$ 向的比例系数变为 275.6∶159.9∶33.69 = 1∶0.580∶0.122。

将此地震波作为文物陈列系统的原始输入即可得出文物的地震响应。对于 Taft 波、兰州波地震波作用情况，其地震波基本参数与表 5.3 相同，可仿照 El Centro 波地震作用分析的做法进行地震响应分析，然后将建筑结构各层楼面节点的地震作用结果作为文物陈列系统的原始输入波输入，限于篇幅，此处不再进行分析。

(3) 文物陈列系统的地震作用响应分析

现以 8 层对称、非对称框剪结构中 8 层楼面上放置的文物陈列系统进行地震作用分析。取模型所示方向的前排左立柱 A-1 中各层的节点及陈列文物的顶点，分别是立柱底层节点 1、中间层节点 2、顶层节点 3、中间陈列层文物顶点 1131、顶层陈列层文物顶点 871，如图 5.20 所示。由前所述，在位移、加速度、速度评价指标中，以加速度评价指标最能反映文物系统的防震安全性能的好坏，因而此处以加速度指标为例进行讨论。

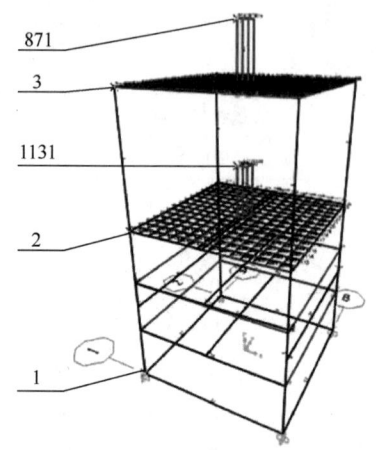

图 5.20 文物陈列系统中的研究节点

1）文物陈列系统的加速度响应分析

100gal 三向地震作用于建筑结构后所引起的文物陈列系统 A-1 立柱上各层节点的最大加速度及动力放大系数见表 5.14 ~ 表 5.16。

表 5.14 $X$ 向 A-1 立柱上各节点的最大加速度响应（gal）

| 作用方向 | 楼层 | 对称 | | | 非对称 | | |
| --- | --- | --- | --- | --- | --- | --- | --- |
| | | 相对值 | 绝对值 | 放大系数 | 相对值 | 绝对值 | 放大系数 |
| XY | 871 | 410.4 | 459.7 | 2.005 | 493.9 | 553.2 | 2.005 |
| | 3 | 183.9 | 289.6 | 1.263 | 221.3 | 348.5 | 1.263 |
| | 1131 | 120.8 | 241.9 | 1.055 | 145.4 | 291.1 | 1.055 |
| | 2 | 80.50 | 228.6 | 0.997 | 96.89 | 275.1 | 0.997 |
| | 1 | | 229.3 | — | | 275.9 | — |
| XYZ | 871 | 410.4 | 459.7 | 2.005 | 494.0 | 553.2 | 2.005 |
| | 3 | 183.9 | 289.6 | 1.263 | 221.3 | 348.5 | 1.263 |
| | 1131 | 120.8 | 241.9 | 1.055 | 145.4 | 291.1 | 1.055 |
| | 2 | 80.50 | 228.6 | 0.997 | 96.89 | 275.1 | 0.997 |
| | 1 | | 229.3 | — | | 275.9 | — |

表 5.15  Y 向 A-1 立柱上各节点的加速度响应（gal）

| 作用方向 | 楼层 | 对称 | | | 非对称 | | |
|---|---|---|---|---|---|---|---|
| | | 相对值 | 绝对值 | 放大系数 | 相对值 | 绝对值 | 放大系数 |
| XY | 871 | 287.6 | 336.3 | 1.986 | 272.0 | 318.0 | 1.986 |
| | 3 | 149.0 | 219.4 | 1.296 | 141.2 | 207.7 | 1.297 |
| | 1131 | 117.3 | 206.4 | 1.219 | 110.9 | 195.2 | 1.219 |
| | 2 | 72.55 | 169.2 | 0.999 | 68.77 | 160.0 | 1.000 |
| | 1 | | 169.3 | — | | 160.1 | — |
| XYZ | 871 | 287.6 | 336.3 | 1.986 | 272.0 | 318.0 | 1.986 |
| | 3 | 149.0 | 219.4 | 1.296 | 141.2 | 207.7 | 1.297 |
| | 1131 | 117.3 | 206.4 | 1.219 | 110.9 | 195.3 | 1.220 |
| | 2 | 72.55 | 169.2 | 0.999 | 68.77 | 160.0 | 0.999 |
| | 1 | | 169.3 | — | | 160.1 | — |

表 5.16  Z 向 A-1 立柱上各节点的加速度响应（gal）

| 作用方向 | 楼层 | 对称 | | | 非对称 | | |
|---|---|---|---|---|---|---|---|
| | | 相对值 | 绝对值 | 放大系数 | 相对值 | 绝对值 | 放大系数 |
| XY | 871 | 38.10 | 38.10 | — | 41.99 | 41.99 | — |
| | 3 | 1.692 | 1.692 | — | 1.879 | 1.879 | — |
| | 1131 | 11.33 | 12.74 | — | 13.89 | 13.89 | — |
| | 2 | 1.352 | 1.352 | — | 1.502 | 1.502 | — |
| | 1 | | 0 | — | | 0 | — |
| XYZ | 871 | 33.32 | 35.67 | 2.409 | 31.12 | 45.71 | 1.355 |
| | 3 | 1.679 | 14.79 | 0.997 | 1.851 | 33.71 | 0.999 |
| | 1131 | 12.17 | 18.00 | 1.215 | 16.54 | 34.38 | 1.019 |
| | 2 | 1.342 | 14.80 | 0.999 | 1.482 | 33.72 | 1.000 |
| | 1 | | 14.81 | — | | 33.73 | — |

由表 5.14～表 5.16 可知：

① 水平 $X$ 向、$Y$ 向加速度响应情况

$XY$ 向地震作用下，中间陈列层及其以下的 $X$ 向、$Y$ 向的加速度响应变化均不明显；此层以上的加速度响应均随着高度的增大而增大。对于同层节点，非对称结构的加速度响应比对称结构的响应有增大的趋势；对比对称、非对称结构的各层节点，其动力放大系数无明显变化。考虑 $XYZ$ 三向地震作用情况，其 $X$ 向、$Y$ 向的加速度响应变化均不明显，由此表明，竖向地震作用对结构水平各向的加速度响应影响不大。

对于对称、非对称结构-文物系统，在 100gal 地震作用下：

a. 对于位于建筑结构 8 层的文物陈列系统的 $X$ 向地震响应将放大 1~5 倍及以上，且非对称结构情况导致的地震响应会更大，极易引起文物较大的地震响应而造成破坏。

b. 位于建筑结构 8 层的文物陈列系统的 $Y$ 向地震响应将放大 1~3 倍及以上，极易引起文物较大的地震响应而造成破坏。

② $Z$ 向加速度响应情况

$XY$ 向地震作用下，各陈列层及文物均会产生竖向加速度响应，其中陈列层的 $Z$ 向加速度响应较小，但文物的 $Z$ 向加速度响应较大，其原因应与文物和陈列层的有效连接方式有关，不同的连接方式，其加速度响应有所不同，但整体表明，其竖向响应不容忽视；考虑 $XYZ$ 三向地震作用后，陈列架上各层节点的竖向加速度响应明显增大，相比而言，文物的 $Z$ 向加速度响应变化不太明显；对称、非对称结构情况的动力放大系数，达到底层节点的 1~2 倍，表明陈列柜中陈列层高度的变化会极大地影响文物的 $Z$ 向加速度响应。

2）文物顶点的加速度时域变化分析

在 100gal 三向地震作用下，对称、非对称结构系统中文物顶点 1131、871 的加速度时域变化分别如图 5.21~图 5.24 所示。

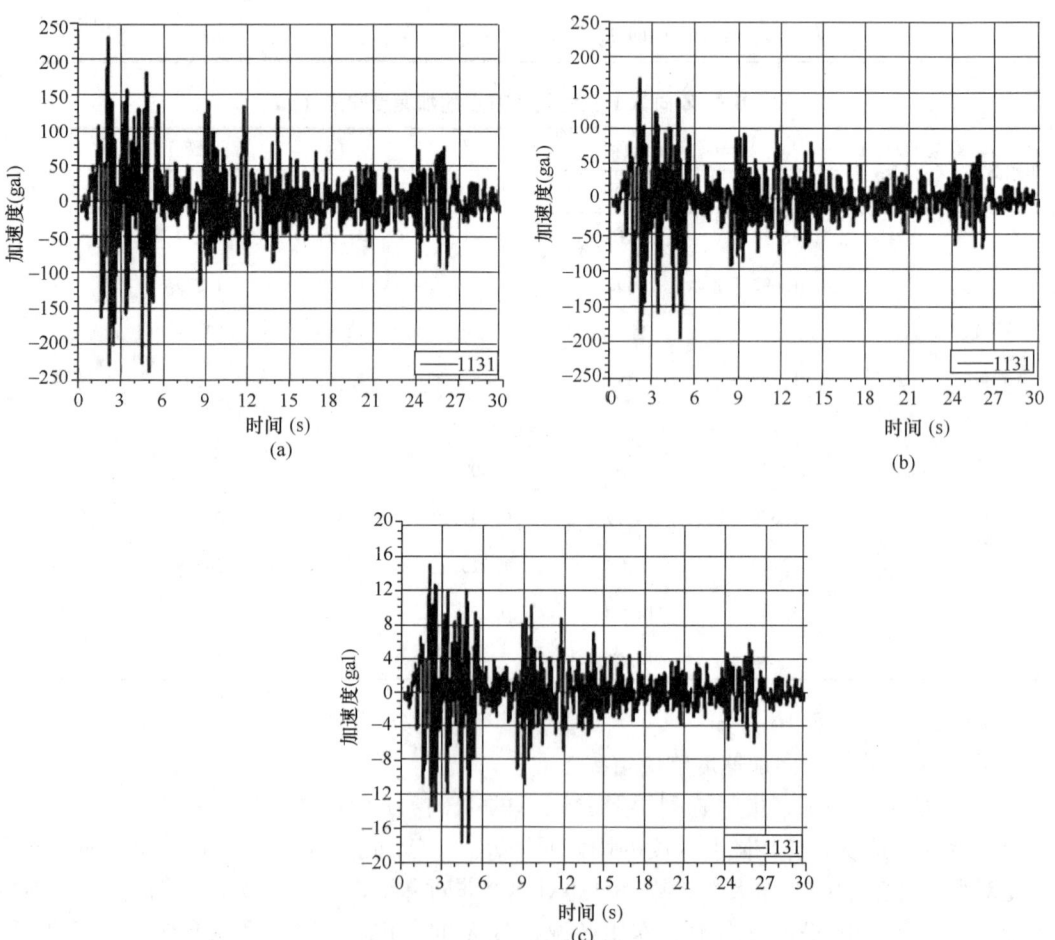

图 5.21　对称结构系统中文物 1131 节点的加速度变化
(a) $X$ 向；(b) $Y$ 向；(c) $Z$ 向

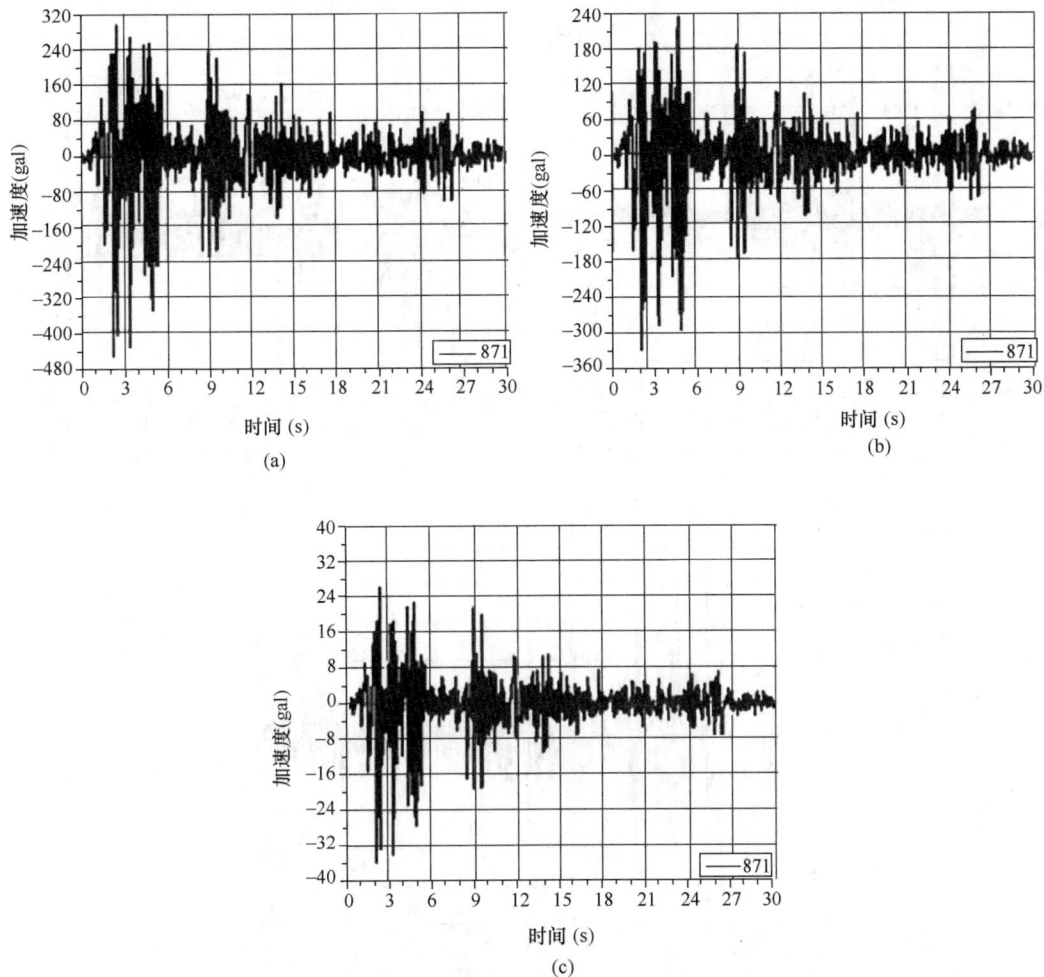

图 5.22 对称结构系统中文物 871 节点的加速度变化
(a) $X$ 向;(b) $Y$ 向;(c) $Z$ 向

由图 5.21~图 5.24 可知：

① 对称、非对称系统各节点的瞬时加速度响应与地震输入波的波形较为一致。

② 非对称结构系统中各层文物顶点的 $X$、$Y$、$Z$ 向的加速度响应均比同层对称结构系统的文物顶点的同向的加速度响应有所增大，表明非对称结构系统不利于文物系统的防震。

③ 陈列层的高低对同结构情况文物的加速度响应的影响较为明显，文物所处的陈列层越高，对防震越不利，且不对称结构对文物的不利影响越明显。结合表 5.14~表 5.16 可知，顶层 871 节点比中间层 1131 节点高度仅高 0.7m，但其加速度放大效应，对于 $X$ 向加速度响应：对称、非对称系统均放大了 1.900 倍；对于 $Y$ 向加速度响应：对称、非对称结构系统分别放大了 1.629 倍和 1.628 倍；对于 $Z$ 向加速度响应：对称、非对称结构系统分别放大了 1.982 倍和 1.330 倍。

3) 阻尼比变化对文物加速度响应的影响

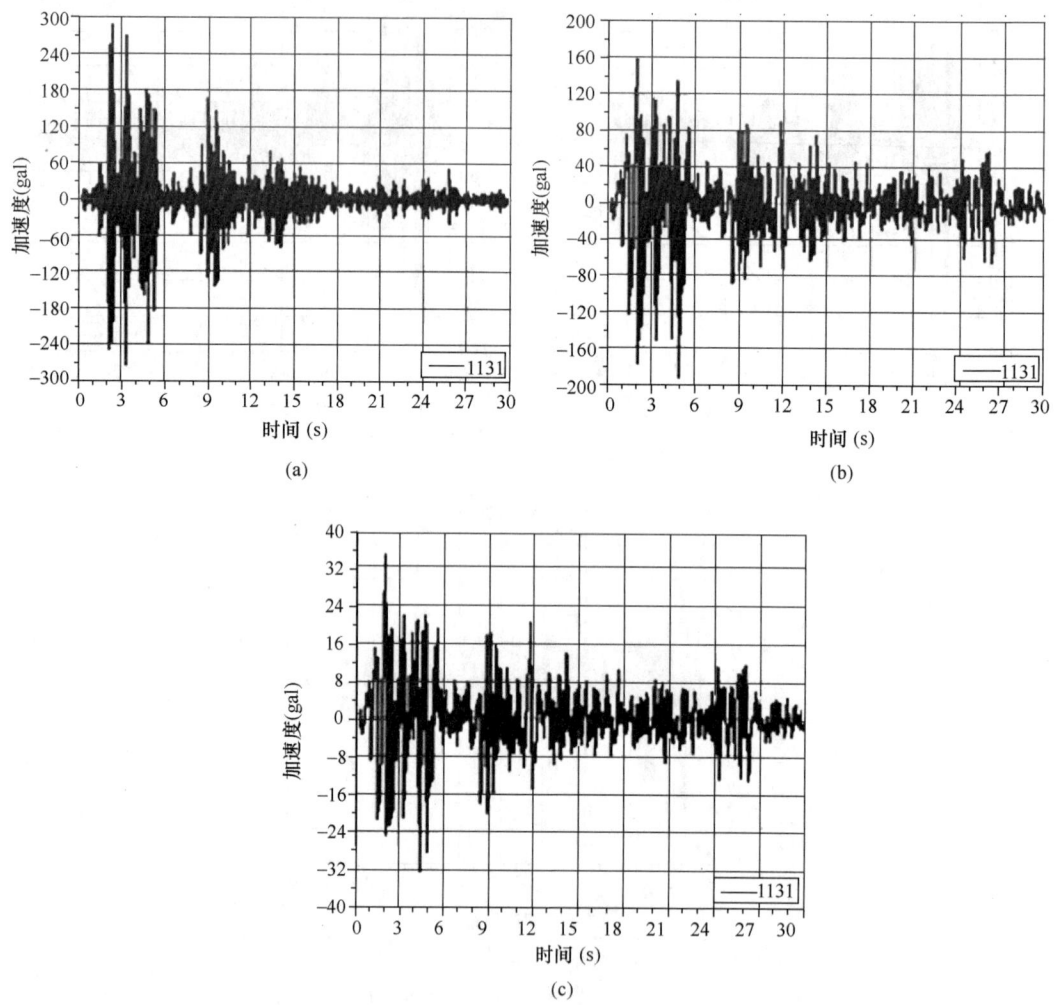

图 5.23 非对称结构系统中文物 1131 节点的加速度变化
(a) $X$ 向；(b) $Y$ 向；(c) $Z$ 向

在 100gal 三向地震作用下，阻尼比变化对对称、非对称结构中文物顶点 1131 和 871 的 $X$ 向加速度时域变化分别如图 5.25 ~ 图 5.28 所示。由此可知：

① 结构阻尼比的变化对文物加速度响应的变化较为显著；结构阻尼比越大，其地震响应越小，越有利于系统的防震。

② 文物的加速度响应除与结构的动力特性有关外，还与陈列架或陈列柜的自振特性密切相关。其幅值变化大多集中在 1s 范围内，1s 以后的变化较平缓。

③ 阻尼比的变化对系统 $X$、$Y$ 向的变化较显著，且放置高度越高，其变化越明显；非对称比对称结构的变化要明显。

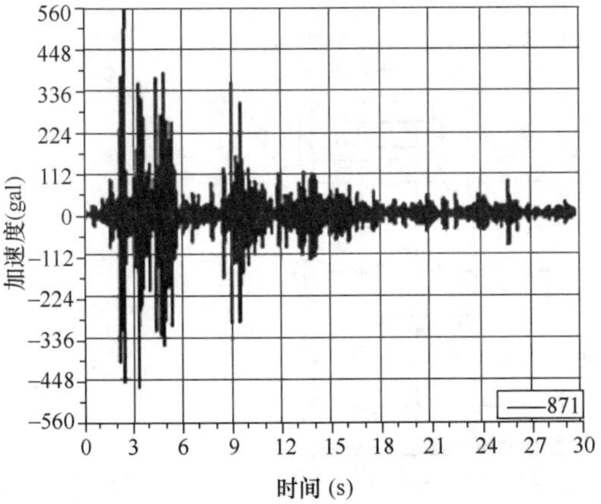

## 5 博物馆建筑结构-文物系统的防震安全体系研究

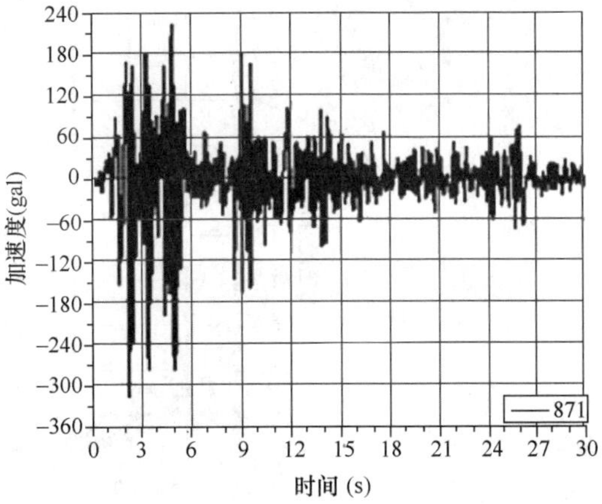

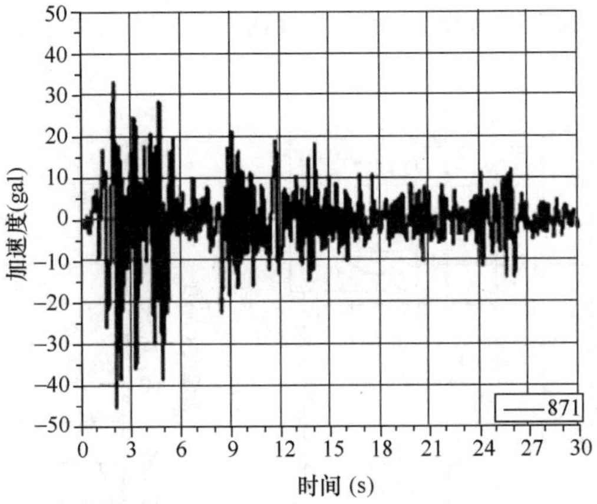

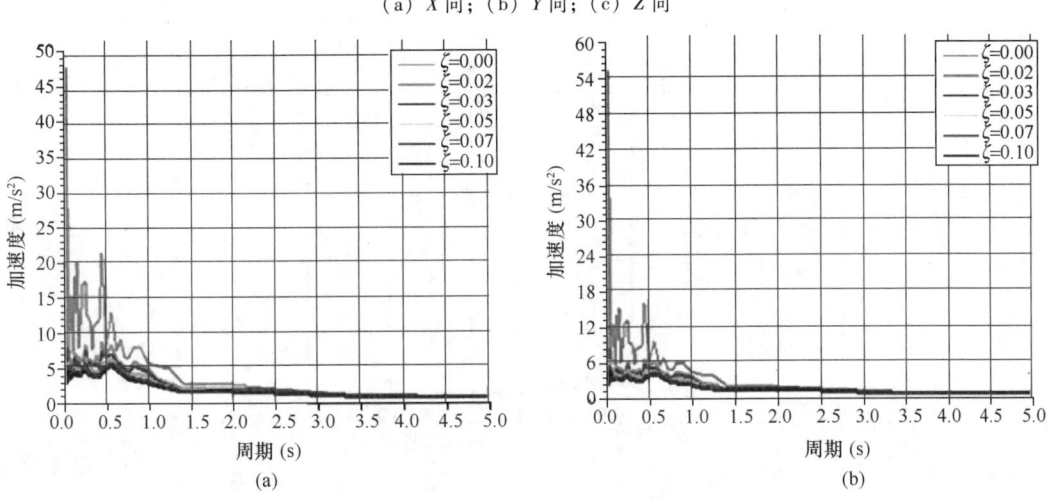

图 5.24 非对称结构系统中文物 871 节点的加速度变化
(a) $X$ 向;(b) $Y$ 向;(c) $Z$ 向

图 5.25 对称结构系统中文物 1131 节点的加速度变化(一)
(a) $X$ 向;(b) $Y$ 向

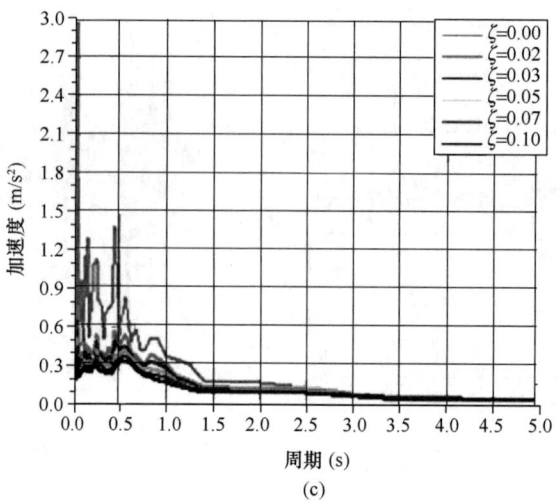

(c)

图 5.25 对称结构系统中文物 1131 节点的加速度变化（二）

(c) $Z$ 向

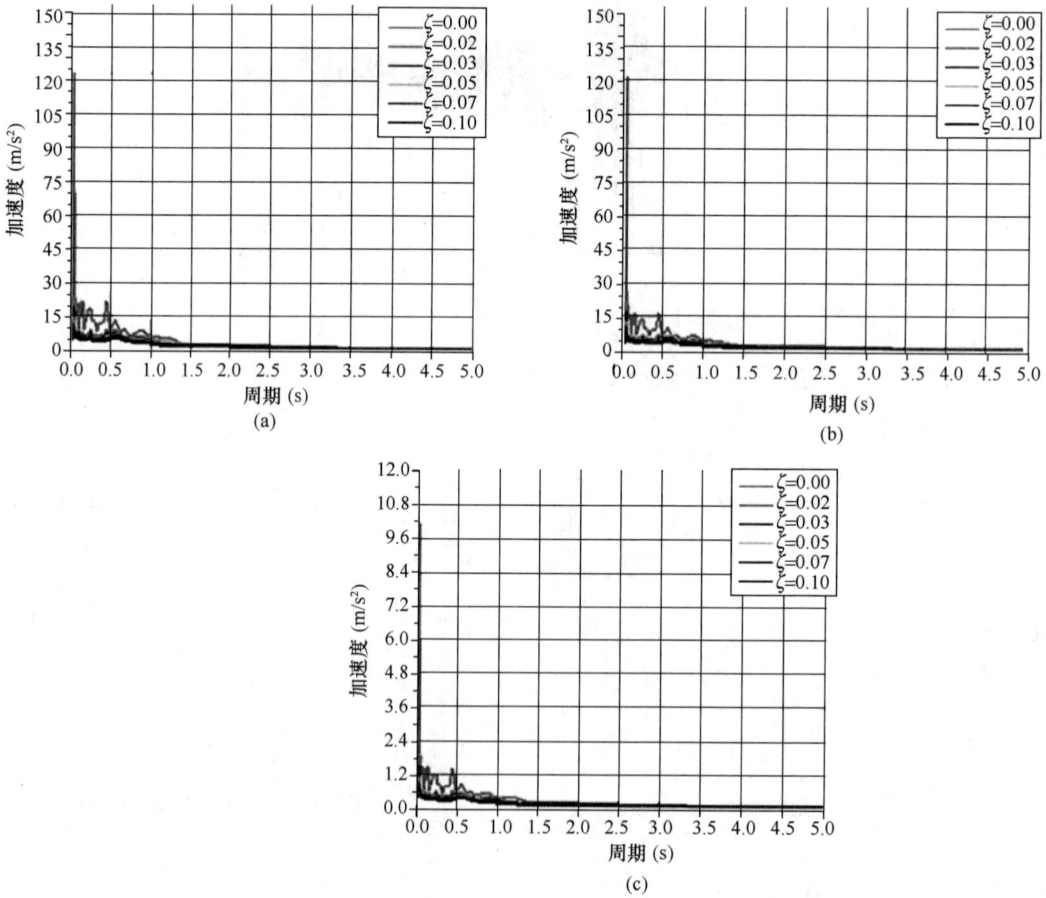

(a)

(b)

(c)

图 5.26 对称结构系统中文物 871 节点的加速度变化

(a) $X$ 向；(b) $Y$ 向；(c) $Z$ 向

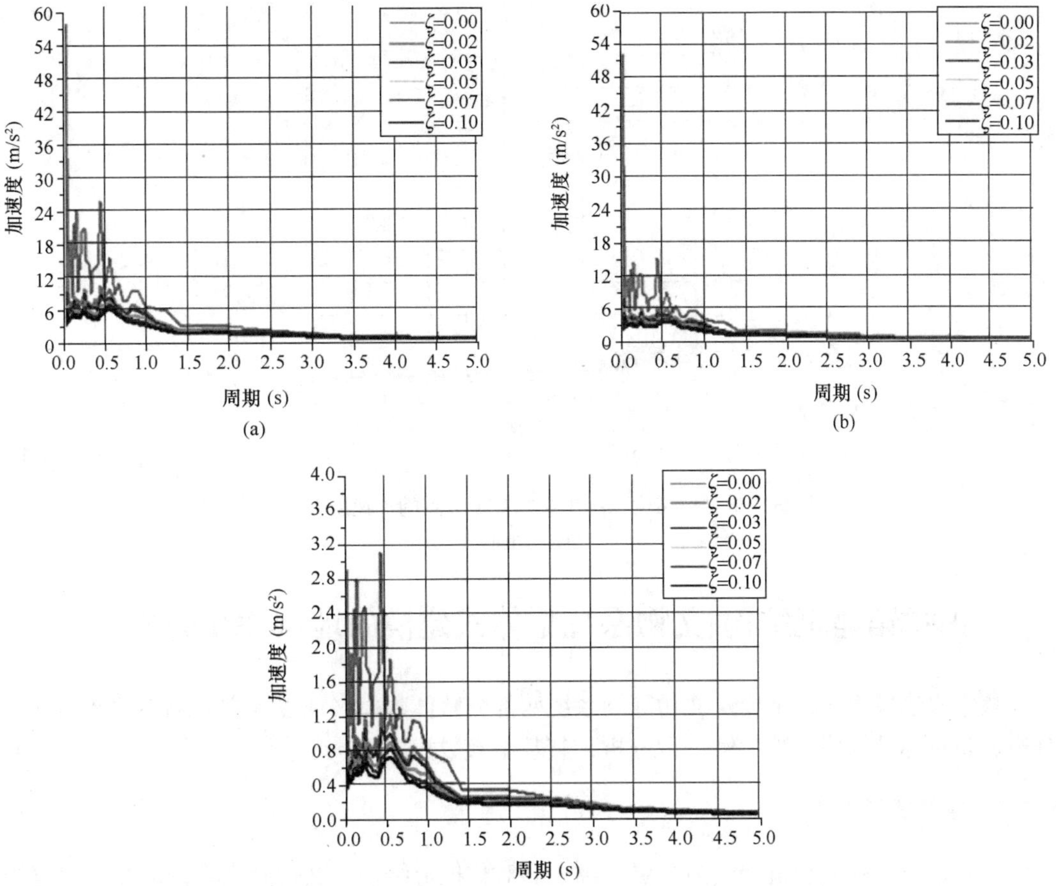

## 5 博物馆建筑结构-文物系统的防震安全体系研究

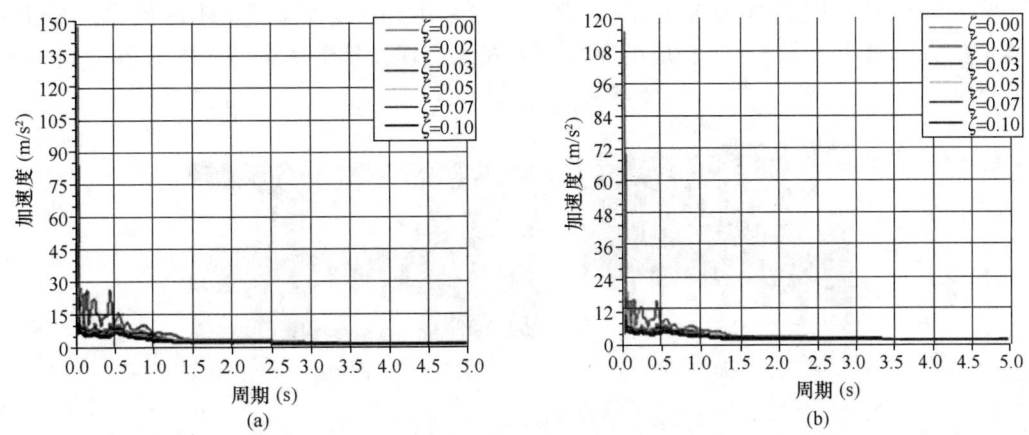

图 5.27 非对称结构系统中文物 1131 节点的加速度变化
（a）$X$ 向；（b）$Y$ 向；（c）$Z$ 向

图 5.28 非对称结构系统中文物 871 节点的加速度变化（一）
（a）$X$ 向；（b）$Y$ 向

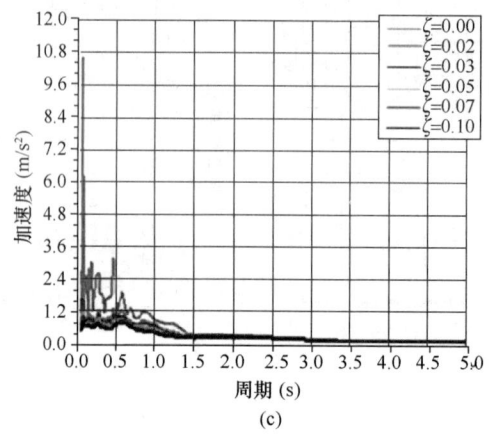

图5.28 非对称结构系统中文物871节点的加速度变化（二）
(c) Z向

## 5.3 博物馆建筑结构-文物系统整体式建模的地震作用分析

整体式建模为建筑结构、文物陈列系统两部分整体建模。现以本文算例中的8层框剪对称、非对称结构建筑物为例进行分析，其基本参数相同。

### 5.3.1 整体式模型

整体式模型中的建筑结构为8层对称、非对称框剪结构。文物陈列系统放置在建筑结构的第8层，323节点单元所在位置的楼层地面上。文物陈列系统与楼层地面的连接形式有多种，常见的有Damper单元、Linear单元、Gap单元、Friction Isolator单元及T/C Friction Isolator单元，也可采用复合式连接，如Kelvin模型（Linear单元和Damper单元并联）等[181-185]。试验模型为陈列架与地面固定形式，可采用Linear模型或Kelvin模型，通过固定相应的方向属性，或增大其相应的刚度的方式来实现，其整体模型如图5.29、图5.30所示。

图5.29 对称结构-文物陈列系统模型
（a）系统模型；（b）文物系统局部放大图

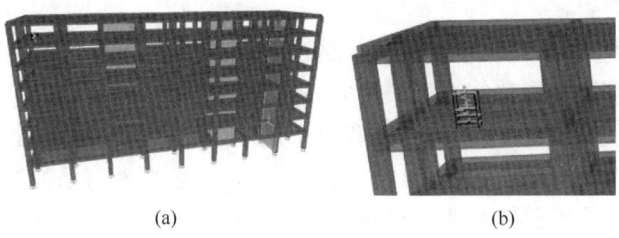

图 5.30 非对称结构-文物陈列系统模型
(a) 系统模型;(b) 文物系统局部放大图

### 5.3.2 整体式模型的动力特性分析

对对称框剪结构-文物陈列系统模型进行模态分析,并提取了 12 阶模态,其参数见表 5.17。其前三阶振型如图 5.31 所示。

**表 5.17 框剪对称结构-文物系统模型各阶模态参数**

| 模态 | 周期(s) | 自振频率(Hz) | 质量参与系数 | | |
|---|---|---|---|---|---|
| | | | UX | UY | RZ |
| 1 | 1.031 | 0.970 | 0.75 | 0 | 0 |
| 2 | 0.937 | 1.067 | 0 | 0.70 | 0.36 |
| 3 | 0.771 | 1.297 | 0 | 0.034 | 0.34 |
| 4 | 0.301 | 3.322 | 0.18 | 0 | 0 |
| 5 | 0.280 | 3.571 | 0 | 0.17 | 0.12 |
| 6 | 0.211 | 4.739 | 0 | 0 | 0.056 |
| 7 | 0.192 | 5.208 | 0 | 0.028 | 0.012 |
| 8 | 0.181 | 5.525 | 0 | 0 | 0 |
| 9 | 0.179 | 5.587 | 0 | 0 | 0 |
| 10 | 0.173 | 5.780 | 0 | 0 | 0 |
| 11 | 0.173 | 5.780 | 0 | 0 | 0 |
| 12 | 0.172 | 5.814 | 0 | 0 | 0 |

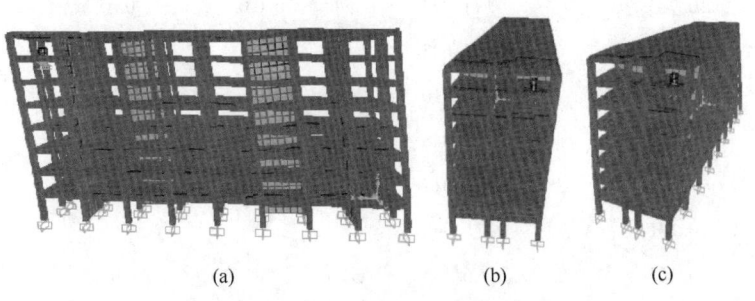

图 5.31 对称结构-文物系统模型的主振型
(a) 第一振型;(b) 第二振型;(c) 第三振型

从模态分析来看：

（1）其第一周期为 1.031s 比对称框剪结构的 0.966s 稍大，可能是放置在结构高层的文物陈列系统的振动影响了整体系统振动的表达，但总体变化不大。

（2）第一振型为 $X$ 向平动；第二振型为 $Y$ 向平动，并伴随着一定的扭转；第三振型以扭转为主；第四振型与前三振型相比，周期、频率、振型参与系数有明显改变，结构振动以前三阶振型为主。但总体来看，整体系统的自振特性与建筑结构的自振特性相比变化不大，即文物陈列系统对建筑结构的反馈作用较小。

对非对称结构-文物陈列系统模型进行模态分析，并提取了 12 阶模态，其参数见表 5.18。其前三阶振型如图 5.32 所示。从模态分析来看：

（1）其第一周期为 0.931s 与非对称框剪结构的周期一致，表明较小质量的文物陈列系统对建筑结构的振动特性反馈较小。

（2）第一振型为 $X$ 向平动；第二振型为 $Y$ 向平动，并伴随着一定的扭转；第三振型以扭转为主，并伴随着 $Y$ 向的平动；第四振型与前三振型相比，周期、频率、振型参与系数有明显改变，结构振动以前三阶振型为主。

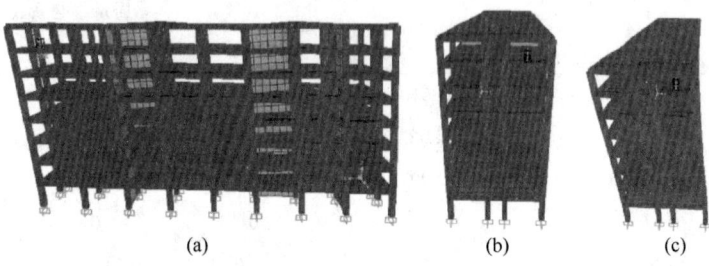

(a)　(b)　(c)

图 5.32　非对称结构-文物系统模型的主振型
(a) 第一振型；(b) 第二振型；(c) 第三振型

表 5.18　框剪非对称结构-文物系统模型各阶模态参数

| 模态 | 周期（s） | 自振频率（Hz） | 质量参与系数 | | |
| --- | --- | --- | --- | --- | --- |
| | | | UX | UY | RZ |
| 1 | 0.931 | 1.074 | 0.71 | 0 | 0 |
| 2 | 0.825 | 1.212 | 0 | 0.52 | 0.15 |
| 3 | 0.785 | 1.274 | 0.038 | 0.18 | 0.59 |
| 4 | 0.276 | 3.623 | 0.17 | 0 | 0 |
| 5 | 0.232 | 4.310 | 0 | 0.17 | 0.15 |
| 6 | 0.230 | 4.348 | 0 | 0 | 0.025 |
| 7 | 0.172 | 5.814 | 0 | 0 | 0 |
| 8 | 0.171 | 5.848 | 0 | 0 | 0 |
| 9 | 0.163 | 6.135 | 0 | 0 | 0 |
| 10 | 0.163 | 6.135 | 0 | 0 | 0 |
| 11 | 0.160 | 6.250 | 0 | 0 | 0 |
| 12 | 0.158 | 6.329 | 0 | 0 | 0 |

## 5.3.3 地震波选取及工况选择

当地震波由建筑结构各楼板面传入放置在各楼层的文物陈列系统后,将引起文物陈列系统的地震响应。为探讨对称、非对称结构高楼层的地震作用对文物陈列系统的影响,同时探讨不同强度地震作用对文物陈列系统的地震作用影响,现以 El Centro 波为例,针对 100gal 地震作用情况,研究放置在 8 层对称、非对称框剪结构的 8 层楼面上的文物的地震响应变化规律。对于不同强度地震作用情况(如 200gal、400gal、700gal)及不同地震波情况(如 Taft 波、兰州波),可仿照 El Centro 波地震作用分析的做法进行地震分析,限于篇幅,此处不再进行分析。

## 5.3.4 对称、非对称框剪结构-文物系统模型的地震响应分析

100gal El Centro 波三向地震作用下,对称、非对称系统中各节点的加速度响应列于表 5.19。为了与分体式各数据相对比,将分体式同参考点位置节点的加速度响应值也列于表中。其中,对于对称结构系统的参考节点从上到下为:顶层陈列层文物顶点 606、顶层陈列层 576、中间陈列层文物顶点 627、中间陈列层 447、8 层楼板地面上陈列架底层节点 648;对于非对称结构系统的参考节点从上到下为:顶层陈列层文物顶点 10826、顶层陈列层 623、中间陈列层文物顶点 10814、中间陈列层 10547、8 层楼板地面上陈列架底层节点 551。

表 5.19 地震输入下整体式与分体式系统各节点的加速度响应对比(gal)

| | 对称结构模型加速度 | | | | 非对称结构模型加速度 | | |
|---|---|---|---|---|---|---|---|
| 节点 | 方向 | 整体式 | 分体式 | 节点 | 方向 | 整体式 | 分体式 |
| 606 | X | 447.6 | 459.7 | 10826 | X | 469.3 | 553.2 |
|  | Y | 261.7 | 336.3 |  | Y | 280.0 | 318.0 |
|  | Z | 72.24 | 35.67 |  | Z | 77.5 | 45.71 |
| 576 | X | 282.0 | 289.6 | 623 | X | 295.6 | 348.5 |
|  | Y | 179.0 | 219.4 |  | Y | 182.9 | 207.7 |
|  | Z | 71.99 | 14.79 |  | Z | 77.2 | 33.71 |
| 627 | X | 235.6 | 241.9 | 10814 | X | 247.0 | 291.1 |
|  | Y | 160.7 | 206.4 |  | Y | 171.9 | 195.3 |
|  | Z | 71.99 | 18 |  | Z | 78.3 | 34.38 |
| 447 | X | 222.6 | 228.6 | 10547 | X | 233.4 | 275.1 |
|  | Y | 131.7 | 169.2 |  | Y | 140.9 | 160.0 |
|  | Z | 73.0 | 14.80 |  | Z | 77.2 | 33.72 |
| 648 | X | 223.3 | 229.3 | 551 | X | 234.1 | 275.9 |
|  | Y | 131.8 | 169.3 |  | Y | 141.0 | 160.1 |
|  | Z | 72.0 | 14.81 |  | Z | 77.2 | 33.69 |

由表 5.19 做出整体式和分体式模型各参考节点的变化曲线如图 5.33 所示，图中纵坐标为各参考节点相对于楼板面的高度。对称结构模型各参考节点对应关系为 606、576、627、447、648 分别对应纵坐标 1.892、1.60、1.192、0.90、0.0；非对称结构系统模型各参考节点对应关系为：10826、623、10814、10547、551 分别对应纵坐标 1.892、1.60、1.192、0.90、0.0。

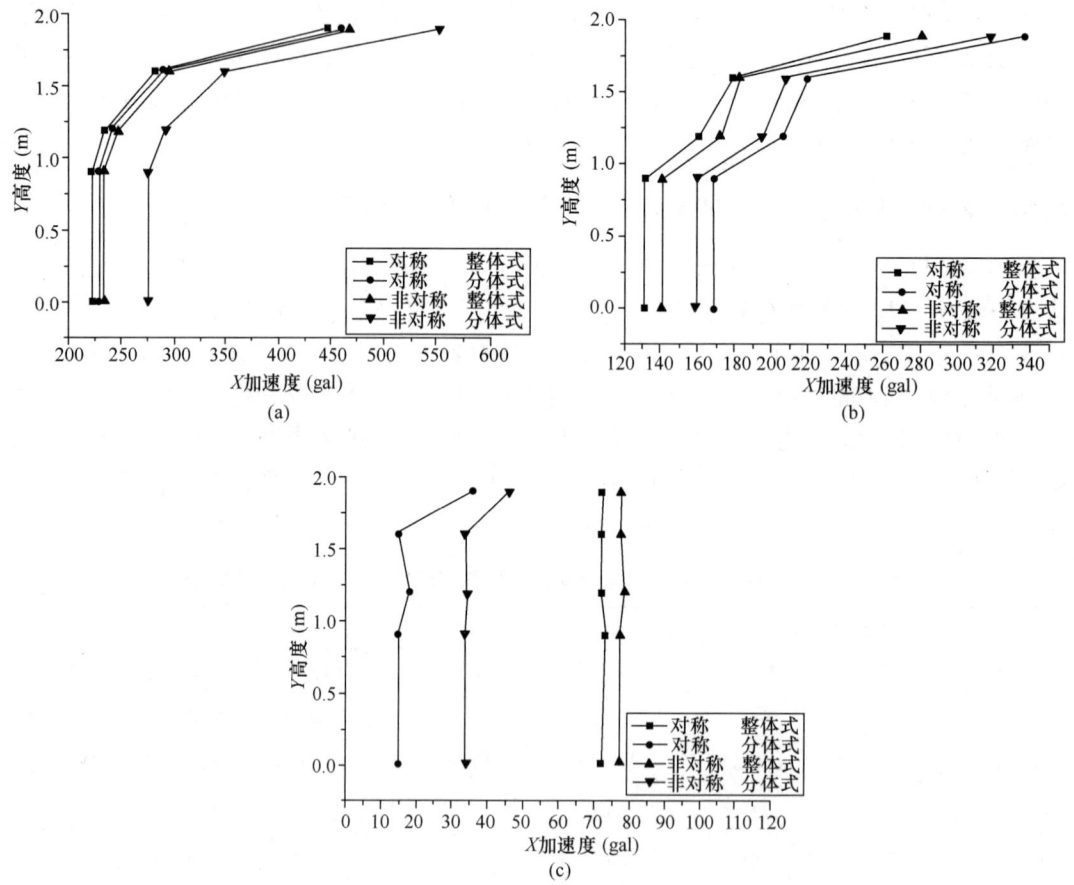

图 5.33　整体式和分体式模型各参考节点的变化曲线
(a) X 向　(b) Y 向；(c) Z 向

由表 5.19 和图 5.33 可知：

（1）各参考节点水平 X 向、Y 向的加速度：对称、非对称模型均随着参考点位置的升高呈放大的趋势；对于同层节点情况，其对称、非对称模型的分体式和整体式模型分析结果有一定的偏差，分体式模型一般要高于整体式情况，其中非对称结构情况表现得更为明显；非对称模型一般要高于对称模型。表明对整个系统的整体式分析，其地震响应数值一般要低于分体式分析，更为贴近实际情况。

（2）各参考节点 Z 向的加速度：对对称、非对称模型整体分析情况，在陈列架顶层顶点和顶层文物顶点的加速度响应呈现增大的趋势，但顶层以下各参考点变化不明显。对对称、非对称情况，其整体式分析的响应值要明显大于分体式的加速度响应值，非对称情况表现得更为明显。在对博物馆建筑结构-文物系统的整体分析和分体分析时应注意此种变化的影响。

## 5.4 博物馆建筑结构-文物系统不同建模方式的优缺点对比

分体式建模和整体式建模均可用于建筑结构-文物系统的地震作用分析，但又有各自的特点。

### 5.4.1 分体式建模分析方法的特点分析

分体式建模分析将整体系统分为建筑结构分系统、文物陈列分系统两部分单独进行分析。此种方法，对于建筑结构分系统的建模和地震作用分析方法相对比较成熟；计算出作用在各层楼面上的地震响应后，利用此响应作为文物陈列系统的原始地震输入，便可以进行文物陈列系统的地震反应分析。此方法可操作性强，比较适合于单个文物陈列系统的研究，但由于建筑结构各分系统的各层楼面上的地震响应，甚至同楼层上各不同位置的地震响应也各不相同，因而对于研究不同类型、不同强度地震作用情况的各楼层上不同文物陈列系统的地震响应时则需分别计算，比较费力。另外，此方法中各楼板地面的地震响应是否可以全部或部分传到文物陈列系统底部，还与楼板地面与文物陈列系统的连接方式有重要的关系，应充分加以考虑；只有当两者完全固定连接时，才可以近似地认为是全部传入，否则应根据实际情况专门研究其输入率问题。

### 5.4.2 整体式建模分析方法的特点分析

整体式建模分析强调的是将建筑结构-文物陈列系统建模分析，其优点是在结构底部输入地震作用后，可以直接通过地震分析求得文物的地震响应；不必先行计算出建筑结构的地震响应，再进行下一级地震能量的传递，减少了地震能量的传递损失，可以有效地提高精度，因而比较适合于多个文物陈列系统的地震作用的整体研究。此法在建模的时候，需先行将文物陈列架（陈列柜）与各层楼面的连接方式考虑在内，因而，两者之间连接模型的选取比较关键。此法的一个突出缺点是，对于文物陈列系统，由于其重力和体积等与建筑结构相比差别较大，一般不在建筑抗震规范中所要求的应考虑非结构构件的反馈作用计算范围，因而当地震直接从底部输入时，其文物陈列系统的地震响应并不明显，且较容易造成大的误差，而使分析结果有所偏差。

综合来看，两种方法均可用于建筑结构-文物陈列系统的防震安全分析，且均具有各自的优缺点和适用范围，但对于此两种方法，均存在两个突出问题：一是文物陈列系统与楼板面的连接模型的模拟问题；二是文物与陈列柜的连接模型的模拟问题，需要专门分析。

## 5.5 博物馆建筑结构-文物系统防震安全的隔震减震控制

博物馆建筑结构-文物系统包含地基、基础、博物馆基础上部主体建筑、建筑结构各楼板层面上陈列柜、陈列台座、文物等部分。其隔震减震控制包括地基、基础、主体建筑、各层楼面上的陈列柜（含陈列台座）、文物等部分自身及各相邻部分间的隔震减震。对于建筑结构的隔震减震控制，国内外学者做了较多的研究[186-197]，但对于建筑结构及其内容物系统的隔震减震研究相对较少。由于博物馆建筑物除了本身免遭地震破坏外，更重在保护其馆藏文物的防震安全，因而对于博物馆及其馆藏文物系统的隔震减震控制又有其特殊性。

### 5.5.1 地基的隔震减震控制

地基的隔震减震控制为地震作用由震源传至建筑结构底部基础之下部分的振动控制。地基的选择宜处于较坚硬的土层上，以保证地基的刚度相对较大；同时，由于土体动力特性（包括动孔压、动强度、振动液化和动变形特性等）和土体动力响应等的不同，因而使得其研究相对复杂，在实际整体系统的防震设计中还应根据实际情况进行分析。

### 5.5.2 基础的隔震减震控制

常见的控制措施有基础弹簧隔震等，此措施是在结构基础的底部设置弹簧，利用弹簧的柔性，使结构的自振周期加大，以减小加速度响应，从而降低地震对结构的影响。在结构基础的选择运用上，一般宜采用大块式基础，增大质量并扩大支承面积，优先采用桩基础、筏桩基础和筏板基础等。

### 5.5.3 基础-主体结构间的隔震减震控制

此方法是在建筑物主体结构底部与固结地基中的基础顶面之间设置隔震层，从而有效降低地震作用向主体结构中传递。此种情况，结构的地震变形主要集中在基础隔震层处，因而结构上部可看作一个刚体。隔震方法通常有橡胶垫隔震、V形口橡胶隔震支座隔震、滚轴隔震、滚珠隔震、悬挂基础隔震、摇摆支座隔震、踏步式隔震支座隔震、滑动摩擦隔震基础隔震等。其分析模型如下：

（1）刚体分析模型

对于高宽比较小的中低层砌体结构博物馆，由于隔震层的水平刚度较小，其上部结构可简化成刚体，如图5.34所示。此模型包含三个自由度，即水平方向位移$x_H$、竖直方向位移$x_V$和绕刚体质心的转角$\theta$。当仅考虑水平地震加速度$\ddot{x}_g$输入时，体系的振动方程为

$$M\ddot{U} + C\dot{U} + KU = -MI\ddot{x}_g \tag{5.4}$$

式中　$M$、$C$、$K$——体系的质量、阻尼和刚度矩阵。

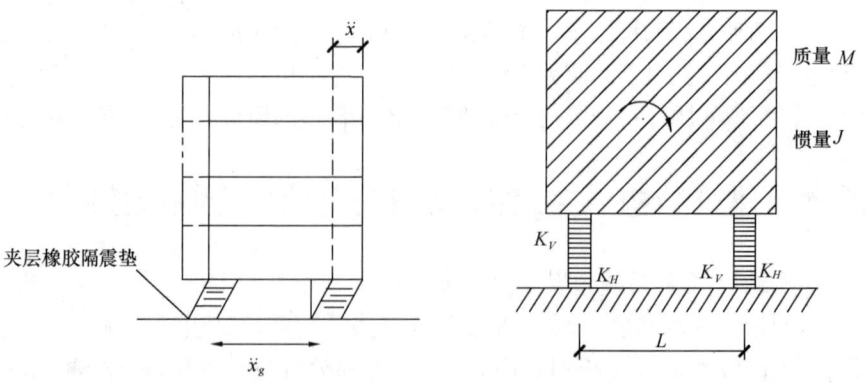

图5.34　基础隔震结构的刚体模型

$$C = \begin{bmatrix} C_{11} & & \\ & C_{22} & C_{23} \\ & C_{32} & C_{33} \end{bmatrix}, K = \begin{bmatrix} K_{11} & & \\ & K_{22} & K_{23} \\ & K_{32} & K_{33} \end{bmatrix}, U—体系的位移矢量, U = (x_H, x_V, \theta)。$$

由此可算出隔震层反应。此体系的基本周期为

$$T_n = 2\pi \sqrt{\frac{W}{K_h g}} \tag{5.5}$$

式中　$T_n$——体系的基本周期；
　　　$W$——上部结构的总质量；
　　　$K_h$——隔震层相对于隔震体系基本周期的水平刚度；
　　　$g$——重力加速度。

（2）多质点平动体系分析模型

对于体系相对较柔、层间变形较大的多层框架结构的隔震博物馆建筑可简化为多质点体系，如图5.35所示。进行地震分析时，对此种情况一般仅考虑结构的水平平动，而不考虑竖向摆动影响。由 D'Alembert 原理，其振动方程为

$$M\ddot{X} + C\dot{X} + KX = -MI\ddot{x}_g \tag{5.6}$$

此模型在计算分析时，可将隔震层作为第一层，上部结构各层质点化。

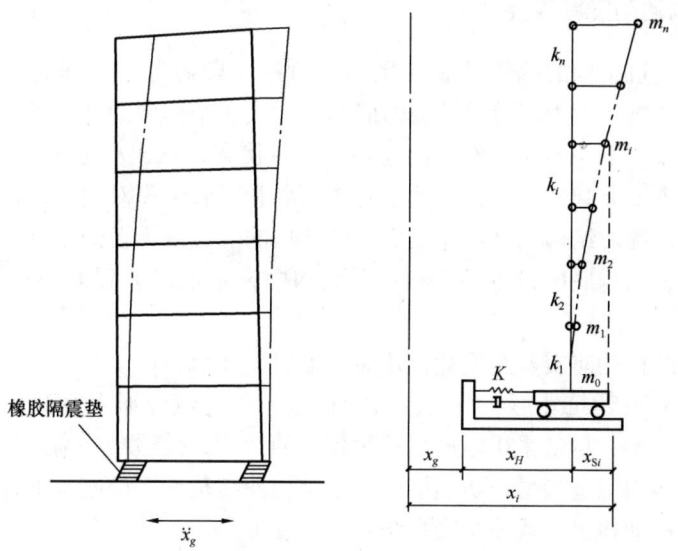

图5.35　多质点平动体系分析模型

（3）多质点体系平动-摇摆分析模型

当结构的层间刚度较小、垂直荷载较大，且多层橡胶厚度较大时，竖向变形将相对明显。此种情况要考虑结构的水平振动和摇摆振动，其分析模型如图5.36所示。由 D'Alembert 原理，其振动方程为

$$M\ddot{X} + C\dot{X} + KX = -MI\ddot{x}_g + HI\ddot{\theta}_b \tag{5.7}$$

式中　$\ddot{\theta}_b$——结构底板的摇摆角加速度；

$H$——体系质点的位置矩阵，由下式给出：
$$H = \mathrm{diag}(H_1, H_2, \cdots, H_n)$$

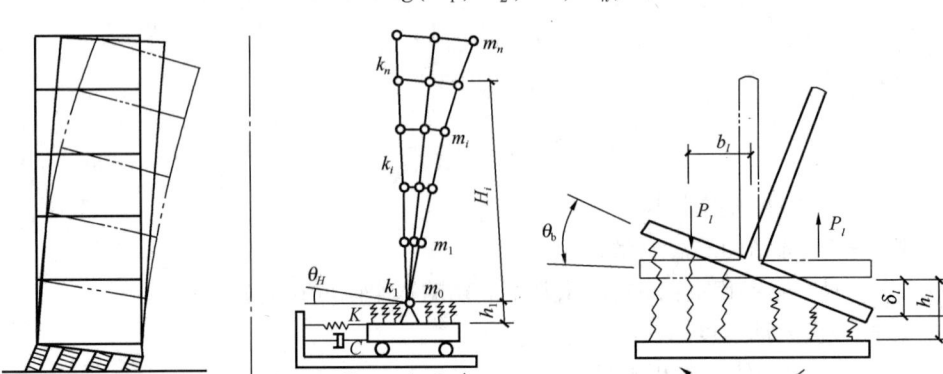

图 5.36　多质点隔震体系平动-摇摆振动分析模型

(4) 当上部结构明显不对称时，可把结构各层假定成刚性楼板，考虑两个水平方向 $u$、$v$ 和角位移 $\theta$，据此计算出隔震层及上部结构的地震响应。

### 5.5.4　建筑结构的隔震减震控制

当前，对于建筑结构的隔震减震控制，是通过"隔震"和"消能"来综合实现的。通常将结构中的支撑、剪力墙等设计成消能部件，或在结构中的节点或连接处等部位设置阻尼器。在地震作用下，消能构件首先进入非弹性状态，从而耗散掉部分地震作用能量，使主体结构避免进入非弹性状态，以此来有效隔离和吸收地震对建筑结构的作用能量，进而尽可能地减低地震对结构的破坏作用。建筑结构的隔震减震控制常见的措施有：在结构层间设置隔震层、结构底层设置柔性柱、在结构中设置消能装置（阻尼器）和设置大质量悬吊结构等[193,197]。

对于博物馆结构的防震安全设计，还需考虑以下几点：

(1) 合理设计好建筑外形、结构形式和构造。在建筑外形上宜对称布置，尽量减少偏心；在结构形式上，尽量采用阻尼比相对较大的结构，并适当提高楼层结构的刚度。通过在文物布置区域周围适当增设防震墙或支撑结构使结构局部的刚度加强，以减小地震作用传递过程中的振动输出，或使文物系统减少振动输入。

(2) 重视结构沉降缝、温度缝或抗震缝的作用，使之有利于增加传递距离和利用土体阻尼衰减振动。

(3) 文物陈列柜下部的支撑结构宜采用刚性平台，避免采用木制平台，防止振动放大。

### 5.5.5　建筑结构-文物陈列柜（架）间的隔震减震控制

此隔震方法是在建筑结构各层楼板上与文物陈列柜（架）间设置隔震层，常见的方式有设置隔震垫、隔震支座等。对于楼板的减震控制，也可将楼板进行相应的改造，其具体做法为：将楼板面分为上下两层，底层为实体楼面层，用于承担楼面荷载；上层部分设置弹簧垫层，如隔震地板等，用于隔震减震。

### 5.5.6 文物陈列系统的隔震减震控制

此系统的隔震减震控制主要包含三部分内容，分别是：①陈列柜（架）结构的隔震减震。其做法为将陈列柜分成上下多个陈列柜叠放，然后在各个陈列柜之间设置滑移层或隔震层来实现隔震；或在陈列架中设置隔震减震装置，如本文所提出的设置悬吊隔震减震系统的方案[93,94,198]。②文物与陈列柜（架）间的隔震减震。此方案一般在文物底部设置隔震层。如铺设隔震垫层、设置隔震台座来实现。③文物自身的隔震减震。陈列文物由于本身担负着被观赏和展示的功能，因而较难做到自身的隔震减震，当前一般采用传统的抗震措施，如本文所介绍的降低重心法、卡固法、尼龙线固定等方法来实现减震。

文物陈列系统的隔震减震控制重在尽可能地减少地震输入能量对文物的有效影响，因而为了有效降低地震作用，尤其是竖向地震作用对文物陈列系统的影响，可在本文所研发的国家实用新型专利"一种新型的建筑减震梁"（专利号：20152 0257794X）[199]基础上，对文物陈列柜（架）的横梁进行减震改造，即对横梁截面面积相应增大，设置为空心结构，并在其内部增设减震系统。此系统通过对减震系统内滑块和减震弹簧的承载力、有效位移、刚度以及阻尼等参数的合理设计，能够有效消耗水平和竖向地震作用能量，从而达到较好的减震效果，以更好地保证文物的安全。

（1）文物陈列柜（架）减震梁的基本构造

其减震梁的基本构造如图 5.37 所示。图 5.37(a) 中主体梁包含上梁体 3 和下梁体 5，在上梁体 3 和下梁体 5 上均设有 U 形槽；上梁体 3 通过固定螺栓固定于下梁体 5 上方，上梁体 3 和下梁体 5 接触面为相适配的方波形结构；两个 U 形槽构成矩形空腔 1，在矩形空腔内设有滑动轴 4；滑动轴 4 上下左右四侧均设有减震组件 2。图 5.37(b) 为减震组件的基本构成，包括连接块 21、固定块 22、减震弹簧组 23 和滑动块 24。其中连接块 21 一侧为弧形面，与滑动轴 4 径向外表面相连接；连接块 21 另一侧与固定块 22 一侧固定连接；固定块 22 另一侧与滑动块 24 一侧之间设有减震弹簧组 23；滑动块 24 另一侧与矩形空腔 1 内侧可滑动连接。

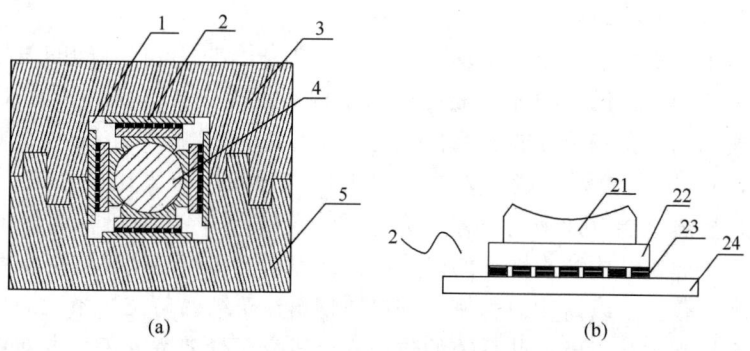

图 5.37 文物陈列柜（架）减震梁基本构造
(a) 减震梁截面；(b) 减震组件构造
1—矩形空腔；2—减震组件；3—上梁体；4—滑动轴；5—下梁体；
21—连接块；22—固定块；23—减震弹簧组；24—滑动块

(2) 文物陈列柜（架）减震梁的工作原理

当减震梁受到水平震动冲击时，滑动轴 4 将会沿着力的方向产生运动。当力的方向向左时，滑动轴 4 将向左移动并压缩沿横向设置的滑动块 24 与固定块 22 之间的减震弹簧组 23。随着减震弹簧组 23 压缩量的加大，弹簧的反向弹力将不断增大；当滑动轴 4 对弹簧的压缩力小于减震弹簧组 23 的反向作用力时，滑动轴 4 将会向着反方向运动，从而使得弹簧的压缩量逐渐减小，弹簧反向力也逐渐降低。由此，滑动轴进行左右来回往返移动，减震弹簧组 23 受到的负载越来越小，动幅度也越来越小，直至最后停止振动，滑动轴 4 回到起始位置。

同理，当减震梁受到竖向振动冲击时，滑动轴 4 也将沿着力的方向产生运动。当力的方向向上时，滑动轴 4 将向上移动并压缩沿纵向设置的滑动块 24 与固定块 22 之间的减震弹簧组 23。随着减震弹簧组 23 压缩量的加大，弹簧的反向弹力将不断增大；当滑动轴 4 对弹簧的压缩力小于减震弹簧组 23 的反向作用力时，滑动轴 4 将会向着反方向运动，从而使得弹簧的压缩量逐渐减小，弹簧反向力也逐渐降低。由此滑动轴上下往返移动，减震弹簧组 23 受到的负载越来越小，振动幅度也越来越小，直至最后停止振动，滑动轴 4 回到起始位置。其中滑动轴 4 下方的减震组件 2 中的减震弹簧组 23 由于受到滑动轴 4 重力的作用，其所能承受的负载在抵消受到的滑动轴 4 的重力后必须与滑动轴 4 上方的减震组件 2 中减震弹簧组 23 所受负载相同。

## 5.6 博物馆建筑结构-文物系统的防震安全控制研究

### 5.6.1 防震安全性能水准与控制参数

(1) 防震安全性能水准

博物馆建筑结构-文物系统的防震安全主要由两部分组成：一是建筑结构本身的防震安全；二是文物系统的防震安全。研究其防震安全，首先要厘清建筑结构和文物系统在地震作用下的防震性能，即在地震作用下的最大响应和破坏机理。在此基础上，通过合理的防震设计和防震构造措施使所设计的整体系统具有有效抵御地震的能力，从而减轻博物馆及其馆藏文物整体系统的破坏。

近年来，基于建筑结构抗震性能设计的思想和方法受到了世界各国的关注。例如，以美国学者 Bertero V. V. 为代表的加利福尼亚州结构工程师协会（SEAOC）提出了基于性能的地震工程概念和一套基于性能的综合抗震设计方法[200,201]；日本提出了建筑的新结构设计体系发展计划[202]；我国学者王光远针对工程结构的抗震优化设计进行了研究[203]；梁兴文针对结构抗震性能设计理论与方法进行了深入分析[204]。从研究内容来看，多数学者研究的重点在于建筑结构抗震性能的优化设计，但对于建筑结构及内容物系统基于性能的整体研究则相对较少。以博物馆为例，需将博物馆建筑结构与文物系统的防震安全设计纳入一个完整系统来进行考虑。此系统的防震安全研究至少需考虑三个方面：一是正确地评估地震作用对建筑结构造成的影响，从而合理地进行防震设计，并采取比较有效的隔减震措施，使建筑物在有效地抵御地震作用的同时，将其地震响应控制在限定的范围内；二是合理地分配结构的刚度、质量和阻尼等动力参数，最大限度地发挥结构中各构件或材料的承载力和变形能力；三是合理地选择文物隔震减震措施，使最大限度地减少地震作用对文物的破坏。

博物馆建筑结构-文物系统的防震安全性能水准反映的是在一定的地面运动作用下的损伤程度，它是结构性能、非结构构件和体系的性能、馆内设施性能、文物安全性能等的组合。对不同的结构体系、类型、非结构构件及不同文物的性能，其性能水准量化标准也应有所不同。在深入分析《建筑抗震设计规范》（GB 50011—2010）、《建筑工程抗震设防分类标准》（GB 50223—2008）、《建筑工程抗震性态设计通则》（CECS 160—2004）、ATC40[205]、FEMA273、FEMA 274[206]等规范基础上，结合本文所给出的可移动文物陈列系统的防震安全性能水准，提出博物馆建筑结构-文物系统的防震安全性能水准见表5.20。由表5.20可知，该水准为建筑结构和文物系统的双指标控制水准，对于设防水准5的情况，功能已完全丧失；对于设防水准1、2、3的情况，传统的抗震设计能够保证结构系统与文物系统的有效安全；对于设防水准4的情况，在承重系统未被完全破坏，建筑物满足抗震指标"大震不倒"情况下，文物系统已受到严重威胁。因而有必要深入研究建筑结构-文物系统的地震破坏机理，找出问题所在，以进行系统的优化设计。

表5.20 博物馆建筑结构及文物系统的防震性能水准

| 序号 | 设防水准 | 性能水平的划分 | 性能水平评价 | 性能水平的描述 |
|---|---|---|---|---|
| 1 | 结构系统功能正常<br>文物系统功能正常 | 功能完好<br>功能完好 | 功能完好 | 结构和文物系统完好 |
| 2 | 结构系统轻微破坏<br>文物系统功能正常 | 轻微破坏<br>功能正常 | 功能连续 | 结构受损但基本功能正常；文物安全 |
| 3 | 结构系统中等破坏<br>文物系统功能不正常 | 中等破坏<br>保证安全 | 保证安全 | 结构局部破坏但基本功能不受影响；文物出现滑移、扭转，但无破坏 |
| 4 | 结构严重破坏<br>文物系统功能异常 | 严重破坏<br>安全受威胁 | 安全受威胁 | 结构有较大破坏但不影响承重；文物出现滑移、倾覆、碰撞现象 |
| 5 | 结构倒塌<br>文物系统被破坏 | 倒塌或接近倒塌 | 功能完全丧失 | 结构倒塌并引起文物破坏，不可修复 |

（2）控制参数优选

当前国内外基于性能的防震设计方法主要有基于位移控制的设计方法、基于系统损伤性能的设计方法、基于能量的设计方法、综合设计方法、基于系统的防震安全可靠度的设计方法、基于系统防震安全的减隔震设计方法等。上述各方法的控制指标及控制参数对比见表5.21。

表5.21 基于性能的防震安全设计控制指标及控制参数对比

| 基于性能的防震<br>安全设计方法 | 控制指标 | 主要控制参数 |
|---|---|---|
| 基于位移控制的设计方法 | 最大位移 | 顶点位移、层间位移角、延性系数、塑性铰转角 |

续表

| 基于性能的防震安全设计方法 | 控制指标 | 主要控制参数 |
|---|---|---|
| 基于系统的防震安全可靠度的设计方法 | 地震损伤（超越破坏、累计损伤破坏） | 强度、延性、结构损失指数 $D$ |
| 基于能量的设计方法 | 地震输入能量与结构自身的耗能 | 结构或构件的耗能 |
| 综合设计方法 | 总投资最省 | 总投资 |
| 基于系统的防震安全可靠度的设计方法 | 防震安全可靠度 | 可靠度 |
| 基于系统防震安全的减隔震设计方法 | 振动控制 | 容许振动位移、容许振动速度、容许振动加速度 |

通过表 5.21 可知，各种基于性能的防震设计方法所研究的着眼点各不相同，其评价体系也不一样。对于博物馆建筑结构-文物系统的防震安全，其防震安全设计的重点在于在满足博物馆建筑结构不倒的前提下，尽可能地保障文物系统的安全，避免文物在地震作用下遭受破坏，因而传统的"二阶段抗震设计方法"所实现的"小震不坏、中震可修、大震不倒"的抗震目标已不能满足博物馆建筑结构-文物系统防震安全的需要。其防震安全控制应以有效减小地震作用对整个系统的破坏为主，即以隔震减震设计为主要目标。基于系统防震安全的减隔震设计方法以振动控制为着眼点，其基本控制参数包括容许振动位移控制、容许振动速度控制、容许振动加速度控制等。从本文前述各章研究来看，控制博物馆整体系统防震安全的关键在于文物系统的振动控制，相较于位移和速度控制，其容许振动加速度控制为其首要控制参数。

### 5.6.2 振动控制方法

地震发生时，地面振动将引起建筑结构-文物系统的地震响应。对于基础固定的博物馆建筑，其响应一般沿着高度从下而上逐层放大。当建筑结构某部位的地震响应（加速度、速度、位移等）过大，超过了主体结构或局部结构和构件的承载力时，将引起主体承重结构的严重破坏或倒塌；或主体结构未破坏但局部非结构构件等损坏而砸坏文物系统；或直接引起博物馆内文物系统滑移、倾倒而导致文物摔碎或发生次生灾害导致文物损害。为此，需对博物馆建筑结构、文物系统的地震响应进行控制，并有效消除结构体系和文物陈列柜（架）的"放大器"作用。

当前，我国在概率理论基础上，提出了"小震不坏、中震可修、大震不倒"的三水准设防要求，并通过两阶段设计来实现。其"强柱弱梁""强剪弱弯""强节点弱构件"的"三强三弱"思想的关键在于能量的"疏导"，尽可能使次要构件消耗掉大部分能量，从而不至于引起整体结构的破坏。此种设计理念，结构中的梁、柱、节点等承重部位通过产生破坏来消耗能量的同时，极易引起结构或构件遭受较大的破坏甚至垮塌；我国近年来发生的汶川等强震的震害也充分说明了这一点。其存在的问题主要表现在：一是地震的不确定性，发生地震的大小、状态、时间、空间等均具有较大的随机性，较难预测；二是结构设计的被动抗震性，通常情况下，要保证结构的抗震安全就需要加大材料的消耗量，但同时其自身的质量就增大,势必造成地震响应也将增大;三是结构设计理论的不统一性,结构设计时,其理论分析方法有线弹性理论、极限状态设计理论、时程分析理论等,其考虑的线弹性、极值和塑性铰的出现等使得其计算结果较难统一,再加上内力分析模型的不同选型、结构弹性模量和阻尼比的变化等诸多因素影响,使得计算结果极易产生较大误差,而影响到结构的防震安全。1972年,美国学者姚治平第一次明确提出了土木工程结构振动控制的理念。此后,结构的振动控制方法及隔震减震设计理念被国内外越来越多的学者所重视。当前,对于结构的振动控制,按照被控系统是否有外部能源输入,一般分为四类,见表5.22。

**表5.22 结构振动控制分类**

| 名称 | 分类 | 振动控制形式 |
| --- | --- | --- |
| 结构振动控制 | 被动控制 | 基础隔震包括纯天然橡胶隔震支座(RB)隔震、铅芯橡胶隔震支座隔震(LRB)、滑移隔震、滚动隔震、短柱隔震等。消能隔震包括消能构件(消能支撑、剪力墙等)和阻尼器(摩擦、金属屈服、黏弹性、调谐质量阻尼器等) |
| | 主动控制 | 主动拉索、主动支撑、主动质量阻尼器、智能桁架结构等 |
| | 半主动控制 | 智能阻尼器(MRD)、变刚度控制、变阻尼控制等 |
| | 混合控制 | 主动质量阻尼器与橡胶隔震混合、作动器与滑移隔震组合等 |

鉴于目前我国博物馆建筑层数逐渐增多但基础设施相对薄弱等实际情况,单独采用有外部能源输入的主动振动控制不太现实,因而需倾向于被动控制,或以被动控制为主、以半主动控制为辅的隔震减震控制。被动控制一般可分为基础隔震和消能减震两大类。基础隔震技术和措施能够显著降低结构自振频率,因而适用于中低层建筑和刚性结构;消能减震技术主要用于结构的消能,通过设置耗能装置来有效消耗地震能量,从而有效地降低结构的振动响应。当前国外许多被动控制技术日益成熟,并被用于实际工程,但许多被动控制技术又具有一定的适用范围或不足,在实际应用时应加以甄别考虑。对于我国博物馆建筑结构-文物系统的振动控制,建议采用被动控制为主、半主动控制为辅的混合控制方法。

### 5.6.3 防震破坏准则

对博物馆建筑结构-文物系统进行防震安全设计首先要建立极限状态函数,而此函数的确定首先需明确其破坏准则,此准则是沟通博物馆系统地震响应分析和防震安全设计的纽带。当前常用的破坏准则主要有四种,见表5.23[203]。

**表5.23 常用的结构破坏准则**

| 名称 | 强度破坏准则 | 变形破坏准则 | 能量破坏准则 | 变形和能量的双重破坏准则 |
| --- | --- | --- | --- | --- |
| 表达式 | $\sigma \leq [\sigma]$。$\sigma$和$[\sigma]$分别为构件实际的和允许的强度 | $X_m \leq [X_m]$或$\mu_m \leq [\mu_m]$。$X_m$、$\mu_m$分别为在地震作用下,结构的最大弹塑性位移和延性系数;$[X_m]$、$[\mu_m]$分别为结构允许的弹塑性变形和延性系数 | $E_h \leq [E_h]$。$E_h$和$[E_h]$分别为结构实际的和允许的累积滞回耗能 | $DM \leq [DM]$。$DM$和$[DM]$分别为结构实际的和允许的地震损伤指数 |

续表

| 名称 | 强度破坏准则 | 变形破坏准则 | 能量破坏准则 | 变形和能量的双重破坏准则 |
|---|---|---|---|---|
| 准则表述 | 当最危险截面的受力超过允许的承载力时将引起破坏 | 当其层间弹塑性变形或延性系数超过了允许的破坏指标时，结构将发生破坏 | 当滞回耗能超过结构允许的耗能能力时将引起破坏 | 当变形和能量消耗超过了界限时将发生破坏 |
| 状态 | 强度极限状态或承载能力极限状态 | 分别称为变形极限状态和延性极限状态 | 耗能极限状态 | 损伤极限状态 |
| 特点 | 此准则仅适用于"小震不坏"情况下弹性状态的防震设计，对于结构进入弹塑性工作状态时的非线性的防震设计不适合 | 该准则对于结构的低周疲劳现象、不同强震持续时间对结构地震累积损伤性能的影响不能较好地解释 | 该准则忽略了结构变形所引起的破坏作用；同时结构实际的和允许的累积滞回耗能 $E_h$ 和 $[E_h]$ 难以计算或确定 | 此准则对结构内部非结构构件的变形和损伤反应则没有体现 |

上述四种结构破坏准则针对不同的变形或破坏形式进行了表达，各有优缺点。对于博物馆建筑结构-文物系统的防震安全，不但要考虑建筑结构的破坏，还要考虑文物系统的破坏，其中文物系统的破坏又是其防震安全界定的决定性因素。针对此种情况，本文提出了博物馆建筑结构-文物系统的防震性能水准。此水准是建筑结构防震安全和文物系统防震安全双水准。对建筑结构，重点考虑了当前国内外抗震设计规范的表达；对文物系统，则根据强度和变形破坏条件，并采用首超破坏原则给出了文物破坏的判断准则。同时，又指出博物馆整体系统的防震安全控制应以加速度为主要控制指标。综合上述分析，本文提出针对博物馆整体系统防震安全的加速度破坏准则。

该准则认为，在强震作用下，博物馆整体系统的破坏是由于文物的加速度地震响应 $a_{max}$ 超出了所能承受的最大加速度限值 $[a]$ 而发生了破坏。其表达式为

$$a_{max} \leq [a] \quad (5.8)$$

利用该破坏准则的前提是，建筑结构需首先满足当前的结构抗震设计规范"两阶段三水准的要求"，即首先要满足"小震不坏、中震可修、大震不倒"，在此前提下提出文物最大加速度限值的要求。国内外的一些学者通过试验得出馆藏文物不易发生相对运动、变形的最大地震输入为110gal；本文通过文物陈列系统的振动台试验得出，对于四角拉结固定，但底部未固定的文物不易发生倾覆破坏的最大输入为200gal；对于采用悬吊减震系统的文物不易发生倾覆破坏的最大地震输入为400gal。由此可得出，文物的防震安全控制值不应取某一固定的数值，而应根据各自的实际情况进行分析；但对于具体情况，经试验和理论分析后可以给出一个参考建议值。如对于本文所采用尼龙线固定的文物，其最大地震输入可以控制在200gal限度内，但同时应考虑其他不良因素的影响。

### 5.6.4 防震设计的加速度控制

(1) 加速度控制方法

震害资料表明，传统的在文物底部添加微晶蜡、铁氟龙、橡胶垫等的防震措施，在地震发生时并不能有效地保护文物的安全；而对博物馆中的重要文物均施加隔震装置也不现

实。因而，对于国内的多数博物馆，鉴于地震的突发性和不可控制性，有效地加强博物馆建筑结构自身的振动控制要远比大量购置昂贵的隔震装置更有效。基于此，对博物馆整体系统进行防震优化设计时，要优先考虑结构的振动控制，使传入文物系统底部的地震响应尽可能地降低。在防震安全性能的控制水准上，要尽量控制在表5.20中的3级及以下水平。

其优化设计方法为：

1）根据博物馆所处的外部环境、馆藏文物的防震条件等，通过必要的试验、理论计算和有限元模拟分析等方法确定出确保重要文物防震安全的加速度限值；

2）将此限值作为文物允许的最大限值，进一步反推出文物系统所处位置的楼层的最大地震响应限值；

3）沿建筑结构向下进一步反推出输入建筑结构基底或地基的最大加速度限值，即为博物馆系统所能承受的最大的初始地震输入强度；

4）以此强度值为基准，来确定博物馆的设防强度，并进行其防震安全设计；

5）如设计完成后，结构或文物系统局部区域仍不能满足防震安全要求，则应在相应位置增设隔震减震（振）系统，如图5.38所示，并进行相应的校核计算。考虑到建筑物的层间隔震不易控制等因素，本文建议，其振动控制的优先次序为：

建筑物的地基隔震＞基底隔震＞陈列柜底部隔震＞文物底部隔震＞建筑物层间隔震；

而不建议采用且仅采用文物底部隔震的做法。总体来看，对于博物馆建筑结构-文物系统的防震安全控制，文物的振动控制为控制总目标，但主要通过建筑结构的振动控制来实现。其加速度控制路线如图5.38所示。

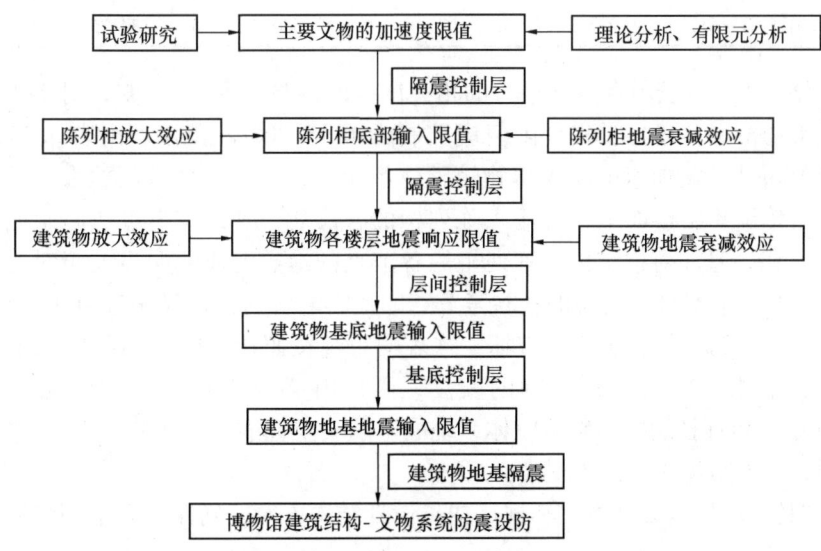

图5.38 博物馆建筑结构-文物系统加速度控制路线图

（2）算例分析

现以本文选取的8层对称、非对称钢筋混凝土框剪结构博物馆建筑为例，对7度100gal El Centro波水平竖向三向地震输入情况进行分析。其框架-剪力墙结构平面布置图和有限元建模方法与前述相同（采用分体式建模方法）。楼层参考点取剪力墙相对稀疏，而又比较典型的楼层最右侧框架中 9-D 柱所在的对称、非对称结构的各楼层的顶部节点进行分析。建筑结构中的各节点的水平短边方向的地震加速度响应见表 5.24。《博物馆建筑设计规范》（JGJ 66—2015）规定，文物陈列室不宜布置在 4 层或 4 层以上。经调研发现，近年来新建或拟建的博物馆建筑由于藏品数量的增多和建筑规模的扩大，客观要求文物陈列层要布置在 4 层或 4 层以上，且有逐步增高的趋势。基于此，本文选取建筑结构的第 8 层（表 5.24 中的 7 层层顶节点）作为陈列层进行分析。将表 5.24 中两种结构的 7 层顶层节点的 229.3gal 和 275.9gal 加速度响应分别输入文物系统模型。经有限元分析计算，文物系统中各节点的水平短边方向的加速度响应列于表 5.25。其中，两种结构的博物馆文物陈列系统的参考节点从上到下分别为顶层陈列层文物顶点 5、顶层陈列层 4、中间陈列层文物顶点 3、中间陈列层 2 和 8 层楼板地面上的陈列架底层节点 1。

表 5.24　建筑结构中各节点的最大加速度响应（gal）

| 结构形式 | 作用方向 | 各楼层的层顶节点 | | | | | | | |
|---|---|---|---|---|---|---|---|---|---|
| | | 1层 | 2层 | 3层 | 4层 | 5层 | 6层 | 7层 | 8层 |
| 对称 | XYZ | 132.5 | 239.9 | 283.1 | 272.9 | 239.1 | 239.3 | 229.3 | 262.2 |
| 非对称 | XYZ | 122.1 | 222.1 | 262.5 | 253.1 | 223.5 | 230.4 | 275.9 | 310.9 |

表 5.25　文物系统中各节点的加速度响应（gal）

| 结构形式 | 作用方向 | 文物系统的各层节点 | | | | |
|---|---|---|---|---|---|---|
| | | 1 | 2 | 3 | 4 | 5 |
| 对称 | 水平短边 | 229.3 | 228.6 | 241.9 | 289.6 | 459.7 |
| 非对称 | 水平短边 | 275.9 | 275.1 | 291.1 | 348.5 | 553.2 |

由国内外相关研究资料和本文进行的相关试验的试验结果[199]可知，对于采用尼龙线四角拉结的文物模型，其防震安全限值应控制为 100～200gal 范围。由表 5.24、表 5.25 可看出，当 100gal 地震加速度输入博物馆整体系统后，经过各楼层的放大、结构或构件的吸能衰减后传至 8 层楼面上，再输入陈列柜的各层后，其地震响可达原始地震输入的 2.293～5.532 倍，且非对称结构中陈列柜的各节点的地震响应要明显大于对称结构中的相同节点。对称、非对称结构中的各参考节点的地震响应均已明显超过 100～200gal 的限值，极易造成文物的滑移、倾覆等破坏。这表明单纯按照传统的"两阶段三水准"的抗震设计思路已不能有效地保障文物的安全，因而有必要进行相应的优化设计。结合表 5.20 中基于双指标控制的博物馆整体系统的防震安全性能水准 3 和图 5.38 中的加速度控制路线图，给出其优化设计步骤为：

1) 按照传统的抗震设计方法和规范初步设计结构方案，确保其满足现有的抗震规范设防要求。

2) 确定文物的加速度限值和拟放楼层。本例中该文物模型的加速度限值为 200gal；放置于 8 层。

3) 确定陈列柜的高度和文物的陈列位置。本例中文物陈列柜的高度为 1.6m；文物陈列层的位移为 0.9m 和 1.6m（表 5.25 中的节点 2 和节点 4）。

4) 确定要保证文物安全，陈列柜底部所允许输入的最大地震响值（将节点 2 或节点

4 的加速度置换为 200gal 进行逆分析，求出陈列柜底部（节点 1）的最大输入响应值）。

5）确定陈列柜的底部节点 1 的最大输入允许值后，如陈列柜与楼板是固结的，则直接作为该层楼板面地震响应；如为其他连接方式，则应根据实际情况进行相应的折算。

6）确定出文物所处楼层的楼板面的地震响应后，应按照地震作用传播的路径进行反推，算出要保证文物的防震安全，在博物馆建筑结构的底部所允许输入的最大地震加速度。

7）以第 6）步计算出的最大允许输入值作为控制指标，与初始的地震设防加速度相比较；如允许输入的最大加速度小于设防加速度，则应进一步调整初始的设计方案；调整其设防等级，直到满足博物馆整体系统在确定好的设防等级情况下，最后传至文物底部的加速度值不超过文物的破坏限值为止。在调整的同时，还应做好项目的可行性分析，从经济承受能力、结构设计截面、配筋要求、功能布局等各方面进行综合分析。如较难达到文物系统的防震安全要求，或可以满足要求但成本造价太高，则应考虑在博物馆系统的相应层施加隔震减震控制系统，并进行相应的计算，使之满足要求。

8）二次设计完成后，应对博物馆进行核实验算，确保满足博物馆整体系统的防震安全要求。

### 5.6.5 地震作用下的隔震减震混合控制体系

当强震作用时，对放置于按照传统的抗震设防理念设计的建筑结构高楼层上的文物，随着楼层的增高，其地震响应将增大，易引起文物大数量的破坏。因而，博物馆建筑结构未来的防震安全设计应以隔震减震设计为主。对博物馆系统的振动控制，相对较适合的振动控制方法有滑移隔震减震、铅芯橡胶支座隔震减震（LRB）、磁流变阻尼器隔震减震（MRD）[207]等。对于博物馆整体系统的隔震减震控制，滑移隔震结构由于一般多适用于砌体结构体系，因而不太适合当前博物馆系统防震安全的需要。LRB 将竖向刚度、水平柔性和滞回阻尼融入一个装置，其竖向承载力高、刚度及阻尼特性稳定并具有良好的弹性复位特性。LRB 构造简单、性能可靠、经济有效且足够的耐久性，并经受住多次大地震的考验。但是，作为一种被动控制装置，由于其自身的固有特性是确定的，因而对其他特性的隔震控制效果有限。为了增强 LRB 隔震技术的适应性，可在 LRB 隔震系统上添加 MRD 半主动控制装置，用于提高其适应性和隔震减震效果。因而，此种 MRD 与 LRB 的混合控制体系[207]相对比较适合博物馆的防震安全设计。

(1) 地震作用下 MRD 与 LRB 隔震减震混合控制体系动力分析模型

对于 $n$ 层 MRD 与 LRB 隔减震混合控制体系，设地基具有较大的刚度且不发生脱离；土体与结构无相互作用。当作用在结构上的水平和竖向加速度分别为 $\ddot{x}_g(t)$、$\ddot{z}_g(t)$ 时，其双向耦合地震作用下的动力分析模型如图 5.39 所示。其中模型中各符号的含义为：$m_b$，$m_1, m_2, \cdots, m_n$（隔震层及结构中各层的质量）；$k_{x,b}, k_{z,b}$（隔震层水平和竖向刚度）；$c_{z,b}, c_{x,b}$（隔震层竖向和水平阻尼）；$k_{z,1}, k_{z,2}, \cdots, k_{z,n}, k_{x,1}, k_{x,2}, \cdots, k_{x,n}$（结构各层的竖向和水平刚度）；$c_{z,1}, c_{z,2}, \cdots, c_{z,n}, c_{x,1}, c_{x,2}, \cdots, c_{x,n}$（结构各层竖向和水平阻尼）。

(2) MRD 与 LRB 隔震减震混合控制体系竖向运动微分方程的建立

在地震输入时，结构的竖向运动具有独立性。从 MRD 与 LRB 隔震减震混合控制体系

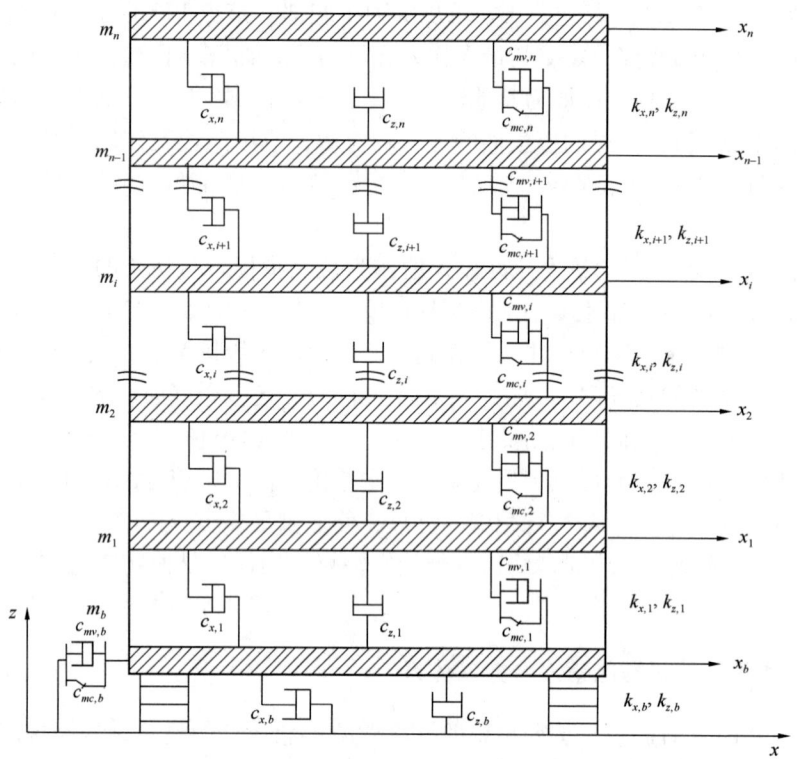

图 5.39 MRD 与 LRB 隔减震混合控制体系的动力分析模型

中取其质量层,其受力分析如图 5.40 所示。忽略重力对其运动方程的影响,则其竖向运动表达式:

对隔震层,有

$$m_b(\ddot{z}_b + \ddot{z}_g) + c_{z,b}\dot{z}_b - c_{z,1}(\dot{z}_1 - \dot{z}_b) + k_{z,b}z_b - k_{z,1}(z_1 - z_b) = 0 \tag{5.9}$$

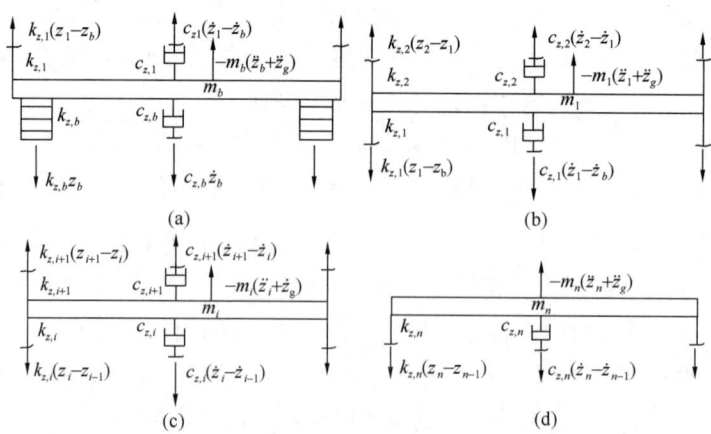

图 5.40 混合控制体系中各层竖向受力分析图
(a) 隔震层;(b) 首层;(c) 标准层;(d) 顶层

对首层，有

$$m_1(\ddot{z}_1 + \ddot{z}_g) + c_{z,1}(\dot{z}_1 - \dot{z}_b) - c_{z,2}(\dot{z}_2 - \dot{z}_1) + k_{z,1}(z_1 - z_b) - k_{z,2}(z_2 - z_1) = 0 \tag{5.10}$$

对标准层，有

$$m_i(\ddot{z}_i + \ddot{z}_g) + c_{z,i}(\dot{z}_i - \dot{z}_{i-1}) - c_{z,i+1}(\dot{z}_{i+1} - \dot{z}_i) + k_{z,i}(z_i - z_{i-1}) - k_{z,i+1}(z_{i+1} - z_i) = 0 \tag{5.11}$$

对顶层，有

$$m_n(\ddot{z}_n + \ddot{z}_g) + c_{z,n}(\dot{z}_n - \dot{z}_{n-1}) + k_{z,n}(z_n - z_{n-1}) = 0 \tag{5.12}$$

令 $\{z\}$、$\{\dot{z}\}$、$\{\ddot{z}\}$ 为各层竖向相对位移、速度和加速度向量，则其竖向运动微分方程为

$$M\{\ddot{z}\} + C_z\{\dot{z}\} + K_z\{z\} = F\{\ddot{z}_g\} \tag{5.13}$$

$$\{z\} = \{z_b, z_1, \cdots, z_{(n-1)}, z_n\}^T \tag{5.14}$$

$$\{\dot{z}\} = \{\dot{z}_b, \dot{z}_1, \cdots, \dot{z}_{(n-1)}, \dot{z}_n\}^T \tag{5.15}$$

$$\{\ddot{z}\} = \{\ddot{z}_b, \ddot{z}_1, \cdots, \ddot{z}_{(n-1)}, \ddot{z}_n\}^T \tag{5.16}$$

$$M = \mathrm{diag}(m_1, m_2, \cdots, m_{n-1}, m_n)_{(n+1)\times(n+1)} \tag{5.17}$$

$$K_z = \begin{bmatrix} k_{z,b}+k_{z,1} & -k_{z,1} & & & \\ -k_{z,1} & k_{z,1}+k_{z,2} & -k_{z,2} & & 0 \\ & \ddots & \ddots & \ddots & \\ & 0 & -k_{z,n-1} & k_{z,n-1}+k_{z,n} & -k_{z,n} \\ & & & -k_{z,n} & k_{z,n} \end{bmatrix}_{(n+1)\times(n+1)} \tag{5.18}$$

$$C_z = \begin{bmatrix} c_{z,b}+c_{z,1} & -c_{z,1} & & & \\ -c_{z,1} & c_{z,1}+c_{z,2} & -c_{z,2} & & 0 \\ & \ddots & \ddots & \ddots & \\ & 0 & -c_{z,n-1} & c_{z,n-1}+c_{z,n} & -c_{z,n} \\ & & & -c_{z,n} & c_{z,n} \end{bmatrix}_{(n+1)\times(n+1)} \tag{5.19}$$

$$F = (-m_b, -m_1, \cdots, -m_{n-1}, -m_n)^T \tag{5.20}$$

式中 $M$、$K_z$、$C_z$——此混合体系质量、竖向刚度和阻尼矩阵；

$F$——地面地震加速度转换矩阵。

（3）MRD与LRB隔震减震混合控制体系水平运动微分方程的建立

图5.41为该混合控制体系中各层的水平受力情况。由平衡方程：

对隔震层，有

$$m_b \ddot{x}_b + (c_{x,b} + c_{x,1})\dot{x}_b - c_{x,1}\dot{x}_1 + (k_{x,b} + k_{x,1})x_b - k_{x,1}x_1$$
$$+ \left(\frac{p_b}{h_b} + \frac{p_1}{h_1}\right)x_b - \frac{p_1}{h_1}x_1 = c_{m,1} - c_{m,b} - m_b\ddot{x}_g \tag{5.21}$$

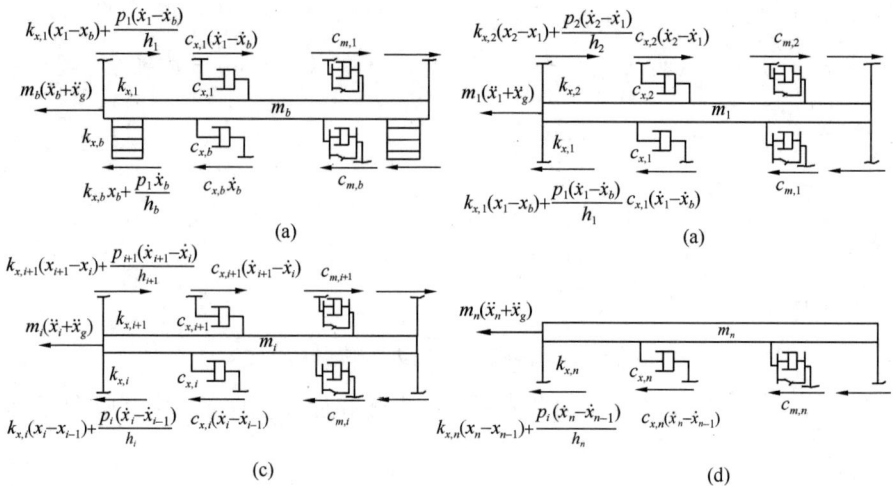

图 5.41 混合控制体系中各层水平受力分析图
(a) 隔震层；(b) 首层；(c) 标准层；(d) 顶层

对首层，有

$$m_1 \ddot{x}_1 - c_{x,b} \dot{x}_b + (c_{x,1} + c_{x,2}) \dot{x}_1 - c_{x,2} \dot{x}_2 - k_{x,1} x_b + (k_{x,1} + k_{x,2}) x_1 - k_{h,2} x_2 - \frac{p_1}{h_1} x_b$$

$$+ \left( \frac{p_1}{h_1} + \frac{p_2}{h_2} \right) x_1 - \frac{p_2}{h_2} x_2 = c_{m,2} - c_{m,1} - m_1 \ddot{x}_g \quad (5.22)$$

对标准层，有

$$m_i \ddot{x}_i - c_{x,i-1} \dot{x}_{i-1} + (c_{x,i} + c_{x,i+1}) \dot{x}_i - c_{x,i+1} \dot{x}_{i+1} - k_{x,i} x_{i-1} + (k_{x,i} + k_{x,i+1}) x_i - k_{x,i+1} x_{i+1}$$

$$- \frac{p_i}{h_i} x_{i-1} + \left( \frac{p_i}{h_i} + \frac{p_{i+1}}{h_{i+1}} \right) x_i - \frac{p_{i+1}}{h_{i+1}} x_{i+1} = c_{m,i+1} - c_{m,i} - m_i \ddot{x}_g \quad (5.23)$$

对顶层，有

$$m_n \ddot{x}_n - c_{x,n} \dot{x}_{n-1} + c_{x,n} \dot{x}_n - k_{x,n} x_{n-1} + k_{x,n} x_n - \frac{p_n}{h_n} x_{n-1} + \frac{p_n}{h_n} x_n = -c_{m,n} - m_n \ddot{x}_g \quad (5.24)$$

此混合结构体系的水平运动微分表达式为

$$\boldsymbol{M}\{\ddot{x}\} + \boldsymbol{C}_x\{\dot{x}\} + (\boldsymbol{K}_x + \boldsymbol{K}_p)\{x\} = \boldsymbol{E}\boldsymbol{C}_m + \boldsymbol{F}\{\ddot{x}_g\} \quad (5.25)$$

$$\{x\} = \{x_b, x_1, \cdots, x_{(n-1)}, x_n\}^T \quad (5.26)$$

$$\{\dot{x}\} = \{\dot{x}_b, \dot{x}_1, \cdots, \dot{x}_{(n-1)}, \dot{x}_n\}^T \quad (5.27)$$

$$\{\ddot{x}\} = \{\ddot{x}_b, \ddot{x}_1, \cdots, \ddot{x}_{(n-1)}, \ddot{x}_n\}^T \quad (5.28)$$

$$\boldsymbol{C}_x = \begin{bmatrix} c_{x,b} + c_{x,1} & -c_{x,1} & & & \\ -c_{x,1} & c_{x,1} + c_{x,2} & -c_{x,2} & & 0 \\ & \ddots & \ddots & \ddots & \\ & 0 & -c_{x,n-1} & c_{x,n-1} + c_{x,n} & -c_{x,n} \\ & & & -c_{x,n} & c_{x,n} \end{bmatrix}_{(n+1) \times (n+1)} \quad (5.29)$$

$$K_x = \begin{bmatrix} k_{x,b}+k_{x,1} & -k_{x,1} & & & \\ -k_{x,1} & k_{x,1}+k_{x,2} & -k_{x,2} & 0 & \\ & \ddots & \ddots & \ddots & \\ & 0 & -k_{x,n-1} & -k_{x,n-1}+k_{x,n} & -k_{x,n} \\ & & & -k_{x,n} & k_{x,n} \end{bmatrix}_{(n+1)\times(n+1)} \quad (5.30)$$

$$K_p = \begin{bmatrix} \dfrac{p_b}{h_b}+\dfrac{p_1}{h_1} & -\dfrac{p_1}{h_1} & & & \\ -\dfrac{p_1}{h_1} & \dfrac{p_1}{h_1}+\dfrac{p_2}{h_2} & -\dfrac{p_2}{h_2} & 0 & \\ & \ddots & \ddots & \ddots & \\ & 0 & -\dfrac{p_{n-1}}{h_{n-1}} & \dfrac{p_{n-1}}{h_{n-1}}+\dfrac{p_n}{h_n} & -\dfrac{p_n}{h_n} \\ & & & -\dfrac{p_n}{h_n} & \dfrac{p_n}{h_n} \end{bmatrix}_{(n+1)\times(n+1)} \quad (5.31)$$

如果 MRD 与 LRB 隔震减震混合控制体系中的每一层均安装 MRD，则比较容易计算，但一般情况下，MRD 都是有选择地安装在结构上，而不是在各层间都安装 MRD。设在一个具有 $n$ 个集中质量的多自由度线性定常系统上安装了 $r$ 个 MRD，引入 $n \times r$ 控制装置位置矩阵 $E$，则其运动方程为

$$M\{\ddot{x}\} + C_x\{\dot{x}\} + (K_x + K_p)\{x\} = EC_m + F\{\ddot{x}_g\} \quad (5.32)$$

式中 $C_m$ 为 $r$ 维 MRD 的总阻尼向量。如果在各层均设置 MRD，则其阻尼系数矩阵较易得到。如果 MRD 不都在各层中设置，此时 MRD 所产生的总阻尼力向量 $C_m$ 可分解为

$$C_m = C_V + U \quad (5.33)$$

式中　$C_x$、$K_x$——其水平阻尼和刚度矩阵；

　　　$K_p$——竖向地震作用的几何刚度矩阵；

　　　$C_V$、$U$——MRD 的黏滞阻尼力和库仑阻尼力向量。

一般情况下，MRD 都采用同一型号。因此，黏滞阻尼系数均为 $c_V$，则

$$C_V = c_V V \quad (5.34)$$

式中　$V$——MRD 活塞与缸体间的相对速度向量，满足

$$V = -E^T\{\dot{x}\} \quad (5.35)$$

则

$$C_V = -c_V E^T\{\dot{x}\} \quad (5.36)$$

其运动方程为

$$M\{\ddot{x}\} + (C_h + c_n EE^T)\{\dot{x}\} + (K_h + K_p)\{x\} = EU + F\{\ddot{x}_g\} \quad (5.37)$$

### 5.6.6　防震安全体系控制参数优化与多道防震防线的建立

（1）防震安全体系控制参数的优化

为了获得地震作用下 MRD 与 LRB 隔震减震混合控制防震安全体系的最佳隔震减震效

果，还需对此防震体系的控制参数进行优化，其中关键的控制参数为隔震减震控制装置的水平剪切刚度、阻尼比、数目和分布位置。基于此，此混合控制体系的优化设计需满足其水平相对加速度的峰值为最小：即 $\min(\max|\ddot{x}(t)|)$。

优化设计变量为

$$k_{x,b} \in \{k_{xb,1}, k_{xb,2}, \cdots, k_{xb,m-1}, k_{xb,m}\}, c_{x,b} \in \{c_{xb,1}, c_{xb,2}, \cdots, c_{xb,q-1}, c_{xb,q}\},$$

$$\boldsymbol{E} = [e_1, e_2, \cdots, e_{n-1}, e_n]$$

其限制条件为

$$e_i \leqslant [e_s] \quad i \in [1, 2, \cdots, n-1, n] \tag{5.38}$$

$$\sum_{i=1}^{n} e_i \leqslant [e_t] \tag{5.39}$$

$$\max|x_i(t)| \leqslant [\Delta_1] \tag{5.40}$$

$$\max|S_i(t)| \leqslant [S] \tag{5.41}$$

式中，$m$ 为隔震层总水平刚度 $k_{x,b}$ 可取离散值的个数；$q$ 为隔震层水平阻尼比 $c_{x,b}$ 可取离散值的个数；$\boldsymbol{E}$ 为此混合控制体系中 MRD 的空间位置向量；$e_i$ 为此体系中第 $i$ 层的 MRD 数量；$[e_s]$、$[e_t]$ 为体系中单层和全部所容许安装 MRD 的最大数量；$[\Delta_1]$ 为结构水平位移容许值；$S_i(t)$ 为此体系中各层的层间剪力；$[S]$ 为此体系中层间剪力容许值。

(2) 多道防震防线的建立

确立了博物馆建筑结构-文物系统防震安全控制体系后，还需考虑整体系统的多道防线的问题，以给整体系统施加多重保护。多道抗震防线的建立需包含如下内容：一是建筑结构系统应由延性较好的各分构件有效结合，协同工作。二是结构体系应有适当增加赘余度，以尽可能地消耗多余能量，加大结构的周期，从而降低地震作用。对于框剪结构，其抗侧力体系为双重抗侧力体系，其抗震防线有抗侧刚度较大的剪力墙防线和抗侧刚度相对较柔的框架防线；结构的连梁和砌体填充墙是框剪结构的两个重要防线，其作用也不可忽视。三是应加强文物陈列柜与主体结构的有效连接，确保在强震作用时陈列柜不发生倒塌等砸坏或摔坏文物现象。在博物馆整体系统的防震安全设计时应充分考虑各构件刚度、承载力与其延性的匹配，文物与主体结构隔震减震系统的协同工作，从而使主体结构或构件实现较好的屈服机制和屈服过程，文物系统具备较好的防震能力。

## 5.7 本章小结

本章对博物馆整体系统的防震安全体系进行了研究，其主要工作与结论如下：

(1) 提出了博物馆结构-文物系统地震作用的计算方法。对于博物馆建筑结构-文物系统的防震设计，需先分析出文物陈列系统所处位置处楼层的地震响应，然后将此响应结果作为文物展示系统的初始输入进行相应计算。

(2) 提出了博物馆结构-文物系统的防震设计的整体式和分体式计算模型。整体式建模方法要求将博物馆及其内部文物系统作为一个整体参与地震响应。分体式建模方法将博物馆整体系统分成建筑结构和文物系统两个环节。第一环节主要考虑地震作用从博物馆基础底层传至建筑各层地面所引起的地震响应；第二环节主要考虑当地震作用传至各楼层地面后，其地震响应作为振动源输入，将振动从各楼层地面传至文物陈列系统，引起陈列柜和文物的地震响应。

（3）以8层对称、非对称框剪结构博物馆为例，分别采用分体式和整体式建模模型，研究了不同工况下两种结构的位移响应、加速度响应、速度响应变化规律，并对于不同阻尼比情况下的加速度谱变化规律进行了分析。通过对比分析得出：

① 分体式建模方法可操作性强，比较适合于单个文物陈列系统的研究；但由于结构中各层楼面上不同位置的地震响应各不相同，因而研究其地震响应时需分别计算，比较费力。此外，采用此方法时除了文物陈列系统与地面或楼板面完全固定连接时，才可以近似地认为是全部传入，否则应研究其输入率问题。

② 整体式建模分析方法的优点是可以直接通过地震分析求得文物的地震响应，从而可以有效地提高精度，比较适合于多个文物系统的地震作用的整体研究。其缺点是，由于文物陈列系统的重力和体积等与建筑结构相比差别较大，因而当地震直接从底部输入时，其文物陈列系统的地震响应并不明显，容易使分析结果有所偏差。

（4）从地基、基础、主体建筑、各层楼面上的陈列柜、文物等方面对博物馆建筑结构-文物系统的隔震减震控制方法和控制位置进行了分析。对文物陈列柜（架）的横梁进行了相应的减震改造，并在其内部增设减震系统。此系统通过对减震系统内滑块和减震弹簧对承载力、有效位移、刚度以及阻尼等参数的合理设计，能够有效消耗水平和竖向地震作用能量，从而达到较好的减震效果。

（5）针对博物馆整体系统基于性能目标的防震安全控制，提出其防震安全设计的重点是以文物的防震安全为控制目标，同时保证结构和文物的防震安全。据此提出了加速度破坏准则和整体系统的加速度控制路线图。对于文物的防震安全控制值的确定，本文提出文物的防震安全控制值不应取为某一固定的数值，而应根据各自的实际情况进行分析；但对于具体情况，经试验和理论分析分析后可以给出一个参考建议值。如对于本文所采用尼龙线固定的文物，其最大地震输入可以控制在200gal限度内，但同时应考虑其他不良因素的影响。

（6）对于文物的防震要求较高或一般的抗震设计不能满足防震要求情况，提出可采用MRD与LRB隔减震混合控制体系，对其计算模型进行了分析，并对该控制体系的关键控制参数进行了优化。

# 6 结论与展望

## 6.1 本文的主要工作与结论

作为世界文明宝贵遗产载体的馆藏文物，在近年来国内外发生的诸多地震中，由于博物馆建筑结构的破坏和馆藏文物防震保护不足等原因产生了巨大损失。如何能够有效地保护博物馆结构和文物的防震安全，一直是国内外学者比较关注的问题。为此，本文从博物馆结构和文物的防震安全现状出发，以文物的防震安全为研究重心，采用调研论证、试验研究、理论分析、有限元分析等方法，对博物馆结构-文物系统的防震性能进行了深入的分析，希冀为博物馆结构-文物系统的防震安全设计提供参考。

### 6.1.1 博物馆建筑结构-文物系统的防震安全现状调研与分析

调研分析了当前国内外博物馆结构的基本类型、文物防震方面存在的主要问题及博物馆结构-文物系统的防震安全研究现状；探讨了博物馆结构-文物系统的防震性能水准、容许振动标准、控制参数和防震设计方法。通过调研分析可知：

（1）当前国内普遍采用的"二阶段三水准"抗震设计，并不能有效地保障博物馆文物系统的防震安全。当中高烈度地震作用时，在博物馆建筑未倒塌的情况下，由于内部结构的局部破坏、装饰物坠落、文物架或陈列柜翻倒等原因仍会导致文物发生倾倒、滑落，甚至摔碎。当前，许多博物馆采用的抗震措施，通常是凭经验，没有对其进行科学、严密的地震危害性分析、实验分析和理论计算，其实际防震效果缺少判定依据。

（2）博物馆文物陈列系统与支撑于主体结构上的建筑构件和建筑附属机电设备等非结构构件有较大的不同。以陈列文物为例，表现在：

1）绝大多数文物本身质量相对较小，对主体结构的反馈作用相对较小；
2）文物一般浮放或半固定在陈列架上，本身与主体结构一般无可靠连接；
3）文物本身的刚度大小对主体结构的刚度变化没有多大影响；
4）陈列文物的地震破坏作用除与建筑结构地震作用大小有关外，还与自身材质、自振频率等诸多自身抗振特性有关。

上述诸多特性决定了单纯采用抗震规范中采用的计算楼面谱的基本方法等并不能准确地表达出同一楼层上不同点的地震作用响应。

（3）当前博物馆建筑结构-文物系统的防震安全设计体现在我国多部规范中，且有许多内容互相交叉，难免有相互矛盾的地方，因而有必要对当前的博物馆建筑结构-文物系统的防震安全设计进行深入研究，并制定相应的《博物馆结构-文物系统防震安全设计规范》。

### 6.1.2 博物馆可移动文物陈列系统的地震模拟振动台试验

为了研究文物陈列系统的防震性能，选取某博物馆可移动文物（陶瓷器）陈列系统为原型，制作了1∶1试验模型，并进行了地震模拟振动台试验，研究了模型结构重心、文物重心位置、文物形状、有无隔震系统等因素的变化对文物系统防震性能的影响，并分析了模型结构动力特性、位移、加速度、放大系数等的变化规律。其主要结论如下：

（1）在同等强度地震波作用下，不同地震波输入对文物系统防震安全性能的影响不尽相同。其地震作用效果不仅取决于输入强度的强弱，还与地震波的频谱特性及结构的自振特性等诸多因素有关。

（2）在同等情况下，当地震输入较弱（PGA<0.20$g$）时，结构重心的变化对文物系统防震安全性能的影响不明显。当地震输入较强（PGA>0.20$g$）时，结构重心的改变对文物系统的防震安全性能有一定的影响。表现在：

1）文物系统的防震安全性能与结构自身的动力特性、文物的动力特性、文物的重心位置、文物外形、接触面间的摩擦系数等因素有关。

2）结构重心的变化对文物系统的防震安全性能具有一定的相关性。

（3）通过对悬吊减震系统和传统的尼龙线拉结固定的文物的防震性能的对比分析可知，当地震输入较弱（PGA<0.20$g$）时，悬吊减震结构对文物的减震效果并不明显；当地震输入较强（PGA>0.20$g$）时，其减震效果显著，且其减震效果随着地震波输入的增强而相应的增强。

### 6.1.3 博物馆可移动文物陈列系统的防震性能分析

博物馆可移动文物的防震性能好坏与文物自身的材质、防震措施、主体结构的连接方式等因素有关。本文以陶瓷器文物陈列系统为例，进行了防震性能分析。

（1）对陶瓷器的化学组成和基本力学性能进行了调研分析可知：在常温下，陶瓷器文物具有塑性变形小、脆性大、受震（振）时能量消耗性能差等不利特性；同时，由于陶瓷器的劣化变质、初始裂纹缺陷等使得其防震能力急剧减弱，因而使其在地震作用时可能会因发生摔倒、滑移运动等而破裂。

（2）传统的抗震措施，如重心下降法、粘固法等对文物的防震安全起到一定的保护作用，但也存在着诸多不足。为此，本文对文物系统的隔震减震（振）控制方法中的柔性法、刚性法和刚柔法三种方法进行了对比分析；结合本文所研发的文物悬吊减震系统试验中兵马俑B7的试验结果，对本文所发明的文物悬吊减震系统的减震机理进行了分析，并通过对其计算模型的理论计算，验证了该减震系统的有效性。其减震机理为：当地震波输入时，首先带动振动台面产生水平运动，继而引起陈列架运动，然后带动放有陈列文物的悬挂结构摆动；悬挂结构在来回摆动过程中，不断地消耗能量，从而有效地降低了地震对文物的破坏作用。另外，此结构在摆动的同时，其悬挂结构的惯性力同时反作用于陈列架架体本身，当这种惯性力与陈列架本身的运动相反时，将会减弱陈列架的地震响应。利用此机制可有效地进行制振和耗能，从而对系统中的文物起到有效的防护作用。

（3）通过调研可知可移动文物陈列柜与主体结构、文物与陈列柜的连接形式常见的有固定和浮放两种。根据陈列柜是否固定在地面或楼板面上、文物是否固定在陈列柜上，将可移动文物陈列系统抗震计算模型分为了四种类型，探讨了其地震作用机理。

1）对第Ⅰ类模型进行了滑移分析，将其运动形式分为啮合-啮合、滑移-啮合、啮合-滑移、滑移-滑移四类运动，并给出了其运动表达式；对其竖向摇晃运动进行了分析，将其运动形式分为均不摇晃、摇晃-静止、均摇晃但相对静止、均摇晃而且相对也摇晃四类运动，并给出了其运动表达式；对滑移-摇晃耦合情况进行了分析，给出了其判别式。

2）对第Ⅱ类、第Ⅲ类模型进行了滑移分析、摇晃分析、滑移-摇晃耦合分析，并给出了相应的表达式。

3）对第Ⅳ类模型的地震作用机理进行了说明，指出对于此类模型情况，可将博物馆建筑结构-文物系统作为一个整体，对其进行相应的地震作用分析。

（4）对四角尼龙线拉结固定的可移动文物的地震作用进行了建模分析，推导出其地震响应表达式。计算结果表明，文物的滑移和倾倒与接触面间的摩擦系数、重心高度、质量、形体尺寸及尼龙线拉力等多种因素有关；竖向地震作用对文物的影响不可忽略。对于体积相对比较大、比较贵重或临时参展的文物陈列系统，可利用单层悬吊系统进行制振；而当文物体积相对较小、不太贵重的文物陈列系统，可利用多层悬吊系统进行制振。在对采用隔震减震（振）设计的单层、多层可移动文物陈列系统的地震响应进行建模分析的基础上，给出了其运动方程。

### 6.1.4 博物馆建筑常见结构类型的防震性能分析

对当前我国博物馆常见的建筑结构形式进行了调研分析，探讨了砖混、混凝土框架、混凝土框剪、钢框架、大跨钢结构建筑的结构特点及常见的震害形式。根据博物馆结构-文物系统的防震安全性能要求，在结合我国当前博物馆建筑结构的现状、经济和社会发展水平等因素基础上，经过对比分析，对当前博物馆的建筑结构类型进行了优选。

（1）常见博物馆结构形式的抗震性能。

1）砖混结构：由于其实现内部大空间相对较难且易形成薄弱部位，容易坍塌、吸能能力较弱、塑性较差、结构安全储备低，因而不适用于博物馆建筑。

2）钢筋混凝土框架结构：整体性、刚度较好，经合理化设计后可具有相对较好的抗震效果；但由于此类结构抗侧移刚度小、缺乏多道抗震防线、竖向地震作用影响在设计时容易被忽视。

3）框架-剪力墙结构：兼具了框架结构的建筑布置灵活性和剪力墙结构的抗侧移性的优点，使得此类结构具有多道抗震防线，抗震效果相对较好，因而此类结构相对比较适合博物馆建筑。但对博物馆系统进行防震设计时，楼层变化和剪力墙的对称与非对称布置等因素对地震作用响应的影响不应忽视。

4）钢框架结构：在大震作用下可以通过梁端塑性弯曲铰的非弹性变形来实现耗能；在弹性情况下，其抗侧移能力主要取决于框架柱和梁的抗弯能力。同时当此类结构用于博物馆防震设计时，外界因素的变化容易引起此结构产生大的振动，进而容易对其内部的文物造成危害，需另外考虑文物系统的防震（振）处理。因而，在博物馆系统的防震设计时，不推荐此结构体系。

5）大跨钢结构：属于多次超静定结构，安全储备相对较大，使得此结构具有良好的抗震性能；但由于其适合建筑层数一般较低，且多以单层为主，因而此类结构较适用于大型展览馆的设计，不太适用于博物馆多层、高层的主体建筑。

综上所述，提出钢筋混凝土框架结构和框架-剪力墙结构为建筑结构-文物系统防震效果相对较好的博物馆建筑结构选型。

（2）对博物馆结构的等效剪切模型、弯曲-剪切模型和立体分析模型分析方法进行了分析，给出了分层模型的层刚度的计算方法。在对比分析基础上，提出传统的抗震设计中将各楼层看作一个结构质点的算法不能有效区分出同一楼层中不同点的地震响应，从而也就确定不出各楼层中相对防震较好的位置；同时针对空间分析模型需做多种假定、计算过程复杂且精度不高问题，建议采用有限元法进行建模分析，并以8层对称框剪结构为例，探讨了同一楼层上不同节点的地震加速度响应规律。通过此例分析，提出靠近结构中剪力墙的节点的抗震效果相对较好，因而在博物馆文物陈列柜的放置时应尽量靠近此处位置。

（3）对博物馆结构防震安全设计中存在的关键问题进行了分析，提出对于博物馆结构-文物系统不应忽略地震作用的竖向分量对文物陈列系统的影响。以8层框架结构为例，探讨了竖向地震作用对结构中各楼层节点的位移响应、加速度响应、加速度反应时程和不同阻尼比下结构中相同节点的加速度响应的影响；以文物的防震安全为控制目标，对博物馆结构的防震性能进行了评价。

### 6.1.5 博物馆建筑结构-文物系统的防震安全体系研究

对博物馆结构-文物系统的防震安全体系进行了研究，其主要工作与结论如下：

（1）提出了博物馆建筑结构-文物系统的地震作用效应的计算方法。对于博物馆建筑结构-文物系统的防震设计，需先分析出文物陈列系统所处位置处楼层的地震响应，然后将此响应结果作为文物展示系统的初始输入进行相应计算。

（2）提出了博物馆结构-文物系统的防震设计的整体式和分体式计算模型。整体式建模方法要求将博物馆及其内部文物系统作为一个整体参与地震响应。分体式建模方法将博物馆整体系统分成建筑结构和文物系统两个环节。第一环节主要考虑地震作用从博物馆基础底层传至建筑各层地面所引起的地震响应；第二环节主要考虑当地震作用传至各楼层地面后，其地震响应作为振动源输入，将振动从各楼层地面传至文物陈列系统，引起陈列柜和文物的地震响应。

（3）以8层对称、非对称框剪结构博物馆为例，分别采用分体式和整体式建模模型，研究了不同工况下两种结构位移响应、加速度响应、速度响应的变化规律，并对不同阻尼比情况下的加速度谱变化规律进行了分析。通过分析得出：

1）分体式建模方法可操作性强，比较适合于单个文物系统的研究；但由于结构中各楼层上不同位置的地震响应各不相同，因而对于研究文物系统的地震响应时需分别计算，比较费力。此外，采用此方法时除非文物陈列系统与地面或楼板面是完全固定连接的，才可以近似地认为是全部传入，否则应研究其输入率问题。

2）整体式建模分析方法可以直接通过地震分析求得文物的地震响应，从而可以有效地提高精度，比较适合多个文物系统的地震作用的整体研究。其缺点是，由于文物陈列系统的重力和体积等与建筑结构相比差别较大，因而当地震从底部输入时，其文物陈列系统的地震响应并不明显，容易使分析结果有所偏差。

（4）本文从地基、基础、主体建筑、各层楼面上的陈列柜、文物等方面对博物馆建筑结构-文物系统的隔震减震控制方法和控制位置进行了分析。对文物陈列柜（架）的横梁进行了相应的减震改造，并在其内部增设减震系统。此系统通过对减震系统内滑块和减震弹簧对承载力、有效位移、刚度以及阻尼等参数的合理设计，能够有效消耗水平和竖向地震地震作用能量，从而达到较好的减震效果。

（5）针对博物馆整体系统基于性能目标的防震安全控制，提出其防震安全设计的重点在于以文物的防震安全为控制目标，同时保证结构和文物的防震安全。据此提出了加速度破坏准则和整体系统的加速度控制路线图。对于文物的防震安全控制值的确定，本文提出文物的防震安全控制值不应取为某一固定的数值，而应根据各自的实际情况进行分析；但对于具体情况，经试验和理论分析后可以给出一个参考建议值。如对于本文所采用尼龙线固定的文物，其最大地震输入可以控制在 200gal 限度内，但同时应考虑其他不良因素的影响。

（6）对于文物的防震要求较高或一般的抗震设计不能满足防震要求的情况，提出可采用 MRD 与 LRB 隔减震混合控制体系，对其计算模型进行了分析，并对该控制体系的关键控制参数进行了优化。

## 6.2 研究展望

本文在调研、试验、有限元分析及理论计算的基础上，对博物馆结构-文物系统的防震性能进行了研究，但仍然存在着许多问题需要进一步改善，表现在：

（1）博物馆建筑功能的日益扩大和文物藏品的不断增多，将导致其结构形式复杂多样化。此类变化将导致结构的地震响应随之增大，并加剧文物系统的破坏。如何对博物馆整体系统进行防震优化设计和评估将成为一个持续性的研究课题。

（2）博物馆结构-文物系统的隔减震设计涉及地基、基础、主体结构、陈列柜、文物等一系列的隔减震（振）问题，各部分之间均存在着相互的反馈作用，如何能够做到经济、实用、有效、整体性的和谐统一，以使整个系统各部分之间形成一个有效的地震防御整体，是一个亟待解决的课题。

（3）文物系统的隔震减震（振）设计和防震安全评估是一个亟待解决的问题；同时，对于博物馆结构-文物系统的防震安全设计，结构和文物本身必然存在诸多缺陷，如梁柱施工过程中或受外界作用力作用受损后出现裂缝、文物出土后或因受力造成损伤而产生宏观和微观裂纹等情况，在博物馆整体系统的防震安全设计时，如何能够体现，还需进一步研究。

（4）博物馆结构-文物系统的分体式和整体式分析结果和精度尚存在着一定差异，在对其进行分析时，结构和文物间地震作用的相关性还有待进一步研究。

（5）由于文物的种类繁多，大小、形状、材质、质量、受损情况等都不一样，加之地震作用的不确定性，目前国内外尚难对文物系统提出切实可行的文物防震安全校验公式和统一的评价标准。博物馆结构-文物系统防震安全设计等相关的规范体系尚未形成，其内容还有待进一步补充和完善。

# 参 考 文 献

[1] 国家文物局. 博物馆事业中长期发展规划纲要(2011—2020 年),2011.
[2] 中华人民共和国国家标准. GB 50011—2010 建筑抗震设计规范[S]. 北京：中国建筑工业出版社,2010.
[3] 吴来明,王忠良,高华平,等. 博物馆文物的防震保护研究(二)——设防地震动输入及结构地震动反应[J]. 文物保护与考古科学,2002,12(增)：119-137.
[4] 周劲炜,周庆伟,何鹏辉,等. 甘孜藏族自治州民族博物馆结构设计[J]. 建筑结构,2010,40(9)：133-136.
[5] 孙逊,舒赣平,吴志彬,等. 南京地质博物馆结构设计[J]. 结构工程师,2011,27(3)：7-12.
[6] 陈丹,杨维国,赵雅,等. 海原博物馆上下部结构协同工作性能研究[J]. 建筑结构,2011,41(3)：50-54.
[7] 赵楠. 克拉玛依科技博物馆倾斜结构抗震设计[J]. 地震工程与工程振动,2011,31(2)：111-117.
[8] 朱亮. 安徽省地质博物馆结构设计[J]. 结构工程师,2013,29(3)：23-28.
[9] 甄伟,陆新征,张力. 北京汽车博物馆抗震性能弹塑性分析[J]. 建筑结构,2009,39(12)：118-120.
[10] 刘武华. 地铁振动对成都博物馆的影响研究[D]. 北京：北京交通大学,2010.
[11] 王春磊,朱鸣,张徐. 太原博物馆静力弹塑性分析研究[J]. 建筑结构,2011,41(增)：68-73.
[12] 王超,谈敏,王嫦. 北川博物馆抗震设计[J]. 建筑结构,2013,43(增刊)：1111-1113.
[13] 江宜城,唐家祥,李媛萍. 多层框架结构的地震扭转反应分析[J]. 工程抗震,2000(2)：12-14.
[14] 周乾. SMA-橡胶复合支座在大跨空间结构中的隔震研究[D]. 北京：北京工业大学,2003.
[15] Komro T, Nishikawa Y, Kimura Y. Development and realization of base isolation system for highrise buildings[J]. Journal of Advanced Concret Technology, 2005, 3(2)：233-239.
[16] 庄学真,周福霖,冯德民. 1200 型大直径建筑叠层铅芯橡胶隔震支座性能研究[J]. 西安建筑科技大学学报,2008,40(3)：368-375.
[17] 浅野美次,山本裕. 日本 POLA 艺术博物馆的隔震结构和玻璃天窗[J]. 建筑钢结构进展,2008,10(3)：30-35.
[18] 徐忠根,周福霖,丘湘泉. 汕头博物馆结构动力分析[J]. 世界地震工程,1996,5(2)：33-36.
[19] Roberto Villaverde, M. ASCE. Aseismic roof isolation system：Feasibility study with 13-story building [J]. Journal of Structural Engineering, 2002(2)：188-196.
[20] 祁皑,林云腾,郑国琛. 层间隔震结构工作机理研究[J]. 地震工程与工程振动,2006,26(4)：239-243.
[21] 李宏男. 摆-结构体系减震性能研究[J]. 工程力学,1996,13(3)：123-129.
[22] 王春林,吕志涛,吴京. 半柔性悬挂减振结构体系地震反应分析[J]. 建筑结构学报,2008,29(6)：107-112.
[23] Lizuka M. A macroscopic model for predicting large deformation behavior of laminated rubber bearing [J]. Engineering Structures, 2000, 22(4)：323-334.
[24] Yang Qiaorong, Liu Wenguang, He Wenfu. Tensile stiffness and deformation model of rubber isolators in tension and tension shear states[J]. Journal of Enginering Mehaincs , 2010(136)：429-437.

[25] 张颖, 谭平, 周福霖. 层间隔震结构的能量平衡[J]. 应用力学学报, 2010, 27(1): 204-208.
[26] 秦川, 刘文光, 廖述江, 等. 复杂博物馆结构的隔震效应及地震响应分析[J]. 结构工程师, 2012, 28(3): 83-87.
[27] 杜永峰, 吴忠铁, 范萍萍. 串联隔震体系水平刚度的参数研究[J]. 振动与冲击, 2013, 32(23): 64-68.
[28] 中国工程建设标准化协会标准. CECS 160—2004 建筑工程抗震性态设计通则(试用)[S]. 北京: 中国计划出版社, 2004.
[29] Jenn-Shin Hwang, Ting-Yu Hsu. Experimental study of isolated building under triaxial ground excitations[J]. Journal of Structural Engineering, ASCE, 2000(126): 879-826.
[30] 刘阳, 刘文光, 何文福, 等. 复杂博物馆隔震结构地震模拟振动台试验研究[J]. 振动与冲击, 2014, 33(4): 107-112.
[31] 任庆英、张瑞龙、范重. 首都博物馆新馆主体结构设计[J]. 建筑结构, 2006, 36(5): 53-56.
[32] 绵阳市文物管理局. 从5.12汶川大地震看文物中心库房的防震措施[J]. 四川文物, 2008(4) 14-16.
[33] FEMA 273. NEHRP Guidelines for Rehabilitaion of Buildings[S]. Washington DC: Federal Emergency Management Agency, ASCE, 1996.
[34] FEMA 356. Prestandard and Commentary for the Seismic Rehabilitaon of Buildings[S]. Washington DC: Federal Emergency Management Agency, 2000.
[35] DIN 4150. Vibrations in building construction[S]. Berlin: German Standards Organization, 1984.
[36] ISO 2631/1. Mechanical Vibration and Shock Evaluation of Human Exposure to Whole-Body Vibration. Part 1: General Requirements[S]. Switzerland: ISO, 1997.
[37] 中华人民共和国国家标准. GB 50040—96 动力机器基础设计规范[S]. 北京: 中国计划出版社, 1996.
[38] 中华人民共和国国家标准. GB 50190—93 多层厂房楼盖微振设计规范[S]. 北京: 中国计划出版社, 2002.
[39] 中国工程建设标准化协会建筑振动专业委员会. 建筑振动工程手册[M]. 北京: 中国建筑工业出版社, 2002.
[40] 全国人民代表大会常务委员会. 中华人民共和国文物保护法/中华人民共和国文物保护法实施条例[M]. 北京: 法律出版社, 2003.
[41] 中国国家文物局. 博物馆法规文件选编[M]. 北京: 科学出版社, 2010.
[42] 刘生培, 高建民. 秦俑抗震研究报告[R]. 西安: 西北工业大学, 1991.
[43] 高建民, 刘生培. 秦俑模型的参数修正[J]. 振动与冲击, 1995, 14(4): 25-28.
[44] 张俊勇, 唐家祥. 地震动摆动作用下室内浮放设备的响应[J]. 华中理工大学学报, 1997, 25(5): 88-90.
[45] 秦权, 聂宇. 非结构构件和设备的抗震设计和简化计算方法[J]. 建筑结构学报, 2001, 22(3): 15-20.
[46] D. Lopez Garcia, T. T. Song. Sliding fragility of block-type non-structural components. part 1: Unrestrained components[J]. Earthquake Engineering & Structural Dynamics, 2003(32): 111-129.
[47] D. Lopez Garcia, T. T. Song. Sliding fragility of block-type non-structural components. part 2: restrained components[J]. Earthquake Engineering & Structural Dynamics, 2003(32): 131-149.
[48] 董宏波, 陆钦年, 张济梅. 安装在楼层上的设备抗震计算[J]. 工业建筑, 2005, 35(增刊): 202-204.
[49] 王彦林, 唐德高. 冲击作用下浮放物体倾倒分析[J]. 西部探矿工程, 2005, (2): 119-120.

[50] 吴伟. 浮放设备地震反应数值模拟研究[D]. 哈尔滨：中国地震局工程力学研究所, 2006.

[51] Yadav D, Girdhar P, Kumar V. Earthquake vulnerability of free standing monolithic statues[J]. Europ J Sci Res, 2010, 144(2)：355-373.

[52] 曹加良, 施卫星, 刘文光. 长周期隔震结构基于反应谱理论的地震响应预测研究[J]. 土木工程学报, 2011, 44(9)：42.

[53] 李宏男, 国巍. 楼板谱研究评述[J]. 世界地震工程, 2006, 22(2)：7-13.

[54] 国巍, 李宏男. 多维地震作用下偏心结构楼板谱分析[J]. 工程力学, 2008, 25(7)：125-132.

[55] 吴来明, 王忠良, 高华平. 博物馆文物的防震保护研究（三）[J]. 文物保护与考古科学, 2011, 14(12)：139-145.

[56] [日] 谷口修. 振动工程大全[M]. 尹传家, 译. 北京：机械工业出版社, 1983.

[57] [苏] A. A. 安德罗诺夫, 等. 振动理论（上册）[M]. 振动理论翻译组, 译. 北京：科学出版社, 1973.

[58] Savy J, B, Shah H C. Simulation of artificial earthquakes [J]. EESD, 2(3)：249-267.

[59] 徐忠根, 等. 上海博物馆文物减震台减震性能试验报告[J]. 广州大学工程抗震研究中心, 2011. 1.

[60] 肖华宁. 浮放设备三维减隔震研究[D]. 哈尔滨：中国地震局工程力学研究所, 2008.

[61] 张洪信, 赵清海. ANSYS 有限元分析完全自学手册[M]. 北京：机械工业出版社, 2008.

[62] 王彩华. 浮放设备的隔震技术研究[D]. 大庆：大庆石油学院, 2009.

[63] 吴来明, 王忠良, 高华平, 等. 博物馆文物的防震保护研究（三）——陈列文物的地震安全性分析[J]. 文物保护与考古科学, 2002, 14（增）：139-149.

[64] 周乾, 闫维明, 纪金豹. 馆藏浮放陶瓷文物地震摇晃响应振动台试验[J]. 文物保护与考古科学, 2013, 25(3)：48-54.

[65] 巩梦婷, 韦荃, 冯萍莉, 等. 5·12汶川地震中四川可移动文物及其建筑受损情况调查[J]. 文物保护与考古科学, 2016(4)：40-47.

[66] 韦荃, 陈显丹. 5.12汶川大地震对四川可移动文物的损坏与启示[J]. 四川文物, 2008, (4)：10-13.

[67] 吴来明, 王忠良, 高华平, 等. 博物馆文物的防震保护研究（一）——传统抗震措施与现代隔震技术[J]. 文物保护与考古科学, 2001, 13(2)：46-53.

[68] 钮泽蓁. 陈列文物抗震措施实验研究[J]. 工程抗震, 1992, (2)：28-31.

[69] 周乾, 闫维明. 汶川地震可移动文物震害研究[J]. 文物保护与考古科学, 2010, 22(3)：36-43.

[70] 中华人民共和国国家标准. GB 50463—2008 隔振设计规范[S]. 北京：中国计划出版社, 2009.

[71] 陈国宁. 文物保存维护研讨会专辑（1995）[M]. 台北：行政院文化建设委员会.

[72] 王忠良, 高华平, 吴来明, 等. 博物馆文物的防震保护研究——设防地震动输入及文物防震保护参数的确定[J]. 工程抗震, 2004, (1)：18-25.

[73] 吴来明, 王忠良, 高华平. 上海博物馆新馆文物在遭遇地震时的滑移、摇晃、倾覆问题（课题研究报告之三）[J]. 文物保护与考古科学, 2002, 14(12)：139-149.

[74] 王耀峰. 地铁振动对博物馆建筑及文物影响研究[D]. 北京：北京交通大学, 2011.

[75] 师联旭. 成都地铁二号线所致附近博物馆振动的研究[D]. 北京：北京交通大学, 2011.

[76] 周晓夫. 中国地质博物馆抗震鉴定与加固设计[J]. 中国抗震与加固改造, 2006, 28(2)：56-59.

[77] 刘季, 周云. 结构抗震控制的研究与应用现状[J]. 哈尔滨建筑大学学报, 1995(4)：1-8.

[78] 中华人民共和国国务院. 博物馆条例[S]. 2015.

[79] 李英民, 刘立平. 工程结构的设计地震动[M]. 北京：科学出版社, 2011.

[80] 李爱群, 丁幼亮. 工程结构抗震分析[M]. 北京：高等教育出版社, 2010.

[81] 阎盛海. 建筑结构抗震分析[M]. 北京：中国建材工业出版社，1999.

[82] 丰定国. 工程结构抗震[M]. 北京：科学出版社，2002.

[83] 宋占海. 建筑结构设计[M]. 北京：中国建筑工业出版社，2007.

[84] 沈聚敏. 抗震工程学[M]. 北京：中国建筑工业出版社，2000.

[85] 胡聿贤. 地震工程学[M]. 北京：地震出版社，1988.

[86] 中华人民共和国行业标准. JGJ 66—2015 博物馆建筑设计规范[S]. 北京：中国建筑工业出版社，2015.

[87] 王彬. 陕西历史博物馆[M]. 北京：文物出版社，2007.

[88] 青州博物馆. 青州博物馆[M]. 北京：文物出版社，2003.

[89] 周颖，吕西林. 建筑结构振动台模型试验方法与技术[M]. 北京：科学出版社，2012.

[90] 邱法维，钱稼茹，陈志鹏. 结构抗震实验方法[M]. 北京：科学出版社，2000.

[91] 林友樵. 白噪声激振法测量模型自振特性的研究[J]. 华东水利学院学报，1982(4)：71-78.

[92] 郑蕙娟. 文物防震措施研究初探[J]. 文物保护与考古科学，2007，19(2)：26-33.

[93] 白国良，于建军，徐亚洲，等. 博物馆文物系统防震悬吊减振控制方法及装置[P]. 中国专利，2015101672161，2015-09-13.

[94] 白国良，于建军，朱佳宁，等. 博物馆文物系统防震悬吊减振控制装置[P]. 中国专利，2015202121674，2015-09-02.

[95] 董宏波，陆钦年，张济梅. 安装在楼层上的设备抗震计算[J]. 工业建筑，2005，35(增)：202-204.

[96] 王彦林，唐德高. 冲击作用下浮放物体倾倒分析[J]. 西部探矿工程，2005，(2)：119-120.

[97] 张俊勇，唐家祥. 浮放物的地震响应及防倾覆措施研究[J]. 振动工程学报，1997，10(4)：501-505.

[98] 王彦林，唐德高. 地震作用下浮放设备动力分析[J]. 应用科技，2004，31(5)：58-60.

[99] 黄永林，杨伟林，章熙海. 地震作用下浮放物体的运动研究[J]. 地震学刊，1994(3)：1-4.

[100] 秦权，李瑛. 非结构件和设备的抗震设计楼面谱[J]. 清华大学学报(自然科学版)，1997，37(6)：82-86.

[101] 郭恩栋，吴伟，胡煜文，等. 浮放设备地震滑移反应数值模拟研究[J]. 地震工程与工程振动，2007，27(6)：125-129.

[102] Jerry P. Advances in the Protection of Museum Collections from Earthquake Damage[M]. Los Angeles：J. Paul Getty Trust Publications，2008.

[103] 王彩华. 浮放设备的隔震技术研究[D]. 大庆：大庆石油学院，2009.

[104] 王世刚. 广义浮放设备抗震设计理论分析[D]. 哈尔滨：哈尔滨工业大学，2005.

[105] Zhou Q，Yan W M. Simulation of oscillation response of free-standing object under earthquakes[J]. Applied Mechanics and Materials，2012，105(2)：417-422.

[106] WW/T 0069—2015. 馆藏文物防震规范[S]. 国家文物局.

[107] 王云剑，陈汝斌. 浮放设备抗震技术标准[C]. 中国地震学会第九次学术大会会议论文集. 北京：地震出版社，2002：932-935.

[108] 吴伟. 浮放设备地震反应数值模拟研究[D]. 哈尔滨：中国地震局工程力学研究所，2006.

[109] Housner G. W. The behavior of inverted pendulum structures during earthquakes[J]. Bull. Seismological Soc. of Am. 1963，53(2)：115-125.

[110] Yim C. S.，et al. Rocking response of rigid blocks to earthquake[J]. Earthquake Engineering and Structural Dynamics. 1980，8：565-587.

[111] Pashed. Harmonic forcing[J]. In：Proc. Royal Society of London，England. 1989，A425：441-476

[112] Hogan J. S. On the motion of rigid-body tethered at one corner, under harmonic forcing[J]. In: Proc. Royal Society of London, England, 1992: 35-45.

[113] 苏晓雪. 馆藏可移动文物防震性能研究[D]. 北京: 北京交通大学, 2013.

[114] Kunihito Matsui, Masashi Iura, et al. Periodic response of a rigid block resting on a footing subjected to harmonic excitation[J]. Earthquake Engineering and Structural Dynamics, 1991(20): 683-697.

[115] N. Mostaghel, M. Hejazi, J. Tanbakuchi. Response of a sliding structure to harmonic support motion[J]. Earthquake Engineering and Structural Dynamics, 1983(11): 355-366.

[116] Christos J, Younis and Iradj G, et al. Response of Sliding Rigid Structure to Base Excitation[J]. Journal of Engineering Mechanics, 1990(3): 281-294.

[117] B. C. Lin, I. Tadjbakhshi. Effect of vertical morion on friction-driven isolation systems[J]. Earthquake Engineering and Structural Dynamics. 1986(14): 609-622.

[118] Y. K. Wen. Method for Random Vibration of Hysteretic Systems[J]. Journal of Engineering Mechanics Division. 1976, 102(2): 457-463.

[119] 康希良. 悬挂体系地震效应的有限元分析[J]. 工程抗震, 1994(2): 4-8.

[120] 李宏男, M. P. Singh. 结构动力吸振摆的优化参数[J]. 世界地震工程, 1994(04): 14-17.

[121] 李宏男, 宋本友. 高层建筑利用悬吊质量摆的减震研究[J]. 地震工程与工程振动, 1995, 15(4): 55-60.

[122] 郑先超, 赵军, 张玉霞. 顶层悬挂结构体系的减震研究[J]. 安阳工学院学报, 2006(5): 5-9.

[123] 邓建军. 悬挂结构的动力特性理论分析[J]. 广东土木与建筑, 2005(9): 8-10.

[124] 涂文戈, 邹银生. 悬挂结构动力特性分析[J]. 建筑可续与工程学报, 2006, 23(1): 78-84.

[125] Guiseppe M. Dynamic response of multiply connected primary-secondary systems[J]. Earthquake Engineering and Structure Dynamics, 1990, 19(2): 205-216.

[126] Eurocode8. Euro Seismic Design Code[S]. DD ENV 1998-1-1, 1996.

[127] Dowrick D. J.. Earthquake Resistant Design [M]. John Wiley and Sons Press, 1977.

[128] 中华人民共和国国家标准. GB 50068—2018. 建筑结构可靠度设计统一标准[S]. 北京: 中国建筑工业出版社, 2018.

[129] 中华人民共和国国家标准. GB 50223—2008. 建筑工程抗震设防分类标准[S]. 北京: 中国建筑工业出版社, 2008.

[130] 中华人民共和国国家标准. GB 50352—2019. 民用建筑设计统一标准[S]. 北京: 中国建筑工业出版社, 2019.

[131] 广州大学. CECS: 2001 叠层橡胶支座隔震技术规程[S]. 北京: 中国标准出版社, 2001.

[132] 李宏男, 肖诗云, 霍林生. 汶川地震震害调查与启示[J]. 建筑结构学报, 2008, 29(4): 10-19.

[133] 清华大学, 西南交通大学, 重庆大学. 汶川地震建筑震害分析及设计对策[M]. 北京: 中国建筑工业出版社, 2009.

[134] 刘岸雄, 苗启松, 李文峰. 汶川地震后都江堰市砌体结构震害调查及修复建议[R]. 汶川地震建筑震害调查与灾后重建分析报告: 109-115.

[135] 张川, 钟华君, 吴小宾, 等. 汶川地震部分多层混合砌体结构房屋震害调查及特征分析[R]. 汶川地震建筑震害调查与灾后重建分析报告: 137-141.

[136] 蒋航军, 郁银泉. 北川地区底部框架砖房震害分析[R]. 汶川地震建筑震害调查与灾后重建分析报告: 220-226.

[137] 王秋维, 史庆轩, 辛高伟. 基于Pushover方法的中小学砌体结构抗震性能评估[J]. 灾害学, 2011, 26(2): 86-90.

[138] 中华人民共和国国家标准. GB 50003—2001. 砌体结构设计规范[S]. 北京: 中国建筑工业出版

社,2001.

[139] 何长青. 砌体结构校舍抗震加固性能研究[D]. 扬州:扬州大学. 2012.
[140] 方琼莲. 带圈梁构造柱砖混结构的抗震体系加固研究[D]. 福州:福州大学. 2010.
[141] 黄世敏,杨沈. 建筑震害与设计对策[M]. 北京:中国计划出版社,2009.
[142] AIJ. An overview and issues: Report of the 1995 Hyogoken-Nanbo Earthquake [M]. Tokyo: Architectural Institute of Japan, Japan, 1995.
[143] Cornell C. A. Engineering Seismic Risk Analysis [J]. BSSA, 1968, 58(5): 1583-1606.
[144] 傅金华. 建筑结构抗震设计及实例——建筑结构的设计及弹塑性反应分析[M]. 北京:中国建筑工业出版社,2008.
[145] 张荣山,张震华,顾整蒙. 建筑结构振动计算与抗振措施[M]. 北京:冶金工业出版社,2010.
[146] 李宏男. 地震工程学[M]. 北京:机械工业出版社,2013.
[147] 武藤清. 耐震計算法,一耐震設計シリーズ1[M]. ユロナ社,1993.
[148] 南忠夫. 構造の动的解析,新建築学体系38[M]. 技報堂出版,1993.
[149] 中华人民共和国文化部. 中国文化文物统计年鉴(2013)[M]. 北京:国家图书馆出版社,2013.
[150] 吕西林,周德源,李思明. 建筑结构抗震设计理论与实例[M]. 上海:同济大学出版社,2011.
[151] 钱培风. 竖向地震力和抗震砌块建筑[M]. 北京:中国大地出版社,1997.
[152] 赵守江. 古建木结构及其内陈文物地震反应分析[D]. 哈尔滨:中国地震局工程力学研究所,2012.
[153] 周乾. 鱼线加固馆藏文物浮放振动台试验[J]. 土木工程管理学报,2011,28(3):395-400.
[154] Richado A Medina, Ragunath Sankaranaray-anan, Kevin M Kinston. Floor response spectra for light components mounted on regular moment-resisting frame structures[J]. Engineering Structure, 2006 (28): 1927-1940.
[155] 中华人民共和国行业标准. JGJ 3—2010 高层建筑混凝土结构技术规程[S]. 北京:中国建筑工业出版社,2010.
[156] Fujikake T. A prediction method for the propagation of ground vibration from railway trains[J]. Sound & Vibration, 1986, 111(2): 357-360.
[157] Richart F E, et al. Vibration of Soils and Foundations[M]. New Jersey: Prentice-Hall Inc., Englewood Cliffs, 1970.
[158] William T, Thomson. Theory of Vibration with Applications[M]. Englewood Cliffs: Prentice Hall Inc, 1972.
[159] Aki K. Seismological synthesis of strong ground motion[C]. Proc. of the 9th WCEE, Tokyo-Kyoto, Japan, 1988(8): 9-17.
[160] Bender B. A two-state Poisson model for seismic hazard estimation [J]. BSSA, 1984, 74(4): 1463-1468.
[161] Boatwright J. The seismic radiation from composite models of faulting[J]. BSSA, 1989, 79(2): 489-506.
[162] Borcherdt R D. On the observation characterisation, and predicative GIS mapping of strong ground shaking for seismic zonation[J]. BNZNSEE, 1991, 24(4): 287-305.
[163] Caillot V, Bard P Y. Band limited duration and spectral energy: Empirical dependence of frequency, magnitude, hypocentral distance and site condition[C]. Proc. of the 10th WCEE, Madrid, Spain, 1992(2): 781-786.
[164] Chang F. K. Analysis of strong-motion data from the New Hampshire Earthquake of 18 January 1982 [M]. Strong Ground Motion Seismology.

[165] McGuire R. K. 1978. Seismic ground motion parameter relations [J]. Journal of the Geotechnical Engineering Division, ASCE, 104(GT4): 481-490.

[166] Nau R, Oliver R Y, Pister K. Simulating and analyzing artificial nonstationary earthquake ground motion [J]. Bull. Seism. Soc. Amer., 1972(2): 615-636.

[167] Smith W. D. 1990. Nea Zealand earthquakes in 1989[J]. BNZNSEE, 23(2): 97-101.

[168] Trifunac M. D. 1971. A method for synthesizing realistic strong ground motion [J]. BSSA, 61(2): 343-356.

[169] Trifunac M D, Westermo B D. Duration of strong earthquake shaking [J]. SDEE, 1982, 1(3): 117-121.

[170] Xie Lili, Zhang Minzheng. A review: Simulation of strong motion and its effects on seismic motion in China[J]. Earthquake Research in China, 1993, 7(3): 243-256.

[171] Zhao J X, Dowrick D J, McVerry G H. Attenuation of peak accelerations in New Zealand earthquakes [J]. BNZNSEE, 1997, 30(2): 133-158.

[172] [美]R. 克拉夫, J. 彭津. 结构动力学[M]. 王光远, 译. 北京: 高等教育出版社, 2006.

[173] Anil K. Chopra. 结构动力学理论及其在地震工程中的应用[M]. 2版. 谢礼立, 吕大刚, 译. 北京: 高等教育出版社, 2007.

[174] Bathe, K. -J., Finite Element Procedures [M]. Prentice Hall, Englewood Cliffs, N. J., 1996.

[175] Hughes, T. J. R., The Finite Element Method [M]. Prentice Hall, Englewood Cliffs, N. J., 1987.

[176] Humar, J. L., Dynamics of Structures [M]. Prentice Hall, Englewood Cliffs, N. J., 1990.

[177] FEMA 440. Improvement of nonlinear static seismic analysis procedures[R]. Washington DC: FEMA, 2005.

[178] Newmark, N. M. A Method of Computation for Structural Dynamics [J]. Journal of the Engineering Mechanics Division, ASCE, 1959(85): 67-94.

[179] Iyengar R N, Rao P N. Generation spectrum compatible accelerations [J]. ESSS, 1979, 7(3): 253-263.

[180] Kiureghian A Der. A response spectrum method for random vibration analysis of MDF systems[J]. BSSA, 1981, 67(4): 1173-1994.

[181] 闫冬, 戚春香, 冯清海. SAP2000结构工程分析及实例详解[M]. 北京: 中国建筑工业出版社, 2009.

[182] 陆新征, 叶列平, 缪志伟. 建筑抗震弹塑性分析——原理、模型与再ABAQUS, MSC, MARC和SAP2000上的实践[M]. 北京: 中国建筑工业出版社, 2009.

[183] 彭俊生, 罗永坤, 彭地. 结构动力学、抗震计算与SAP2000应用[M]. 成都: 西南交通大学出版社, 2006.

[184] 徐赵东. 土木工程常用软件分析与应用(MATLAB-SAP2000-ANSYS)[M]. 北京: 中国建筑工业出版社, 2010.

[185] 尚晓江, 邱峰, 赵海峰, 等. ANSYS结构有限元高级分析方法与范例应用[M]. 北京: 中国水利水电出版社, 2005.

[186] 苏经宇, 曾德明. 我国建筑结构隔震技术的研究和进展[J]. 地震工程与工程振动, 2001, 21(4): 94-100.

[187] 林云腾. 隔震结构的设计与应用[J]. 福建建筑, 2005(93): 84-88.

[188] 王伟刚, 盛宏玉. 橡胶垫隔震支座的一种弹塑性计算模型[J]. 合肥工业大学学报, 2006, 29(2): 193-196.

[189] 鄢兴祥. 云南昆明博物馆新馆基础隔震结构楼层谱分析[J]. 工程抗震与加固改造, 2011, 33

(6): 45-51.

[190] 吴瑞安, 冯加权, 王玉军, 等. 橡胶隔振系统非线性振动参数识别与特性研究[J]. 力学季刊, 2007, 28(2): 281-285.

[191] 窦远明, 刘晓立, 赵少伟. 砂垫层隔震性能的试验研究[J]. 建筑结构学报, 2005, 26(1): 125-128.

[192] 曾奔, 周福霖, 徐忠根. 考虑土-结构相互作用的隔震结构楼层反应谱分析[J]. 科学技术与工程, 2008, 8(14): 3852-3857.

[193] 付伟庆. 橡胶垫高层隔震与磁流变阻尼减震技术[M]. 哈尔滨: 黑龙江大学出版社, 2011.

[194] 党育, 杜永峰, 李慧. 基础隔震结构设计及施工指南[M]. 北京: 中国水利水电出版社, 2007.

[195] 王优龙, 魏琏等. 隔震技术的研究与应用[M]. 北京: 科学出版社, 1991.

[196] [日]武田寿一. 建筑物隔震、防振与控振[M]. 纪晓惠, 陈良, 鄢宁, 译. 北京: 中国建筑工业出版社, 1997.

[197] 日本建筑学会. 隔震结构设计(Recommendation for the Design of Base Isolated Buildings)[M]. 刘文光, 译. 北京: 地震出版社, 2006.

[198] 于建军, 白国良, 杨帆, 等. 悬吊结构减震性能振动台试验研究[J]. 工业建筑, 2015, 45(11): 62-69.

[199] 于建军, 耿建暖, 徐双军, 等. 一种建筑减震梁[P]. 中国专利: 20152 0257794X, 2015-08-19.

[200] Seaoc Vision 2000 Committee Performance-Based Seismic Engineering, Report prepared by Structural Engineers Association of California Sacramento[R], California, U. S, 1995.

[201] BerteroV V. Overview of Seismic Risk Reduction in Urban Area: Role, Importance, and Reliability of Current U. S. Seismic Codes-Performance Based Seismic Engineering, Proc. of China-United States Bilateral Workshop on Seismic Codes[R], Guangzhou, China, December 1-7, 1996.

[202] Otani Recent Developments in Seismic Criteria of Japan[R], Proc. 11th World Conf. Earthquake Energy, Paper No. 2120, Acapulco, Mexico, 1996.

[203] 王光远. 工程结构与系统抗震优化设计的实用方法[M]. 北京: 中国建筑工业出版社, 1999.

[204] 梁兴文. 结构抗震性能设计理论与方法[M]. 北京: 科学出版社, 2011.

[205] ATC40. Seismic evaluation and retrofit of concrete buildings[S]. Applied Technology Council. Red Wood City, California, 1996.

[206] FEMA274. NEHRP guidelines for the rehabilitation of buildings[S]. Washington DC: Federal Emergency Management Agency, ASCE, 1996.

[207] 张延年. 耦合地震作用下结构振动控制与优化[M]. 哈尔滨: 哈尔滨工业大学出版社, 2008.